权威·前沿·原创

皮书系列为
"十二五""十三五"国家重点图书出版规划项目

BLUE BOOK

智库成果出版与传播平台

浦东新区蓝皮书
BLUE BOOK OF PUDONG NEW AREA

上海浦东社会治理发展报告（2022）

ANNUAL REPORT ON SOCIAL GOVERNANCE DEVELOPMENT OF PUDONG NEW AREA(2022)

主　编／韩志明　张武君　郑耀抚

社会科学文献出版社
SOCIAL SCIENCES ACADEMIC PRESS (CHINA)

图书在版编目(CIP)数据

上海浦东社会治理发展报告.2022／韩志明,张武君,郑耀抚主编.--北京:社会科学文献出版社,2021.12
（浦东新区蓝皮书）
ISBN 978-7-5201-9477-8

Ⅰ.①上… Ⅱ.①韩…②张…③郑… Ⅲ.①社会管理-研究报告-浦东新区-2022 Ⅳ.①D675.13

中国版本图书馆CIP数据核字（2021）第257718号

浦东新区蓝皮书
上海浦东社会治理发展报告（2022）

主　　编／韩志明　张武君　郑耀抚

出 版 人／王利民
责任编辑／王　展
责任印制／王京美

出　　版／社会科学文献出版社·皮书出版分社（010）59367127
　　　　　地址:北京市北三环中路甲29号院华龙大厦　邮编:100029
　　　　　网址:www.ssap.com.cn
发　　行／市场营销中心（010）59367081　59367083
印　　装／天津千鹤文化传播有限公司
规　　格／开 本:787mm×1092mm　1/16
　　　　　印 张:19.5　字 数:290千字
版　　次／2021年12月第1版　2021年12月第1次印刷
书　　号／ISBN 978-7-5201-9477-8
定　　价／128.00元

本书如有印装质量问题,请与读者服务中心（010-59367028）联系

▲ 版权所有 翻印必究

《上海浦东社会治理发展报告（2022）》
编　委　会

主　　　任　单少军　彭琼林　陈高宏

副　主　任　高国忠　王高安

主　　　编　韩志明　张武君　郑耀抚

统　　　筹　王奎明

编委会成员　（以姓氏笔画排序）
　　　　　　王　昊　王奎明　史明萍　付建军　刘羽晞
　　　　　　李春生　杨　旸　张　冉　张　波　张　辉
　　　　　　张武君　张晓栋　张继宏　张雯琪　郑智鑫
　　　　　　郑耀抚　赵　吉　姜　朋　徐全勇　康红英
　　　　　　韩志明　楼鑫鑫　熊　竞　熊易寒　魏程琳

主要编撰者简介

韩志明 法学博士，上海交通大学中国城市治理研究院、国际与公共事务学院教授，上海交通大学中国城市治理研究院院长助理，社会治理创新研究中心主任，博士生导师，中国行政管理学会青年理事，中国青年政治学会理事。个人主要研究领域为国家治理、城市治理和社区发展。历年来主持国家社科基金项目3项、省部级项目6项、其他各级各类项目20余项，先后出版个人专著4部，在《光明日报》《政治学研究》《公共管理学报》《中国行政管理》等报章杂志上发表文章180余篇，其中40余篇被《新华文摘》《中国社会科学文摘》《中国人民大学复印报刊资料》等全文转载。

张武君 中共上海市浦东新区区委党校校务委员会委员，浦东新区区委党校副校长，浦东新区行政学院副院长。

郑耀抚 社会学博士，中共上海市浦东新区地区工作委员会副书记。主持编制浦东新区社会治理"十三五""十四五"规划，牵头研究制定浦东新区社会治理指数评价体系。

摘 要

作为全国改革开放排头兵中的排头兵和创新发展先行者中的先行者，浦东新区自 1990 年开发开放之初就非常重视信息技术应用，在城市信息化、智慧化和智能化方面进行了长期的探索和实践，取得了长足的发展，先后获批为全国社区建设示范区、全国数字化管理示范城区和首批国家智慧城市试点。在 2020 年新冠肺炎疫情防控等关键时刻，浦东新区智慧社区在安全管控、服务供给等方面发挥了至关重要的作用。开发开放以来，浦东新区智慧社区经历了起步阶段、建设阶段和整合提升阶段，基本做法包括构建标准化制度化管理体系、持续优化社区信息基础设施、构建上下畅通的数据资源库、构建开放式的智慧社区平台和不断开拓智能应用系统场景等，切实减轻了社区干部负担，激发了社区治理活力，提升了社区治理效能，打造出了社区治理现代化的浦东模式。

在数据驱动智慧治理方面，浦东深入贯彻中共中央、国务院《关于支持浦东新区高水平改革开放打造社会主义现代化建设引领区的意见》，坚持用"城市大脑"推动"一网统管""一网通办"的"两网"建设，推动城市治理"组织成体系、发现智能化、处置高效化、管理可闭环"。其中，比较典型的做法包括：应用信息技术推动城市垃圾智能化分类监管；重塑城市执法流程；全面打造智能化界面管理秩序；将数字化技术深度延伸到社区，针对长期以来社区普遍存在"飞线乱充"难题，应用智能监管技术打造全过程治理链条；通过科技助力外卖骑手交通违章治理，开发应用骑手交通管理平台，初步实现外卖骑手交通安全的智慧化管理。

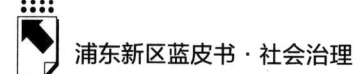

在数据赋能公共服务方面，浦东始终坚持用数据赋能"家门口"服务，不断推动"家门口"服务站的智能化建设，实现一站式服务与联勤联动相结合、标注化规范与个性化服务相结合、智慧治理与精细治理相结合。针对城市中普遍存在的群租房问题，浦东坚持应用数字化技术"堵""疏"结合，应用各种智能监控和警报技术，推动了群租房的智能化监管。在全面推动城市治理数字化转型的大背景下，浦东还坚持将数字技术应用到社会保障领域，充分发挥大数据和算法技术的集成计算优势，打造出精准救助平台，初步实现了从"人找政策"到"政策找人"的社会救助模式转变。在化解城市停车难问题上，浦东也积极应用大数据技术创新停车综合治理实践，实现了车位与车辆的实时匹配，初步化解了城市停车资源"孤岛"问题，提升了城市空间复合价值。

在技术优化基层治理方面，浦东针对基层治理中普遍存在的棘手难题，始终坚持用数字化技术化繁为简，用小创新撬动大治理。针对社区治理效果评价难的问题，浦东打造了一套综合性社区治理体系，精准测量社区治理水平。针对加装电梯中共识难以达成的问题，浦东积极开展针对加装电梯的协商民主创新，不仅解决了老旧小区"悬空老人"问题，还为解决其他城市基层治理难题提供了经验借鉴。而对于长期以来的治理碎片化问题，浦东也给出了技术驱动整体性治理的简约方案。高行镇通过12345热线，探索出"六诊工作法"，实现了"一切围着难题办"和"一切围着群众转"的现代化治理。北蔡镇综合应用各种智慧技术，推出了"智能码"治理平台，实现了基层治理的"一码通用"。

关键词： 数字化转型　数据赋能　浦东新区

目 录

Ⅰ 总报告

B.1 技术引领创新：浦东新区智慧社区建设的经验及启示
　　　　　　　　　　　　　　　　　　　　　　 韩志明　张　波 / 001

Ⅱ 数字驱动智慧治理

B.2 治理提效增能："城市大脑"赋能
　　　　"一网统管"的经验 ······················· 姜　朋 / 036

B.3 智能监管：信息技术助推浦东垃圾分类数字化转型
　　　　································· 付建军 / 058

B.4 技术赋能+体系创新：推动城管执法精准高效
　　　　——浦东新区创新街面秩序智能管理模式 ·········· 张继宏 / 076

B.5 多元共治+数字赋能：浦东新区"飞线充电"乱象治理
　　　　····························· 张　冉　楼鑫鑫 / 096

B.6 记分管理+安全联盟：浦东外卖快递骑手交通安全治理
　　　　································· 郑智鑫 / 115

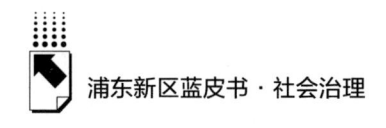

Ⅲ 数据赋能公共服务

B.7 高效能治理打造高品质生活：进一步深化"家门口"
服务体系建设 ………………………………… 王　昊 / 137

B.8 提能增效：张江镇创新租赁住房管理新模式 ……… 张雯琪 / 155

B.9 "政策找人"：精准救助平台赋能城市社会救助
体系现代化 …………………………………… 李春生 / 174

B.10 空间共享：破解大城市停车难题的浦东实践
……………………………………… 魏程琳　史明萍 / 193

Ⅳ 技术优化基层治理

B.11 "六诊工作法"：高行镇一条热线撬动基层治理变革
………………………………………………… 赵　吉 / 210

B.12 "一码通用"：北蔡镇"智能码"创新城市智慧
治理新途径 …………………………………… 刘羽晞 / 226

B.13 以分促精：浦东超大区域社区分类治理的探索 …… 熊　竞 / 247

B.14 协商的力量：破解老旧小区电梯加装难 ………… 王奎明 / 265

B.15 浦东新区社区治理指数构建研究 ……… 熊易寒　张晓栋 / 281

总报告
General Report

B.1
技术引领创新：浦东新区智慧社区建设的经验及启示

韩志明　张　波*

摘　要： 智慧社区建设是新时期提升社区治理能力和推动社区治理现代化的重要内容，也是党中央赋予浦东新区打造社会主义现代化建设引领区的核心议题之一。开发开放以来，浦东新区一直坚持党建引领治理和技术引领创新，先后经历信息化起步、网格化建设、智慧社区试点和整合提升四个阶段。浦东新区智慧社区建设的框架和内容已经基本形成，在标准化、制度化、智能化、平台化、场景化等方面积累了丰富经验，在强化基层党组织组织力、提升社区治理体系和治理能力现代化水平、增强社区居民获得感和幸福感等方面产生了切实成效，引领上海其他区及全国其他城市的

---

* 韩志明，上海交通大学中国城市治理研究院院长助理、国际与公共事务学院教授、博士生导师，主要研究方向为城市治理、城市治理；张波，上海政法学院政府管理学院社会工作教研室主任、副教授、硕士生导师，主要研究方向为人口社会学。

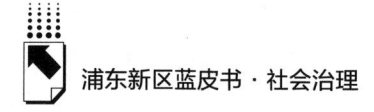

智慧社区建设。随着信息智能技术的快速发展及深入应用，智慧社区建设又提出了更高要求，也面临着诸多困境，未来浦东新区依然需要持续发力，推动智慧社区提质增效。

关键词： 智慧社区　浦东新区　社区治理　社区建设

在信息化、数据化和人工智能的时代，智慧社区建设已经成为新时代社区建设和社区治理的重要课题。习近平总书记多次强调，要善于运用现代科技手段提高城市社会治理的智能化水平，探索超大规模城市治理体系和治理能力现代化之路。城乡社区作为社会治理的基本单元，承载了广泛的治理使命和服务责任，需要大力探索和实现技术赋能的治理形态。"智慧社区"指的是"以居民需求为导向，以美好生活为目标，以多元组织为主体，以智能化服务为手段，以资源整合为基础，向社区居民提供方便、快捷、透明、公平公共服务的新型社区治理模式"[1]，目的是综合利用现代信息技术，全面提升社区治理效能。

21世纪以来，党和国家高度重视智慧社区建设，先后发布和出台《社区服务体系建设规划（2011~2015年）》《关于开展国家智慧城市试点工作的通知》《国家高新技术产业开发区创新驱动战略提升行动实施方案》《智慧社区建设指南（试行）》《城乡社区服务体系建设规划（2016~2020年）》《关于加强和完善城乡社区治理的意见》《关于继续开展新型智慧城市建设评价工作深入推动新型智慧城市健康发展的通知》等多个文件，持续指导和推动智慧社区建设[2]。2021年6月出台的民政事业"十四五"发展规划中也明确指出，实施"互联网+社区"行动，开展智慧社区建设，扩大智能感知技术应用，建设开发智慧社区信息系统和移动客户端，推动社区服务智

---

[1] 姜晓萍、张璇：《智慧社区的关键问题：内涵、维度与质量标准》，《上海行政学院学报》2017年第6期。
[2] 孙轩：《中国的智慧社区建设：背景、内涵与实践》，《城市观察》2020年第6期。

能化，提高城乡社区治理效能。

作为全国改革开放排头兵中的排头兵和创新发展先行者中的先行者，浦东新区（简称"新区"）自1990年开发开放之初就非常重视城乡社区建设工作，在社区信息化、智慧化和智能化方面进行了长期的探索和实践，取得了可喜的发展成果，先后获批为全国社区建设示范区（2002年）、全国数字化管理示范城区（2009年）、首批国家智慧城市试点（2009年）等，曾获得中央领导人的高度认可。在2010年世博会和2020年新冠肺炎疫情防控等关键时期，浦东新区智慧社区在安全管控、服务供给等方面发挥了至关重要的作用。在新的历史时期，新区系统梳理开发开放以来智慧社区建设历程，总结智慧社区建设的经验和成效，不仅对推进浦东新区智慧社区建设工作具有重要启示，也能够为全国其他地区的智慧社区建设提供参考借鉴，从而更好地担负起新时期党和国家赋予新区的"打造社会主义现代化建设引领区"战略使命。

一 浦东新区智慧社区建设的发展阶段

开发开放31年来，浦东新区始终注重运用现代信息技术推动社区建设和社区治理创新，提升城乡社区治理能力和治理水平。总结起来，浦东新区智慧社区建设总体经历了社区信息化起步（1990~2003年）、社区信息平台建设（2004~2010年）、智慧社区试点建设（2011~2015年）和智慧社区整合提升（2016年至今）四个发展阶段。

（一）社区信息化起步阶段（1990~2003年）

从1990年新区开发开放到2003年全区层面初步建成上下统一的电子政务网络平台，是社区信息化的起步阶段。这个阶段的主要工作包括三个方面。一是推动电话电脑网络下乡，满足民众对信息通信的需求。1998年新区第一批小康住宅示范小区——六里锦华小区被评为上海市首个信息化智能小区；2002年，联洋新社区建成新区较大的社区信息网，高行镇解放村成为上海市第一个农村信息化示范村；2003年新区开始实施电子社区建设工程，推进社区的信息化应用，梅园新村街道和周家渡街道等被评为市社区信息化应用和推进先进集体。二是以电子政务工程推动社区信息化建设，推动政务网站建设，2003年基本建成政府类门户网站以及电子政务内网和外网（简称"两网一站"），实现了跨部门、跨行业的信息交换和协同办公。三是开发社区服务便利化项目，在全国率先开设了999市民求助电话，为社区居民提供多方面的生活服务；安装电脑亭，为社区居民提供政府之窗、金融证券、衣食住行、招聘求职等12类信息服务；为社区老人安装电子求助系统等。

（二）社区信息平台建设阶段（2004~2010年）

从2002年开始，浦东新区在临沂六村试行小区治安防范网格化管理，通过强化防范网络、明确区域管理、严格责任考核，收到发案率下降的良好效果。2004年，新区积极将网格化模式应用到城市管理中来，9月在潍坊街道试点探索城市网格化管理新模式，开始进入社区治理的信息平台建设阶段。主要任务包括：实现网络信息全覆盖，加快网格化视频检测系统安装建设；构建"1+36"政务服务平台，2006年基本实现了"1（浦东市民中心）+23（街镇社区事务受理服务中心）"的政务事务体系，提升了社区服务的能力和水平；构建网格化管理模式是这个阶段工作的重点，新区以"两级政府、三级管理、四级网络"为基础，采用"万米单元网格管理法"和"城市部件（事件）管理法"相结合的方式，基本形成了"三级平台（街镇网格办、功能区网格办、新区网格办）、四级派单（街镇网格办、功能区网格办、新区网格办、新区监察委）、五位一体（发现问题、指挥协调、资源共享、应急联动、监督评价）"的功能定位，这在2010年世博会期间的社区治理工作中发挥了重要作用。这些工作为社区智慧化建设搭建起了技术平台。

（三）智慧社区试点建设阶段（2011~2015年）

2009年，新区提出了建设智慧城市构想。2011年，新区率先发布《智慧浦东建设纲要（iPudong 2015）——浦东新区国民经济和社会信息化"十二五"规划》《推进智慧浦东建设 2011~2013 年行动计划》，提出了智慧浦东建设的核心任务——"3935 战役"和"118 个重点项目"，明确提出实施智慧社区计划，促进社区管理和服务方式转变。2011 年 7 月 1 日，新区正式对外发布"智慧城市指标体系 1.0"，其中"智慧化的社区管理"构成了智慧城市建设的重要内容。这是国内首个公开发布的智慧城市指标体系，为智慧社区建设提供了重要的框架和基本的标准。2013 年新区成为第一批国家智慧城市试点，其中陆家嘴街道、南码头路街道、金桥镇和周浦镇被确定为市级智慧社区试点单位，率先在上海市推动智慧社区试点，还编制发布了《浦东新区智慧社区建设指导意见》和《浦东新区智慧社区应用建设指南》。这一阶段的主要任务包括四项。一是推进城市光网等信息基础设施建设，大力推进城乡社区宽带提速，推动免费 WiFi 向各区域覆盖；二是构建智慧社区公共平台，很多试点街镇积极打造各具特色的智慧社区公共平台，探索开发技术平台的管理和服务功能；三是在智慧社区公共平台上，各街镇围绕社区管理、安全和服务等实际需求，开发出各具特色的应用场景系统；四是将先进的信息技术应用到社区治理中去，不断提升社区管理和服务的标准，持续优化网格化运行机制。到 2015 年，新区智慧社区 1.0 建设基本完成。

（四）智慧社区整合提升阶段（2016年至今）

2016 年，新区制定并实施了《浦东新区国民经济和社会信息化"十三五"规划——智慧浦东建设规划（iPudong2020）》，明确提出了"政府治理高度协同、城市管理高度智能、公共服务高度便捷、产业发展高度融合"的建设目标，标志着新区智慧社区建设进入 2.0 阶段。这个阶段最显著的特点是充分融入"互联网+"和大数据理念，推动信息化与政府治理、城市发展、民生福祉和创新创业深度融合，打造高度智能、协同、便捷和融合的国内乃至全球智慧城市的示范区。这个阶段的主要任务包括三项。一是提升社区信息基础设施能级，持续推进 4G 基站建设和 4G 网络优化，率先启动

5G 高频全网试验，继续扩大免费 WiFi 覆盖区域。二是整合城市网格化管理体系，运用最新人工智能算法技术，调整和优化城市网格化管理体系，整合不同部门的网格化平台，实现纵向到底、横向到边、全覆盖、无盲区的网格化管理，提升网格化管理的效能。三是以政务云推动数据资源共享，以"一网通办"为抓手，对接市大数据中心、市级"市民云"、"社区云"等服务平台，实现市、区两级联动，为社区公共管理、公共安全和公共服务提供重要支撑。

二 浦东新区智慧社区建设的主要做法

开发开放 31 年来，浦东新区在智慧社区建设中，始终坚持党建引领社区建设的政治原则，紧跟信息技术发展及其创新应用的前沿领地，着力在标准化、制度化、智能化、场景化等方面下功夫，努力解决广大人民群众关心关切的实际问题，形成了以下基本做法。

（一）坚持党建引领智慧社区建设

1990 年以来，新区各级党委和政府统筹经济发展、城市管理和民生服务等各个方面，把人民群众的幸福感和满意感放在首要位置，坚持党建引领智慧社区建设，把信息化和智能化等先进技术手段应用到社区治理中去，切实解决了社区发展中的问题。

1. 组织引领：组建领导工作小组和管理机构

新区始终在信息化战略和智慧城市建设的总体框架下统筹推进智慧社区建设，先后组建多个领导小组，包括国民经济和社会信息化领导小组、智慧城市建设领导小组、信息化工程领导小组、政府数据资源化利用专项调研工作领导小组、网络与信息安全协调小组等；组建和成立相应的机构和部门，包括电子政务管理中心、城市运行综合管理中心、大数据中心等。街镇以及村居党委也建立相应的领导小组和管理机构，组织开展智慧社区建设。

2. 规划引领：制定智慧社区建设的规划方案

新区坚持战略思维，搞好科学规划，先后制定实施《浦东新区2000~2002年信息化发展计划》（简称"153"发展纲要）、《浦东新区2003~2010年信息化发展规划纲要》（简称"135"发展纲要）、《浦东新区城市网格化管理发展三年规划》、《浦东新区推进电子政府建设实施纲要》、《浦东新区智慧社区应用建设指南》、《智慧浦东建设纲要（iPudong2015）——浦东新区国民经济和社会信息化"十二五"规划》、《推进智慧浦东建设2011~2013年行动计划》、《浦东新区国民经济和社会信息化"十三五"规划——智慧浦东建设规划（iPudong2020）》等重要文件，部署和落实城市治理智能化工作，为智慧社区建设确立了目标、方向和要求。

3. 资源统筹：组建党建信息资源共建共享平台

通过组建市、区、街镇、村居各级党组织对接的资源平台，组建了智慧党建综合平台——"浦东 i 党建"，形成了"1+2+3+N"的智慧党建体系，由此形成了三级管理、上下联动、左右贯通、相互支撑的运行体系[1]。根据党建引领社区治理的理念，"浦东 i 党建"实现了线上线下联动、上级下级联通，方便社区居民党员和普通群众获取信息、参与活动和开展监督，特别是促进了"家门口"服务的提质增能，为社区治理智慧化转型提供了强有力的平台支撑。

4. 示范引领：坚持典型示范引领的渐进发展策略

在智慧社区建设推行的过程中，新区坚持创新发展，鼓励先行先试，注重典型示范引领，积极总结试点经验，制定和落实发展规划，探索和落实标准化建设，逐步推进智慧社区建设。新区先后确立了两批智慧社区试点，第一批（2011年）为潍坊街道、塘桥街道、南码头路街道、金桥镇、周浦镇、陆家嘴街道和浦东软件园，第二批（2012年）为洋泾街道、沪东街道、周家渡街道和惠南镇，其中陆家嘴街道和南码头路街道也是上海市级智慧社区

---

[1] 罗新忠：《社区治理智能化——基于上海浦东新区的实践探索》，上海交通大学出版社，2020，第9页。

试点单位。2019年，陆家嘴街道和大团镇赵桥村还被评为上海市经信委组织开展的首批智慧社区（村庄）示范点。

（二）构建标准化制度化管理体系

制度建设是智慧社区建设的基础，标准化建设是智慧社区建设的抓手。为了推进智慧社区建设，新区党和政府着眼于法治化和制度化的目标，大力推行制度和标准建设，用实践来检验这些制度和标准，不仅为智慧社区建设提供了良好的制度保障，也形成了具有超前性的智慧社区建设标准，发挥了良好的示范引领作用。

1. 建立智慧社区的建设规范

根据智慧社区发展的需要，新区及时制定和出台相关的制度规范，系统指导智慧社区建设。2013年新区发布《浦东新区智慧社区建设指导意见》和《浦东新区智慧社区应用建设指南》，2014年编制《浦东新区推进实施城市网格化综合管理的指导意见》和《浦东新区城市网格化综合管理指挥手册（2015年版）》等规范性文件，从指导思想、机构建设、队伍建设、机制建设、标准规范、平台建设等各个方面提供指导。2016年动态更新《浦东新区城市网格化综合管理指挥手册（2016年版）》，制作下发《"浦东e家园"App运行管理指挥手册》。2018年，新区发布《关于推进浦东新区城市运行综合管理体系建设的实施方案》《浦东新区大数据中心建设工作方案》《浦东新区政务信息化管理办法》《浦东新区政务信息化项目验收细则》《浦东新区政务信息化项目应用绩效实施评估细则》等一系列文件。2019年新区编制了《浦东新区应急管理智能化提升工作行动方案》和《应急管理指挥平台2.0版本建设方案》，运用大数据、云计算和物联网等新技术，打造高效、协同、智能的应急管理指挥平台，也为社区提供安全保障。

2. 构建智慧社区建设的标准流程

智慧社区建设涉及多个条块的工作，具有探索性、多样性和差异性，因此需要一边鼓励分头探索实践，一边制定统一的技术标准，以及时总结实践经验，提升建设的制度化和规范化水平，尤其是加强不同层级和不同部门之间的数据共享、功能整合和协同合作。2011年，新区编制《浦东新区城市网格化管理信息系统需求管理办法》，制定《视频监控设备安装施工进场告知书》《视频监控设备安装竣工告知书》《网格化全球眼业务接入协议》等技术规范。2016年，新区编制《浦东新区政务信息资源共享管理办法》《浦东新区政务信息资源编码规范》《浦东新区政务信息资源共享交换实施细则》《浦东新区政务信息资源动态共享交换体系数据交换标准》等规范性文件，为构建开放式数据资源奠定了基础。2018年，新区推进国际和国家标准的采标，加快地理信息基础数据库和业务数据库标准规范和制度体系建设，出台《浦东新区公共数据共享管理办法》《浦东新区公共数据共享管理实施细则》《浦东新区公共数据质量管理规范》《浦东新区地名地址数据规范》等管理制度和技术规范，推动标准统一和数据共享。

3. 推广新区智慧社区建设标准

作为改革开放战略的先行区和制度创新的试验田，新区在智慧社区建设方面积极参与国家标准建设，努力把先行先试的经验标准上升为国家标准，发挥示范引领作用。在过去的20年中，新区在智慧社区建设方面取得了累累硕果，先后获批为全国社区建设示范区（2002年）、全国数字化管理示范城区（2009年）、首批国家智慧城市试点（2009年）等，在全国范围内形成了良好的示范和引领效应。2008年，北蔡镇配合住房和城乡建设部"数字化社区服务示范工程"试点工作，形成了数字社区社会网格化管理的系列标准与规范，为住房和城乡建设部制定《数字社区管理与服务的分类与编码》和《数字社区网格划分》等重要标准提供了实践经验与参考依据。2011年，新区公开发布"智慧城市指标体系1.0"，其中包括基础设施、公共管理和服务、信息服务经济发展、人文科学素养、市民主观感知等5大方面的19个二级指标和64个三级指标，为全国其他地区智慧社区建设提供了重要的参照标准。

（三）持续优化社区信息基础设施

信息基础设施是智慧社区建设的底座，从根本上决定了智慧社区建设的高度和水平。新区紧跟技术发展的潮流，积极规划、部署和落实信息基础设施建设，为社区治理的信息化和智慧化转型做好了充分的准备，为智慧社区建设提供了有力的技术支撑。

1. 不断推动社区信息技术应用

早在1993年新区开发开放之初，面对新区民众通信方面的迫切需求，新区就组织上海市邮电管理局下属的浦东电信实施电话下社区行动，到1999年，新区住宅电话的普及率达到90%，总数达到50.76万号线。20世纪90年代末，随着电脑和网络技术的发展，新区又开展网络普及和电脑下乡活动，1998年梅园、潍坊、塘桥等9个街道的49个社区服务电脑亭正式投入使用。为推进社区电脑亭发展，新区制定电脑亭管理人员岗位职责等制度，对电脑亭工作人员进行培训，要求工作人员持证上岗，以提高电脑服务水平，满足居民的信息需求。1998年，新区第一批小康住宅示范小区——六里锦华小区被评为上海市首个信息化智能小区，体现和落实了适度超前的科技应用思维。2000年，上海第一个街道网站"梅园之窗"开通，不仅发挥了传递社情民意和服务社区居民等作用，也激发了学习电脑和网络知识的热潮。2001年，新区完成市级"社区服务信息网推广工程"，获得了中央主要领导的高度评价。2002年，联洋新社区建成新区较大的社区信息网，高行镇解放村成为上海市第一个农村信息化示范村。2003年新区又实施电子社区建设工程，深入推动社区信息化技术的应用。这些发展都表明了先进的现代信息技术在社区中得到了普及和应用。

2. 实现城乡社区网络全覆盖和网速升级

2004年以来，新区持续推进社区信息化建设，实现了ADSL宽带网全覆盖，在城市社区推进电子社区和信息化示范小区建设等工作，在农村社区实施"村村通"工程，满足城乡社区的通信需求。到2010年，新区开始加快城乡信息基础设施整合并轨，提升信息化基础设施覆盖率，实现100%的宽带互联网可接入、城市光网全覆盖，在新城镇和中心村建设低价高效的无线宽带网，推动郊区农村无线应用发展。

2012年新区全面推进光网覆盖和无线城市建设，全年光网覆盖新增

52.6万户，城市片覆盖率达到了99.1%，累计达到156万户，在公共区域以及陆家嘴、南码头路两个街道提前完成WiFi覆盖。2015年，新区率先推动"4G+"覆盖，实现了城市宽带第七次大提速，建设光网千兆入户样板小区，打造上海"城市光网"示范应用区。2016年，新区在国内率先启动5G高频全网试验，在全区3000多辆公交车率先开通免费WiFi，基本覆盖所有公交线路。2018年新区实现4G网络全覆盖，4G基站总数达4600个以上。

2019年，全区又率先布局5G建设，建设完成4807个基站，实现世博中心、世博展览馆以及东方体育中心等区域的5G全覆盖。截至2019年，新区电话用户达108.28万户，宽带用户达112.77万户，光网用户达110.97万户，IPTV用户达96.66万户，为智慧社区发展提供了信息保障。

3. 推动物联网感知设备建设

物联网感知设备与社区治理的融合是智慧治理的重要路径，也是新区社区治理转型升级的重要突破点。在视频检测系统建设方面，以新区平台和三林、陆家嘴功能区平台为代表，完成噪声、视频等测量监察系统的建设。2008年，新区在工地、公交车等安装100多个点位的"全球眼"视频监控设备、100个点位的噪声监测设备，在7号、8号、9号、13号线轨道站等18个轨道交通工地安装"全球眼"并实施网格化管理，初步架构起新区城市网格化视频集中控制系统、工地噪声实时监控系统以及全球眼控制系统，实现与各专业行业主管单位的互联互通和资源共享。

在城乡居民区内，新区积极推动监控网络安装，其中对别墅、高级公寓和新住宅区等，确保电视监控、区域联网报警、周界报警、门禁系统、巡更系统等五项配套措施同步到位；对旧住宅小区，结合房屋综合整修和改造，把增设电子防盗门设施作为技防设施建设的重点。在社区街面内，逐步推广街面图像监控工程建设，在街面安装监控室和视频探头。新区还积极部署物联网感知设备，如智能摄像头、烟雾探测报警器、可燃气体探测报警器、人体红外探测器、移动式一键报警按钮、消防通道违规停车监测等，实现对人流管控、交通治理、治安管理、居家养老、水电煤气安全、社区综合整治等问题的智慧化治理。比如通过安装地磁感应装置，对采集到的数据进行分析，使潮汐式停车的时间安排、区域划分、收费标准等变得更为智慧和便捷。

4. 加强空间地理信息交换共享平台建设

2006年底，新区已整合了区发改委、劳保局、社发局、建交委、环保局、科经委、食药监局等部门的数据，涉及土地、房产、交通、建设、统计、规划、教育、医疗卫生、经贸等17个行业领域47个图层数据，之后逐年增加。其中社区GIS地理信息系统，以民政和劳动等业务为切入点，探索形成社区GIS平台、数据中心和共享机制，提高了数据治理的效能。目前新区大数据中心已经建立起以村居为基层治理单元的GIS平台，同时集合政务数据（人口、法人、房屋等）、互联网数据（金融、舆情、天气等）、收集位置、人车物流轨迹等数据资源，为社区智慧治理提供基础性数据资源。

（四）构建上下畅通的数据资源库

在信息化发展初期，新区数据资源的整合以政务信息网络建设为突破口，整合各部门和各行业的信息，实现资源交换、协同办公。从2003年4月起，新区将在线办事和网上服务作为突破口，成立电子政务联席会议和政务管理中心，对浦东新区政府门户网站进行全新改版。6月10日，新区对上海浦东新区政府网站、浦东新区计算机信息中心进行资源整合，建立新区电子政务管理中心。2003年，新区基本建成政府类门户网站以及电子政务内网和外网（简称"两网一站"），实现跨部门、跨行业的信息交换和协同办公。随后，新区持续优化"一门式"电子政务平台建设，电子政务管理中心对新区数据中心进行重大调整，根据业务不同的服务对象将其划分为互联网、政务外网和公务网三个数据中心，特别是通过引入六西格玛质量管理方法，用技术手段表达出严密的管理思想，使信息系统具有自我管理和自我修复的质量控制功能。同时还引进先进的条形码技术，采用必要的传统手段，使信息系统与其他传统作业过程紧密衔接。

进入新时期以来，新区以"一网通办"工作为抓手，全面对接上海市大数据中心、市级"市民云"和"社区云"等系统，实现市、区两级联动，打通市、区、街镇三级交换通道，促进全数据资源跨部门和跨层级的交流共享，特别是注重深入挖掘数据资源价值，提升数字化治理和服务的效能。2018年，为适应"网络强国、数字中国、智慧社会"建设需要，加快实现数据归集和共享应用，新区在强化智慧城市建设领导小组职能的基础上，组建区大数据中心，深化公共数据资源目录体系建设，完成数据开放清单的目录梳理和编制，加快实现多部门多层级的数据共建共享，以数据资源精准赋能城市治理，包括社区治理的应用场景。这些在2020年以来的新冠肺炎疫情防控工作中得到了检验。

（五）构建开放式的智慧社区平台

智慧社区公共平台是新区智慧社区建设的重要内容，主要目的是通过智慧社区公共平台推动资源整合、功能优化、流程重塑以及服务提升。

在政务平台上，1994年新区就开始推行电子政务试点工程，作为试点单位的社会发展局率先建立电脑信息管理和辅助决策系统，实现了局域网联网。民政信息管理系统是社会发展局多媒体信息系统的分系统，主要子系统包括社会救济、双拥双退、社会团体、婚姻登记、社区服务、残疾人事业等10个基本民政业务，是民政工作办公自动化的有益尝试。2003年，新区基本建成政府类门户网站以及电子政务内网和外网，实现跨部门、跨行业信息交换和协同办公。

2005年开始率先在潍坊、金杨、沪东试点建设"一门式"社区事务受理服务中心，之后在全区推广，将市、区政府有关职能部门在街道设置的受理事项和出证事项归并到受理中心，实现一门受理，涵盖民政、劳动、市政等多项行政事务。2006年，全区基本实现了"1（浦东市民中心）+23（街镇社区事务受理服务中心）"的政务事务服务体系。2015年，新区又建成浦东市民中心服务大厅的政务云桌面服务平台，利用云计算、虚拟化技术以及云安全技术等技术手段促进智慧政务信息化发展，建成了统一的互联互通的便民办事服务和决策支撑平台。

在社区服务平台上，2013年，"智慧浦东第一门户"正式上线，为新区居民提供了多方位、多维度的智慧化应用服务，成为解决市民衣食住行问题的一站式门户网站；陆家嘴智慧社区平台、南码头路平安社区、民政局科技助老服务平台等一批标杆性智慧社区应用平台已经基本建成。2016年，新区为减轻村居台账压力，开发村居电子台账系统，整合包括实有人口、实有房屋、实有单位、农业生产、残疾人信息、社会保障等在内的各类数据信息，实现新区各街镇台账数据、各条线业务数据的信息查询、报表统计、决策分析等功能。2019年新区又积极对接市大数据中心，对接市级"市民云""社区云"建设，实现市、区两级联动。2020年，新区又对台账系统进行升级，全力打造村居日常管理的智能大脑——"智治通"系统，通过人房图数据治理、智能分析研判、数据归集、积分管理等方式，实现社区治理的全周期闭环管理、全流程智能监测。

在街镇平台建设上，建成社区智能化管理体系架构，开发集GIS地图、重点人群监测、人群实时密度、轨迹感知、车辆违停、案件分析、自动巡屏等多功能模块于一体的管理平台，实现以大数据防控为主的现代社会治理。2009年3月，南码头路街道"三个实有"（实有人口、实有房屋、实有单位）综合信息平台启动建设，2011年进入动态维护阶段。2011年，周家渡社区（街道）综合信息管理处置平台投入使用，以处置社区事务联动中心为平台，开展集市政管理、治安维稳、帮困救助等方面工作于一身的社区网格化管理"大联动"工作。2011年8月，"智慧浦东便民服务一点通"开通试运行，标志着智慧浦东为民服务实施工程进入新的建设阶段。该平台以手机和电脑为媒介，通过整合政府服务、空间地理、商业服务、配套设施等信息资源，为公众提供便捷快速的优质信息服务，方便人们"一网打尽"浦东各类综合信息。

随后，街镇一大批智慧社区应用平台相继开发和投入使用，比如金桥镇开发了智能回收箱相关的智慧社区服务平台，包括智能回收箱硬件、终端软件、中心管理平台、回收业务管理平台和智慧社区公共服务平台等功能模块；陆家嘴街道开发的社区关爱公共服务平台完成验收，平台包含社区为老服务综合信息管理子系统、社区健康管理子系统、文娱康复及精神慰藉子系统、社会保障认证子系统、居家养老生活服务平台、综合服务预约子系统等功能。北蔡镇开发的"一码专用"垃圾分类智能化应用系统,逐步扩展成为城市管理"一码通用"智能化应用平台。

(六)构建完善的网格化管理模式

作为现代城市治理的基本制度安排,网格化管理已经在城市治理中得到了广泛的应用。城市网格化管理依托现代化信息技术手段,以"两级政府、三级管理、四级网络"为基础,采用"万米单元网格管理法"和"城市部件(事件)管理法"相结合的方式,通过整合政府管理资源、条块联动、行业联手、流程再造,建立由城市管理信息平台、城市管理监督受理中心和城市管理指挥处置中心组成的"一个平台、两个中心",使城市管理从模糊走向清晰,从粗放转向精细,从静态转向动态,从分散转向综合。自2002年建设以来,新区已在管理体系、运行机制等方面,都建立起了相对完善的城市网格化管理模式。

在管理体系上,2006年,新区成立城市管理行政执法局,形成"条块结合、以块为主"的管理和执法工作体制,基本完成市、区两级网格化管理平台建设。2008年网格化管理实现纵深突破,区城市网格化管理监督(指挥)中心完成了街镇网格化平台建设,基本形成"三级平台"(街镇网格办、功能区网格办、新区网格办)。2010年,新区建成区级城市网格化管理平台门户网站,在新区网格化管理信息平台拓展建设三林配套工作指挥部应急指挥信息管理系统和新区城市公共设施应急处置系统。2013年新区制定了城市网格化管理四期项目建设工作方案,拓展南片网格化管理覆盖区域,实现新区南北区域网格化管理一体化。2015年新区实现全区36个街镇网格化综合管理全覆盖,形成"1+36"网格化管理体系。2016年,新区推进村居工作站建设和规范运行,完成1200余个村居工作站建设,基本形成"1+36(+2)+1286"的网格化体系。

2017年新区进一步整合网格化管理功能,建设新区城市运行综合管理中心。管理中心于当年9月4日启动试运行,成为具有浦东特色的社会治理新格局的重要平台，推动了社会治理重心下移，提高了社区治理的精细化水平。2018年，新区根据《关于推进城市运行综合管理体系建设实施方案》，推动网格化综合管理向街镇和居村延伸，构建"1+36+1323"的城市运行综合管理体系（即1个区中心+36个街镇分中心+1323个村居联勤联动站），同时也将25个委办局、19家直属企业、3个开发区管委会纳入管理体系，打造浦东社会治理创新平台，实现纵向到底、横向到边的无缝隙管理。2019年，又将各个村居逐步接入网格化系统，实现区、街镇、村居三级联动。

在运行机制上，2006年，新区初步形成集监督、指挥、处置、考评于一体的网格化运行机制。2007年，城市网格化管理率先在陆家嘴功能区域实行全天候实时监控，基本形成了集监督、指挥、处置、考评于一体的运行机制。2008年网格化管理实现纵深突破，基本形成"三级平台、四级派单、五位一体"的运行体系。在管理区域上，在尚未推行网格化管理的集镇化地区（合庆镇、唐镇、北蔡镇等）推进网格化管理，实现全区范围全覆盖的网格化管理体系。在管理时间上，对陆家嘴网格化平台以外的其他5个功能区域实现了全年无休（365天×16小时）的两班制工作模式，快速提高了城市管理问题的发现能力，做到了在老百姓出门之前开展工作，在老百姓夜晚休息之后再收工。在管理内容上，初步在建筑工地、公交车冒黑烟、水域安全等领域开展了网格化管理工作。在管理功能上，与"环境热线"、环卫GPS数据"两个信息源"互联互通，拓宽城市问题的发现渠道，与公安、防汛、环卫GPS、景观灯光等四个视频系统互联互通，实时监控城市环境与安全。2010年，新区坚持做到"主动跟进网格化巡查、主动跟进网格化督查、主动跟进网格化督办、主动跟进网格化培训"，在新区网格平台、三林网格平台、陆家嘴网格平台实行工作从16小时延长到24小时的全天候模式。

2010年世博会期间，新区网格化管理模式在城市管理、社区管理等方面发挥了重要作用。世博会之后，新区又进一步优化网格化管理。2014年，新区推进网格化管理、12345市民热线和环境热线信息平台功能整合，形成"三网合一"新系统，还与其他相关信息系统互联互通，实现一口受理、一体派单。2015年新区又探索城市综合管理跨部门的信息资源共享，建立"问题发现、案件派单、问题处置、联勤联动、监督考核"五方面的运行机制，优化"发现、受理、指挥、处置、监督、评价"六位一体的管理机制，并与各职能部门协调沟通，研究确定拓展范围、拓展内容以及相关标准等，管理内容由原来的10个大类120种事（部）件拓展为16个大类201种事（部）件，拓展内容包括地下空间、市场监管、街面秩序、小区管理、农村管理、治安维稳等。由此，网格化管理机制得以进一步健全和完善，为提升结案率和按时结案率、派单的准确率、立案的科学性、绩效考核的合理性等工作夯实了基础。

（七）不断开拓智能应用系统场景

在推动社区信息化建设初期，新区政府主动开发社区服务便利化项目。1995年，新区在全国率先开通999市民求助电话，与塘桥和潍坊街道实行计算机联网，为社区居民提供多方面的生活服务。社区居民只要拨打求助电话，便可联系到诸如家电维修、代办代理、家庭中介、健康医疗等各类上门服务，也可以获得工商、旅游、文化、体育、卫生、民政、公安、司法、交通、水电等方面的信息服务。1996年，崂山西路、周家渡、土钢、陆家嘴、洋泾、罗山等6个街道的社区服务中心也与求助中心实现联网。1999年5月，新区9个街道的求助热线都与市政府推出的88547热线联网。1997年崂山西路街道在机关大楼正厅设置了触摸显示电脑，编印了便民指南，包括政策法规、办事程序和责任科室等内容，印制了便民服务方便卡。1998年，新区通过电脑亭终端电脑为社区居民提供社区服务、政府之窗、金融证券、衣食住行、休闲娱乐、卫生保健、经贸纵横、旅游风光、科技教育、招聘求职、新闻资料、网络互联等12大类服务，满足社区居民的信息需求。为照顾护理日常生活不便的困难老人，新区还组成了817个包护小组，为独居老人安装求助电话、"安乐通"求助系统等。

在区和街镇两级的综合平台上，各社区着眼于社区管理、社区安全和社区服务等领域，探索开发出各具特色的应用场景。比如周浦镇推动了周浦智慧安防项目，首批监控网络项目涉及39个监控点及2条直连监控平台的传输裸光纤；陆家嘴围绕"一库、一卡、两平台、多系统"的工作内容推进智慧社区建设，建立社区民情档案综合信息库初期模型，开发完成居家养老管理系统，并在东园居家养老综合服务站、敬老院、日托所试点应用，完成社区健康管理、智导停车和全日通自助式快递箱等系统建设；金桥碧云公馆智能化项目实现传统语音、宽带网络、视频集成、无线覆盖的整合，满足了个性化要求和通用化扩展，也节约了建设和管理成本；惠南镇开发的"智慧社区卡"具备"多卡合一、一卡多用"九大服务功能，包括"我要服务""我要缴费""我要休闲""我要健康""我要行善"等；紫丁香居民区"智慧客厅"按照"家门口"服务站"四化"理念的要求，遵循"一室多用"的功能原则，将"四站一室"、联勤联动工作站融入"智慧客厅"，将七大类服务有机整合到各个功能空间，使"智慧客厅"的空间布局既温馨又实用，打造了居民喜闻乐见的个性化邻里空间。

根据城市治理的现实需要，智慧社区建设不断开拓新的应用场景，解决社区治理中的前沿问题，服务广大社区居民，其中信息技术助力基层疫情防控，取得了良好的治理成效。2020年初新冠肺炎疫情发生后，面对严峻的疫情防控形势，新区仅用了20天左右就在全市率先开发出区级"新冠肺炎疫情防控系统"，生成了统一的二维码，通过"浦东发布"公众号全网发布。社区居民只要扫一扫，就能进入小程序首页，点击"口罩预约登记"进入网上预约模块，在智能表单里将相关信息填报提交后，就能收到确认短信，一个工作日内完成核查，直接收到购买凭证。

同样，在疫苗接种过程中，新区仅用5天时间就研发出浦东新区免疫屏障居村应用版，实现了三大功能：一是自动标注"已接种"，在区大数据中心支持下，"社区治理专题数据库"可实时导入全市疫苗接种数据，实时比对区实有人口库，系统自动标注已接种人员；二是精准制定未接种行动表，可实时筛选查看所有人员姓名、年龄、接种情况、接种日期、疫苗剂次、产品名称等标签，也可实时导出数据形成表格；三是形成管理闭环，居村社工对辖区人员的疫苗接种信息进行电话跟踪和上门回访后，可在平台上自行编辑数据，形成疫苗接种管理的闭环。

（八）推动智慧社区保障机制建设

智慧社区建设是庞大的系统工程，需要建立健全相关的保障机制，以充分实现智慧治理的效能。新区在社区治理转型升级的进程中，高度重视构建安全保障、人才支持和智能帮办等保障机制，为社区信息化和智能化保驾护航。

在安全保障方面，新区推进安管平台接入部署，提升网络安全防护能力。首先，开展连接政务外网的服务器和终端的天擎安装部署，初步实现全区党政机关、事业单位、园区、重点企业单位面上的全覆盖。截至2019年，新区共接入终端及服务器7000多台；每周发布网络安全信息，监测发现网络安全漏洞1063种，有效修复和查杀木马病毒49.14万次。其次，开展网络安全检查，保障关键信息基础设施持续稳定运行。成立安全检查工作领导小组办公室，坚持"以查促建、以查促管、以查促防、以查促改"，查清关键信息基础设施的数量和分布情况，以及关键信息基础设施的运行环境、网络安全管理和防护情况等。最后，强化网络安全保障，提升信息安全整体防护能力，加强对重要时期和重点领域网站进行安全监测，指导各单位全面落实网络安全工作责任制度；依托专业机构，坚持每月一次对重要系统和重点网站进行安全检查和漏洞扫描；每周发布新区网络安全情况通报和风险预警，及时处理发现的风险和漏洞；组织开展网络安全应急演练，提升网络安全应急处置能力。

在人才培训方面，早在1999年，新区就注重对工作人员进行计算机网络培训，提高工作人员的信息化能力。在对社区电脑亭工作人员进行培训时，要求电脑亭工作人员必须持证上岗。新区每年都对居委会干部和社区工作者组织各种类型的培训，在培训过程中专门加入互联网和大数据等信息技术理论与实践等方面的培训课程。特别是，面对早期社区居民电脑和网络知识匮乏的情况，新区在推进家庭信息化建设的工作中，以最低70元/人的培训经费，培训3万余人次，至2006年，共培训9万余人次。在"百万家庭网上行"办实事项目中，新区利用"校校通"资源，让学生"小手牵大手"，带着爸爸妈妈上网。全区建有"百万家庭网上行"培训点85个，近2万名学员经培训考核取得合格证书，推动广大居民迈入信息化时代。

近年来，新区根据智慧城市建设和城市数字化转型的需要，提高智慧社区专业人员技术水平，开展政府数据共享、开放与治理等领域的专题培训，强化重点工作领域的技术交流，围绕政务数据资源利用核心工作，先后由区领导带队，组织新区信息化主管部门和相关委办局等单位赴上海大数据交易中心、杭州、贵阳、深圳、佛山、苏州等单位和地区开展14次调研交流，学习数字治理或智慧治理的经验。而且，新区党校以及街镇每年也都会举办村居干部培训班，邀请智慧社区专业技术人员、社区数字化管理专家学者为一线村居干部提供技术培训。在日常工作中，新区大数据中心也专门安排了技术人员对村居干部平时碰到的问题进行指导，及时给予响应和解决。

三 浦东新区智慧社区建设的主要成效

31年以来，浦东新区智慧社区建设逐步推进、与时俱进、持续发力，在推进基层党组织建设、推进社区治理体系和治理能力现代化、增强社区居民获得感和幸福感等方面都产生了切实而可靠的成效，主要包括以下方面。

（一）深入夯实了党的执政基础

新区智慧社区建设的基本经验之一是党建引领，就是区级、街镇以及村居等各级党组织在思想、组织、资源和示范等方面，引领社区居民深入利用最新信息化技术，推进信息技术与社区治理深度融合，探索社区治理的新路径和新方法。与此同时，党建引领智慧社区建设也不断提升党组织在社区中的组织力、影响力和领导力，赢得了广大人民群众的支持和拥护，夯实了党的群众基础、执政基础和社会基础。

其一，不断提升党组织在社区中的领导力。在智慧社区建设进程中，社区党组织深入社区群众，了解群众的所思所想所需，推动信息技术的广泛应用，运用智能化手段解决群众实际困难。比如社区党组织在了解居民停车难问题后，开发了智能化的停车系统，提高了小区车位资源的利用效率，缓解了小区停车难和找车难等问题。

其二，不断增强党组织在居民中的影响力。比如基层网格化管理平台逐步拓展功能领域，融合相关治理和服务事项，做实做强了基层治理的细胞单元，实现了管理区域覆盖全部社区居民、管理内容覆盖社区居民日常生活、管理结果接受全体居民监督等，服务时间延长至24小时，时刻守护居民的生活，增强了党组织的影响力。

其三，不断提升党组织的社区治理能力。智慧社区建设赋能社区治理，提高了社区治理的透明度、参与度和体验感，不仅拉近了社区居民与党组织和政府部门的距离，也提升了党组织贯彻和落实社区治理任务的能力，特别是及时发现和回应问题的能力、协同各方共同解决问题的能力和在线服务广大群众的能力等。

（二）打通部门和层级间的壁垒

早在20世纪90年代末，上海就在全国率先探索城市社区建设，形成了"两级政府、三级管理、四级网络"的城市管理体制，为社区治理奠定了基础性的制度框架，但其运行过程中也存在诸多的缺陷，主要包括各层级权责不对等、层级之间协调时间长和基层负担比较重等。不同职能部门都分管着相应的社区事务，但这些事务最后都需要村居组织来进行落实，就容易出现所谓"看得见的管不着、管得着的看不见"和"上面千条线、下面一根针"等问题。相对应的，智慧社区建设的重要功能就是打通各个部门和层级间的壁垒，建构顺畅和高效的社区治理框架。

很显然，技术平台建设打通了部门和层级壁垒，提高了部门和层级之间的衔接程度或协同水平，比如新区城运中心平台通过构建"1+36+1323"的城市运行综合管理体系（即1个区中心、36个街镇分中心、1323个村居联勤联动站），同时将25个委办局、19家直属企业、3个开发区管委会纳入管理体系，打造了新区深化社会治理创新的数字化平台，实现了纵向到底、横向到边、全覆盖、无盲区的管理。在村居社区内发生的事情，只需要连接和纳入城市运行管理系统，城市运行平台相关职能部门就可以进行协同办理，实现社区治理的"联合、即时、智能、协同"，从而极大地消解了部门之间的推诿和卸责，也减少了不同管理层级之间的延滞。

技术平台推动部门和层级的协同，主要是通过打通数据壁垒实现的。在当今数字化和智能化时代，各职能部门的数据壁垒是困扰社区管理的重要难题之一。新区以政务云为载体，组建新区大数据中心，建立系统化的数据库及其接入标准，至2019年底，接入全区81家单位（含38个委办局、7个管委会、36个街镇），实现7002个事项、8万个数据项和31亿多条数据的归集，实现全区数据通道全覆盖，其中为"6个双"平台每日归集4787多万条数据；为浦东公共信用平台提供17个单位、35个事项，总计4510多万条数据；为城运平台提供10个单位、47个事项，总计2983多万条数据，提高了数据资源跨部门跨层级的共享能力，真正做到了让数据流动起来，发掘和利用了数据资源的价值。

（三）显著提升了社区治理的效能

智慧社区建设的重要目标是提升社区治理的专业化、精细化和精准化水平，有效解决社会治理中的大事小情，提高社区治理的总体效能。新区的"智治通"系统智能采集和智能提醒等智能化模块的开发和应用，大幅度减少了基层干部手动录入数据的工作量，提高了数据采集的效率和质量，实现了工作协同和流程闭环，可以让基层干部腾出更多时间倾听居民呼声，回应居民需求，解决居民问题，也进一步融洽了基层干部和居民的关系。社区治理智能底板的研发推出，实现了"数图联动、一屏统览"、"数据互通、一键联动"、"智能分析、一体研判"，用大数据有效赋能社区治理，提升了社区治理效能。

这方面的案例很多，比如北蔡镇探索"一码通用"智能化应用，实现了业务规程设计的精细化，整合了城管、物业、志愿者、网格监督员等十余类角色，将管理单元落实到人、到事、到店（商户）、到点（时间点），为每个事项及其子项设定了精细的操作规范和标准，实现了处置单元的最小化、处置效率的最大化、数据分析的最细化,通过系统对城市管理全要素数据的精准计算和智慧分析,形成了城市管理大数据,并通过大数据应用,真正实现管理效率和治理效能的全面提升,解决了困扰城市精细化管理的"最后一米"问题,形成了街面秩序治理的典型经验。

新区免疫屏障居村应用版,通过用好用活即时数据,提升了疫苗接种工作的效率。一是实时显示居村疫苗接种整体情况数据,帮助居村干部掌握辖区实有人口疫苗接种情况,精准掌控疫苗接种工作的推进进程;居村干部也可以在"房态图"上直接查看所有社区人员疫苗接种的详细信息,还可以用图标形式标注,"以房找人",直观明晰。二是居村干部也可精准掌握居村、楼(队)组未接种人员和应接种第二剂人员的情况,方便精准定位,开展点对点的上门宣传动员,改变以往挨家挨户"盲扫"的状况,大大提高宣传动员的效率。

近年来,前滩社区打造"智慧客厅",搭建了居民自治的平台,以"7+X"服务("X"为特色服务,可按需供给,不断迭代,目前"X"为居民课堂、境外人员服务点)为方向,努力促进功能合理化布局,提升服务的精准度和有效性,比如前期通过业主群和公众号进行民意调查征询,了解到社区居民对孩子的教育非常关注,居委会就顺势引导居民挖掘、整合和利用内部的各类教育资源,开发了配乐、舞美、绘画和书法等多种兴趣班团课,还实现了各场馆的自主管理使用。这些居民课堂从策划、组织到落地,全程都有居民骨干力量参与,充分显现了自治的优势。居民课堂推出以来,受到广大居民的欢迎,各场馆的利用率以及饱和度大幅度提升,"智慧客厅"每天开放和可预约的时间都超过 20 课时,服务人群也从单一的老年人群扩大到了儿童、青少年、年轻父母、外国小朋友等。

(四)增强社区治理的活力和韧性

长期以来,社区居民不愿参与社区活动是社区治理过程中的沉疴痼疾,因此,激发社区居民的参与热情一直都是社区共同体建设努力的方向。对此,新区智慧社区建设通过平台建设为社区居民提供便捷的参与途径,激发社区居民参与社区治理的热情。就此而言，技术平台发挥了激发居民参与的重要作用。比如，在推广使用"社区云"后，南码头路街道通过"实名实户认证"体系，在"社区云"居社互动平台上提供居务公开、社区公告、在线服务、自治议事、邻里互动等功能，吸引社区居民参与。目前街道已有35000余名居民实名加入"社区云"，其中党员亮身份5295人。"社区云"平台交流具有即时性和互动性等特点，在回沪人员登记、小区环境监督、口罩发放、业主停车、民意调查等方面，日益发挥着不可替代的作用。居民们在屏幕上动动指头就能解决实际问题，再也不用费心费力跑上跑下，尝到了智慧治理的甜头，更有参与的积极性了。

"社区云"实行实名制与居住门牌号关联，建立了"一区一议"的讨论隔离机制，推动了居民和居委之间、居民和居民之间在线的互动交流。居委干部利用平台快速反馈、及时处置，与群众推心置腹地开展沟通，进一步融洽了干群关系。在这个平台上，大家平等对话、自由理性讨论，情绪比较克制，同时结合线下的互动，培养了参与社区治理、解决社区问题的自治意识、协商精神和负责任的态度。平台数据显示，从2019年底开始试点至2020年6月底，在"社区公告"板块，累计通过平台发布社区公告2838条，发布各类消息3159条，共传递给3147325人次；在"左邻右里"中的"身边事"板块，平台总回复超过410762次，共解决居民提出的问题2800余个；在"党建园地"板块，共发布党建公告154条，党员亮身份5340人，发帖5578条，平台亮身份党员占平台人数的15%，党员贡献了平台总活跃度的22%；在"议事厅"板块，总计收到自下而上的居民议事项143个，形成议案、议题17个，形成项目、公约、倡议1个。

特别值得指出的是，"社区云"具有开放性，社区居委还可以灵活地接入个性化应用，因时制宜打造应用场景，提升应用的能级，比如在早期疫情防控的口罩登记工作中，预约成功后的做法是必须挨个打电话告知居民，居委干部电话从早打到晚，说得口干舌燥，也忙不过来。开通"社区云"后，社区工作终于找到了有力的外援，即用AI外呼机器人替代人工打电话。"社区云"上叠加智能语音识别系统，不仅可以自动呼叫机主，将设定好的内容告知居民，还可以根据机主的语音回答进行记录、判断和反馈，明显减少了居委干部的工作量，也让居民获得了更便捷的服务。

（五）切实为社区干部减负增能

2019年以来，中央和地方都大力推进破除形式主义的改革，努力为基层减轻负担。在当前社区治理工作中，工作人员的大量精力都用在了报送和维护各种数据上，这既包括人口、户籍、住房、社区相关法人单位等基础数据，也包括党建部门和公安、民政、人社、卫生、司法等各个条线的业务数据。以往，每个条线、每类数据事项都需要分别填报，这些基础数据项多有重合或交叉，社区工作者多头报送、重复劳动、疲于应付。由于各类数据之间还经常存在信息不对称和更新不及时的问题，对数据的拾遗补阙也占用了社区工作者大量的时间。在各个居委人手少、工作条线多和信息化任务重的现实面前，基础台账和数据报送等工作消耗了大量的精力和时间。而街道层面也苦于无法得到一致有效的数据汇总，各个终端难以互联，导致只能利用落后的手工方式去串联各个数据"孤岛"。

新区智慧社区平台运用大数据、云计算、区块链、人工智能等前沿技术创新管理模式，切实为基层治理赋能，为居村干部减负。比如"智治通"系统建立后，通过不断减重归并，直接减少不必要的录入数据1257项，减少工作量75.3%；通过关联"两个实有"数据库，实现了人房基础数据自动导入，减少65项反复重复录入的基础数据，实现减重100%，减少填报工作量79.1%。新区打通与居村工作最为密切的数据库（如人口、房屋、空间地理、城市运行等），实现数据共享，避免重复采集，有力落实了社工减负，再造业务流程，形成任务推送、预警提醒、协同提示、评价生成等智能管理闭环，变反复采集为一次采集，变被动记账为主动服务，变要我采集为自动采集，打造了"零台账"居村工作模式，切实减轻了村居干部沉重的台账负担，能够把更多精力投入干事创业和为民服务上。

（六）提高了广大社区居民的获得感

社区居民的获得感和幸福感是社区建设的最终目标，也是评判智慧社区建设的根本标准。通过智慧社区建设，新区广大居民的获得感和幸福感明显提升。

一是提升了社区居民办事便捷性。新区推行的"远程智慧帮办"系统，使社区居民在"家门口"服务站就可以进行视频连线，远程办理便民服务事项。在早期1.0版本的系统中，普遍存在着排队等候时间过长和无法预估办理时间等问题。系统开发者在了解问题后，对帮办系统进行了全面的升级，在新版系统中加入了预约排号系统，广大社区居民可以定时办理政务事项，真正感受到智慧系统的便利。面对老小区普遍存在的停车难问题，新区许多社区开发出智能停车系统，广大居民可以通过手机App远程了解目的地的车位情况，也能提前预约车位，减少了四处转圈找车位的麻烦。为便利居民办理政务服务，新区又推出远程视频帮办服务，在居村配齐"五件套"智能设备（高拍仪、读卡器、扫描枪、打印机、摄像头），借助远程视频帮办系统，通过受理中心远程办理、居村协助办理的方式，实现个人社区事务的延伸，为群众提供就近、便利、稳定和可预期的服务。

二是让社区公共服务更暖心和更贴心。新区开发了老人智慧关爱系统，在孤寡独居老人、残疾人家庭和失独家庭免费安装烟雾传感器、红外线感应器和紧急按钮，借助智能传感系统实时监测社区老人体温变化、出门情况、水表使用等方面的情况，了解老人、残疾人家庭的生活状况，特别是老人出现意外情况。当意外发生后，社区工作者以及志愿者能够及时上门服务。新区的科技助老服务热线20809599月均呼入电话达1万余个，月均呼出电话3.5万余个，服务实现36个街镇全覆盖，建成街镇服务站点20个，从老人实际需求出发，整合各类服务资源，为老人提供方便、快捷、优质和专业化的服务。街道自主开发的独居老人分级管理平台，可以为辖区老人提供"亲而无感"的服务，通过社区工作者及志愿者上门了解情况，可以轻松判断老人们的身体情况和安全情况，为老年人进行风险等级评级，设计和提供相应的服务包。

三是让社区居民感受到安全。安全是社区治理的底线,没有安全的"1",其他一切都是"0"。新区通过在小区安装智能门禁、电子眼、人脸识别、消防水压监测、烟感等智能系统,提升社区公共安全物联感知能力,更好地解决了诸如高空抛物、乱倒垃圾和电动车上楼充电等焦点问题,不仅改善了社区的公共安全和环境卫生状况,也可以更好地保障社区居民的合法权益。在新冠肺炎疫情防控期间,惠南镇部分社区推行的"小区居民电子出入卡"、康桥镇引入的"防疫隔离监测系统"、北蔡镇推行的"智能门磁"等智能系统,也为社区防疫构筑了"铜墙铁壁",提升了社区居民的安全感。

四 浦东新区智慧社区建设的未来思路

目前来看,浦东新区智慧社区建设的框架和内容已经基本形成,取得了显著的治理效能,具有示范引领的意义。随着数字化技术的快速发展及深入应用,社区的数字化转型又提上议事日程,对智慧社区建设提出了更高的要求。面对人民群众对美好生活的要求,智慧社区建设也还存在诸多问题,比如缺乏高位统筹、多头管理运行、部门意识明显、重硬件轻软件、重上层轻底层、资源投入不足等。对此,浦东新区智慧社区的建设还需要注意如下方面的问题,以系统推进改革和创新,实现智慧社区的转型升级。

(一)强化智慧社区统筹设计环节的上下联动

从整体上看,当前浦东智慧社区建设总体上还处于由社区分散探索向市、区整合提升方向发展的阶段。在前期试点街镇分散推进智慧社区建设的基础上,区层面逐渐探索打通和整合智慧社区平台,市层面又在统筹谋划开发市级智慧社区平台,形成了多层级相互套嵌的框架体系。同时,不同职能部门根据各自的业务需要,也开发出相应的智慧业务平台。虽然市、区已经尽可能在大数据中心的平台上推动整合,但是依然难以解决某些具体的问题,比如有些职能部门的业务很难在综合信息平台进行操作或运行,个别职能部门还涉及信息安全和个人隐私等问题。而且，层级越高的智慧社区平台固然能够整合更多的数据资源，但这些数据并不一定能为社区治理的具体工作提供良好的支持。

需要着眼于完善智慧社区的顶层设计，梳理智慧社区的框架结构、运行层级以及建设项目，摸清智慧社区建设中的瓶颈、难题以及疑难杂症等，对目前市层面、区层面、街镇层面以及各职能部门已经落地、正在推进和即将推进的智慧社区建设项目进行全面摸底，搞清楚新区智慧社区建设的底数状况。如对于市层面即将推进的智慧社区建设项目，应该进行系统梳理与科学论证，防止新旧系统的交叉和低水平重复；对于区和街镇层面正在实施的智慧社区相关项目，开展系统的第三方评估，检验其功能和成效；对于已有的智慧社区工作成功经验，应总结和提升为市级标准，予以复制和推广。

为了统筹智慧社区建设，协调社区治理的多方行动者，必须以做实做强技术平台为抓手，多维度实现数据赋能或数字赋能，实现相关行动者的系统联动。首先，在全区层面上统一归集现有的社区治理的智能化应用场景，实现统一人口管理、统一数据采集、统一要素管理，打通阻碍数据流动的壁垒。其次，以梳理治理要素及其流程设计为抓手，梳理不同层级和不同部门的职责权限，归集整合市级平台、区级平台和街镇平台，完善上下层级互联互动的运行体系。最后，立足社区治理的具体事项，自下而上地盘点智慧治理的资源和条件，着眼于问题解决与技术手段的适配性，统筹推进智慧治理体系的改良和优化。

街镇平台是智慧社区体系的重要枢纽，是统筹社区治理数字化发展的网络节点，具有承上启下和左右联动的功能。因此智慧社区建设必须充分发挥街镇平台的枢纽作用，加强街镇平台与其他层级技术平台的沟通互动，要鼓励各街镇根据实际需要开发更多的治理场景，推进治理数据联通、要素联动、重点联判和力量联合，持续提高社区治理效能。对于建设成效较好的案例，区职能部门可以提前介入街镇和社区的研发，争取成熟一个、总结一个、推广一片，有序推进街镇智慧社区建设，具体可根据挖掘典型、深化试点、面上推广、扩大试点以及全面推广等步骤，系统推进相关建设工作。

（二）坚持以回应居民实际需求丰富智慧应用场景

从各地智慧社区建设的普遍情况来看，许多地区的智慧社区建设都高度重视技术投入，上马了很多工程和项目，建立了很多相关的信息系统或技术平台，甚至为了打造政绩，投入了很多监控设备、感知设备和可穿戴设备等，打造了许多看起来很好的技术平台，但实际上并不能解决多少现实问题，社区居民缺乏参与，知晓度很低，效益很差。这对于新区智慧社区建设的启示就是，智慧社区建设在紧跟最新技术和算法等科技前沿的同时，更要注意丰富社区智慧应用的场景，快速回应广大居民的实际需求，提升社区居民的幸福感和获得感，真正实现技术与人的和谐共存，以科技实现美好生活。

还要注意的是，技术也是把双刃剑，包含了广泛的风险和挑战，智慧治理也会带来与之相关的特殊问题，比如数字鸿沟问题。对此，智慧社区建设既要在财力和人力允许的条件下，充分利用技术发展的红利，力所能及地推动社区治理的优化升级，切实解决群众关心的身边的问题，如养老问题、停车难题和安全问题等，也要时刻注意避免硬件投资的过度浪费，防止技术工具的过度宰执，避免数字鸿沟的困扰，要给社会主体留下更多自主空间，尤其是不能忽略了社区工作的特性，即社区治理更多是与人打交道，做的是人的工作，要解决人的矛盾纠纷，要有人去灵活地开展工作，而不是冷冰冰的技术工作。

对于智慧社区建设中的问题，未来的发展需要注意三方面的问题。一是推动线上线下互动结合，形成线上线下齐头并进的工作策略，不能有了技术平台就忘了居民阳台，而要让技术的阳光照进生活；二是在"社区云"等平台提供的基础功能的底板上，搭建更多贴近群众需求的应用场景，建立更多方便群众使用的服务栏目，多维度提升面向终端用户的便利性、面向社群的交互性和面向工作的可管理性；三是基于新区智慧社区建设经验，结合线上和线下的集成管理，提供多点并包的分布式服务，保障跨领域的专业服务支持，积极响应群众的意愿和需求，有效破解社区治理的难题，探索面向未来的数字化社区治理新范式。

（三）持续健全畅通共享的大数据公共基础平台

长期以来，新区政务云、"城市大脑"和"社区云"等平台，以信息技术手段为突破口，打破不同层级或不同部门之间的数据壁垒，构建起了各层级和各职能部门相互连通的数据共享标准，推动了数据资源的互联共享，极大地方便了治理和服务，也提高了数据资源的应用价值，真正做到了将数据价值转化为治理效能。比如在监测城市生命体的健康体征、分析城市治理的堵点和难点问题、解决社区治理中的老大难问题、研判社区治理资源的配置和把握广大群众的社情民意等方面，数字技术平台日益显示出非数字手段所难以具备的技术优势和巨大潜力，形成了惠及各方的治理效能，获得广泛的社会认同。

但也要看到的是，目前数据的联动和共享依然处于初级层面，如果想提升智慧社区的系统能级，就需要进一步推动各职能部门以及社会机构数据系统的融合、联动和共享。这一方面需要新区智慧城市领导小组以及联席会议高位谋划、统筹协调，破除各职能部门和各层级的"门户之见"和"一亩三分地"思维，着眼于加快构筑数字新要素体系、数字新技术体系和数字新底座，进行更全面更深入的数据接入，加快完善社区治理专题数据库，以大数据中心着力打造的人房库为基础，叠加小区、道路、河流、土地等基础数据，在场景应用中不断叠加治理标签信息，使新区社区治理专题库不断丰富完善，为全面深化智慧社区建设提供数据支撑，充分释放数字化蕴含的巨大能量。另一方面，新区需要强化社区与上级部门数据的畅通性和规范性，一是制定"关于进一步加强浦东新区居村信息系统和数据采集共享规范化管理的暂行办法"，通过加强制度建设、规范管理和源头治理，进一步规范系统下沉和数据采集共享管理，促进居村更好地协助政府及其派出机关开展工作，实现基层治理的数字化转型，拓展智慧社区建设的能级。二是继续落实"社区云"建设，整合居村信息系统，建立准入制度，规范数据采集的技术要求，研发和推出居村数据采集在线准入/退出模块，从源头上控制和规范下沉居村的信息系统和数据采集。同时，多方协调，开发自定义报表功能，推动从"向基层要数据"到"向系统要数据"转变，减轻基层减负。

（四）推动市场和社会力量参与智慧社区建设

就目前来看，新区智慧社区建设主要采用的是政府主导型的建设模式，基本的做法是党组织出想法，政府出资源，规划和部署智慧社区建设；企业出技术，落实智慧社区理念，设计和搭建数字技术平台，参与建设和运维工作。各级政府积极规划和落实智慧社区建设，将其纳入政府管理体系，落实社会治理和公共服务等方面的任务。这种建设模式发挥了政府的主导作用，具有规划性强、可控性强、行政色彩浓、管理思维重等多方面的特点。在资源有限的条件下，政府有选择性地进行试点探索，不断总结建设、管理和运行等方面的经验，逐步拓展智慧社区建设的范围和能级，是高度可行的、理性的和谨慎的。特别是，政府持续制定和出台有关智慧社区建设的标准，为智慧社区建设确立了良好的规范。

面对数字化转型的发展趋势，这种建设模式也呈现出诸多方面的弊端。一是政府主导的智慧社区建设模式管理思维比较强烈，行政色彩比较浓厚，很容易忽略了社会维度和生活维度的需求。二是由于其特殊的机构性质、职能定位和目标任务，政府职能部门在了解、响应和满足居民个性化需求方面，理念和行动的限制因素比较多，没有市场主体灵活和敏感，形成了很多服务的空白地带。三是以政府财政资金来推进智慧社区建设，不可能面面俱到，必然存在厚此薄彼的问题，个别街镇动辄数百万数千万元的投入，也是难以持续的。四是政府主导的建设模式往往重视前期开发建设，而忽视了后期的运行、管理、使用和开发，难以获得智慧治理的红利，造成了巨大的沉淀成本。

全面推进智慧社区建设，还需要投入更大的财力、物力和智力资源，因此需要推动市场和社会力量参与开展社区服务，比如拥有智能化技术的企业、拥有社区治理数据的企业以及专门服务社区的企业或社会组织等，探索社区治理应用场景的研发、设计、建设和运维的多元合作模式，形成政府、市场、社会三方合力推进智慧社区建设的新格局。这其中尤其是要注意发挥物业企业在社区治理中的主体性作用，加大力度推进智慧物业建设，全面提升社区的联通水平、智能管理水平和智慧服务水平。比如北蔡镇面对智慧社区前期投入较高问题，从社区治理的实际需求出发，利用微信平台功能，改造设计出城市管理"一码通用"系统，整个投入不超过100万元，主要用在软件开发和线路租用等，基本不涉及硬件投入，同时配合人员整合和大数据应用，极大地提高了管理效能，为智慧社区建设开阔了思路。

（五）推动相关治理资源向社区倾斜和下沉

推动权力和资金等资源向一线下沉，是新时期社会治理创新的重要方向，也是未来智慧社区发展的重要突破口。虽然近年来新区在推动社会治理重心下移方面已经部署和开展了大量的工作，比如打造"家门口"工作站和构建"15分钟生活圈"等，但在智慧社区建设中依然存在"重上轻下"的现象，比如在智慧社区平台建设上，更多的人力、物力和财力集中在上面，区级平台集中在区层面，街镇平台集中在街镇层面，村居社区的投入相对偏少。在有限的村居投入中，更多的投入被用在硬件设施上，而对人力的投入则相对偏少。这就容易使智慧社区建设虎头蛇尾、流于形式、难以落地。智慧治理的核心是数据，如果数据资源用不起来、用不好，治理能力也就跟不上来，面对问题的时候仍然是心有余而力不足，看得见却管不好。

持续推动智慧社区建设，必须在社区层面大力应用信息技术，以技术手段识别、联通和撬动社区要素，提高社区治理的智能化和智慧化水平，尤其是注重提升解决社区疑难杂症的能力。从这个意义上讲，将信息技术应用到社区治理中来，让技术手段能够助力社区治理，就必须让社区工作者能够得到技术的支持，与技术友好相处，而不是变成技术的"傀儡"，被技术压倒在屏幕上。归根结底，技术是为人服务的，应当是提升治理效率的，而不是增加工作负担的，因此必须注意到技术应用中的异化问题，比如工作App太多导致数据填报的沉重负担等，更要防止技术手段的形式化问题，比如考核社区工作者走访社区频率的指标只是增加了形式上的走访。因此,智慧社区的发展绝不能把社区工作者当作数据治理(采集和确认)的工具,而是真正让技术能够助力社区工作者。

必须指出的是,社区治理千头万绪,核心是人的问题,最为需要的是面对面地开展非常琐碎、细致和麻烦的交流和沟通工作。从目前来看,社区治理很多面上的问题,诸如停车难、养宠物、高空抛物以及电动车充电问题,都是可以借助信息技术手段解决的。但社区治理中更为棘手的矛盾冲突,比如拆迁问题、物业纠纷(如加装电梯、建立业委会和动用维修基金等)以及邻里纠纷等,牵涉到的都是居民的切身利益,非常敏感。解决这些问题、做好相关工作,必须深入了解居民个人和家庭等方面的情况,协调多方利益相关者进行协商对话。就此而言,智慧社区建设固然需要实现技术下沉、提高数据治理的能力,更需要梳理社区治理的资源需求,推动人财物等资源下沉,发挥好人的作用。

(六)牢固树立智慧社区数据安全底线观

数据就是最有价值的资产,数据安全构成了数字化转型的底线。在当今智能化的时代,充分利用数据资源来提供优质的便民服务,监控和守护社区安全,提高社区治理的智能化程度,无疑是非常重要的。同样重要的是,要充分保障各种数据的安全,防止数据泄露损害个人隐私,危害公共利益,破坏社会公序良俗。智慧社区是以数据资源为基础的智能化应用,需要大量采集广大居民的个人信息,比如社区安防系统、门禁与访客系统和便民服务身份验证等,都不同程度地存在数据安全的隐患,因此必须高度重视数据安全问题,构建社区数据安全的底座,丝毫不能松懈和疏忽。

在新区推进智慧社区建设的进程中,各方面都高度重视信息安全工作,也非常注重信息安全工作,从各个环节保障数据安全,保护个人隐私。但是由于信息技术以及算法等飞速发展,特别是随着智慧社区建设的升级,不同层级、不同职能部门数据或信息共享的程度越来越高,数据的交易和流动频率越快，安全性问题越来越突出。近年来，不仅各相关政府部门更加重视数据安全、维护网络和个人信息安全，广大民众也越来越注重个人隐私问题，甚至发生围绕小区安装人脸识别门禁而产生的冲突，其焦点就是数据安全和隐私保护等问题。这些问题将数据安全问题呈现出来，提出了隐私保护的要求。

随着《网络安全法》《数据安全法》《个人信息安全法》的颁布实施，智慧社区建设必须将数据安全问题提升到更高的高度，充分树立数据安全意识、个人隐私意识和信息安全观念；需要完善相关基础设施，建立多重数据安全防护手段，比如实现分区的数据资源的安全隔离，指导有关部门进行有效的数据生命周期安全防护，保障数据传递和利用的安全性。在技术上，要加强对相关技术人员的培训，定期检查网络设备的安全，建立和维护防火墙，对服务器进行防毒和杀毒、关闭安全漏洞、安装系统补丁等。在应用层则需要保证代码的规范化，防止恶意攻击，落实信息交换的规范和敏感信息的加密等多项措施。此外，还要加强信息安全监测、纵深防御、风险管控和应急响应，全面保障智慧社区平台数据安全。

参考文献

陈高宏、吴建南、张录法：《像绣花一样精细——城市治理的浦东实践》，上海交通大学出版社，2020。

罗新忠：《社区治理智能化——基于上海浦东新区的实践探索》，上海交通大学出版社，2020。

张冉：《党建引领社会力量参与社区治理：基于上海浦东新区的实践探索》，上海交通大学出版社，2021。

姜晓萍、张璇：《智慧社区的关键问题：内涵、维度与质量标准》，《上海行政学院学报》2017年第6期。

韩志明：《小心翼翼的行动者：社区治理的内卷化叙事——以S市Y区"睦邻门"案例为例》2020年第12期。

纪江明、葛羽屏：《基于"三网一云"理念的上海智慧社区发展策略研究》，《城市发展研究》2016年第8期。

王法硕：《智能化社区治理：分析框架与多案例比较》，《中国行政管理》2020年第12期。

孙轩：《中国的智慧社区建设：背景、内涵与实践》，《城市观察》2020年第6期。

徐选国、吴佳峻：《智慧社区建设的实践逻辑——基于对上海周镇的经验研究》，《城市观察》2020年第1期。

数字驱动智慧治理

Digital-driven Smart Governance

B.2
治理提效增能:"城市大脑"赋能"一网统管"的经验

姜 朋*

摘 要: 现代城市治理情况日趋复杂,对城市管理理念、技术、手段提出了更高的要求。浦东新区以"一流城市要有一流治理""城市管理像绣花一样精细"为目标,组建了城市运行综合管理中心,打造"城市大脑",提出"万物互联、云端思考、数据智理"的理念,以物联为"针"、数联为"线",运用智联"针法",开展城市"智理"探索。逐步形成涵盖物业管理、养老服务、垃圾分类、医疗机构、智慧气象、渣土治理和群租治理等十大领域80余个精细化管理场景。打通城市管理各部门的业务系统,把审批、管理、执法数据关联起来,进行管理流程再造,实现城市运行从起点到终点的全周期管理。依托最新技术手段,构建"组织成体系、发现智能化、处置高效化、管理可闭环"的模

---

* 姜朋,中共浦东新区区委党校副教授,主要研究方向为中国政治。

式，探索出一条科学化、精细化、智能化的城市精细化管理路径，为推动城市治理提效增能提供了有益借鉴。

关键词： 城市大脑　智慧　城市治理　一网统管

"一流城市要有一流治理"。浦东新区在30多年的开发开放进程中，历经十几年的探索，由网格化管理到城市运行中心再到"城市大脑"建成，探索出一条科学化、精细化、智能化的超大规模城市治理的新路径。适时总结浦东"城市大脑"升级迭代，为城市治理提效增能的经验，既是贯彻落实习近平总书记关于"提升城市治理现代化水平"的重要指示以及《中共中央 国务院关于支持浦东新区高水平改革开放打造社会主义现代化建设引领区的意见》（以下简称《引领区意见》）要求，为加快浦东城市治理从智能化向智慧化的突破跃升做好准备，也是为全国其他城市提升城市治理现代化水平提供鲜活案例和成功经验。

一　背景

2015年，科学网发表的《基于互联网大脑架构的智慧城市建设探讨》一文中正式提出"城市大脑"的概念，引发了理论界和实务界的高度关注，也推动了城市治理的深刻变革。"城市大脑"以人工智能、大数据、物联网、云计算等最新技术为支撑，构建类脑复杂智能性系统，重点打造城市神经元网络和城市云反射弧，围绕城市运行形成智能支撑平台，目的是提高城市的运行效率，解决城市运行中面临的复杂问题，更好地满足城市各成员的不同需求。

"城市大脑"是信息技术发展的产物，但其形成与发展源于现代城市治理复杂性的现实需求。浦东的"城市大脑"也是如此。浦东城市治理情况复杂，特别是近年来，随着庞大的人、物、资金、信息等各类要素不断集聚，对管理理念、技术、手段创新要求进一步提高，精准把控末端情况、快速响应社会要求、有效处理隐患问题、提升治理智能化水平，已经成为浦东城市治理的重要挑战。这些具体的挑战主要体现在如下方面。

一是管理幅度大与管理力量少的矛盾。一方面，浦东区域面积为1210平方公里，约占上海的1/5，从南到北最远有70公里，下辖12个街道、24个镇，实有人口568.1万人，约占上海的1/4，其中外来人员241.9万人、境外人口9万多人，浦东身担国际客运港和货运港两大身份，浦东机场年客流量达7405.42万人次，过境外国人达3600万人次，每天还有1.4万辆集装箱卡车、5700多辆渣土车、1100多辆危化品运输车在浦东大地行驶，管理要素体量大、难度高、情况复杂。另一方面，浦东自开发开放之初就确立了"小政府、大社会"的目标，党委、政府部门数量少于全市平均水平。每万人公务员配比5.9名，远少于兄弟区的12.4名；每万人警力配比11.8名，同样少于全市的16.3名。在不增加编制的情况下，光靠人力很难实现对所有城市治理问题的全面感知和快速处理。

二是新问题层出不穷与管理手段匮乏单一的矛盾。随着物质不断丰富、科技不断进步，特别是伴随着互联网技术的发展，外卖、网约车、共享单车等交通新形式，外卖行业、余额宝等新兴业态纷纷出现，构成了新的管理领域，对管理方式方法创新以及新型工具应用的要求越来越高。管什么？怎么管？如何管好？近年来，浦东新区通过网格化管理和热线投诉等方式发现的城市治理问题逐年增长，且越来越杂、越来越新。不少管理部门未能有效顺应时代潮流，仍习惯于沿用定期巡查检查、人工发现处置的传统管理模式，有些干部甚至不会上网、学网、用网，缺乏应对新问题的手段和经验。

三是群众对高品质生活的追求与管理水平相对滞后的矛盾。进入新时代，群众对美好生活的追求日益广泛，更加注重安定有序的社会环境、公平透明的市场环境以及生态宜居的生活环境，城市治理水平已经成为衡量城市品位、生活品质的重要标志。与此相对的是，城市治理相关职能部门力量整

治理提效增能:"城市大脑"赋能"一网统管"的经验

合不够,条条、条块壁垒仍然大量存在,资金、人员、能力等制约因素仍然较多,加之工作方式仍然较为粗放、成本效益观念不强,有效的资源力量难以及时、精准地对接群众需求,而更多地遵循被动"灭火"的方式来运行,以至于左支右绌,疲于应付。

针对上述问题,浦东新区着力提升城市分类分级科学精准管理水平,根据市委、市政府"一屏观天下,一网管全城"[①]指示精神,把"城市大脑"升级作为区委、区政府重点工作予以推进,积极创新理念、健全机制、构建平台,以期实现"一网统管"。

二 举措机制

为深入贯彻落实总书记关于城市治理的重要指示,浦东新区在网格化管理探索基础上建立城市运行中心再到"城市大脑"建成,实现了新信息技术与社会治理深度融合和迭代演进。

(一)"城市大脑"升级迭代的历程

如何适应新时代城市发展形势,应对城市治理难题?如何响应群众需求,解决群众急难愁盼问题?如何提供精准的城市公共服务?浦东"城市大脑"经过多次系统升级,不断实现技术突破,完善运行机制,创造性地破解城市治理的难题。

2017年4月,浦东新区组建了城市运行综合管理中心(简称区城运中心)。2018年1月,浦东新区开始在城运中心建设"城市大脑"信息平台,将其目标确定为努力走出一条符合超大城市特点和规律的社会治

---

① "一屏"就是市应急联动中心的大屏幕,能够实时观看城市运行、网格化管理的场景和数据,建成后也可以在相关部门屏幕上实现"一屏"功能;"一网"即以城市运行管理和应急处置系统为基础,融合城市网格化综合管理信息平台、基层社区治理"社区云"平台以及相关部门的系统或数据等。参见吴红梅、王春《瞄准城市治理"顽疾",上海浦东"城市大脑"再进化》,《科技日报》2021年4月23日,第7版。

039

理新路子，为人民群众创造更有序、更安全、更干净的生产、生活环境。在覆盖面上，浦东"城市大脑"涵盖城市设施、环境、交通、安全等六大领域50余个精细化管理场景。在流程上，以"智能推送、闭环管理"推动管理流程再造，提高处置效率。在数据使用上，将散布在城市各个角落的数据连接起来，实现数据归集、共享和应用，让数据帮助城市来做决策和思考。

经过一年多的探索，浦东"城市大脑"开始尝试"组织成体系、发现智能化、管理可闭环"的新模式。通过一键连线浦东城运中心，"城市大脑"可以实现对多个相关职能部门的同步派单、多方联动，日常管理与应急响应效率均大幅提升。遍布全区的300万个物联感知设备，实时掌控着1200多平方公里浦东大地上发生的事情，一旦识别到信息异常，会在一秒钟内传到"城市大脑"，形成对城市治理的即时感知、全域思考、预警研判、统筹指挥等功能，使城市治理者的"感知更灵、反应更快、决策更优、指挥更畅、成本更低"。

2021年4月，为深入贯彻落实习近平总书记关于"提升城市治理现代化水平"的重要指示以及《引领区意见》，浦东新区根据市委十一届十一次全会会议精神，按照区委四届十次全会决策部署，提出要创新完善城市治理体系，在城市规划、建设、管理全过程各环节始终贯穿全生命周期管理理念，深入推进城市运行"一网统管"。"城市大脑"按照"高效处置一件事"的总要求，对城市治理、经济运行和社会治理三个平台的应用场景进行深化整合，推动浦东新区实现全要素"一屏统览"、跨平台"一事统办"和全覆盖"一网统管"。

目前浦东"城市大脑"把之前涉及"经济治理104个场景、城市治理50个场景和社会治理11个场景进行了整合集成，形成10类57个整合场景"。[①] 自此，浦东新区率先构建了经济治理、社会治理、城市治理统筹推进和有机衔接的治理体系。

---

① 胡杰成：《推进超特大城市社会治理现代化》，《中国经贸导刊》2021年第7期。

（二）"城市大脑"提效增能的主要做法

经过持续升级的浦东"城市大脑"通过数据分析和智能交换，能综合运用大数据、云计算、人工智能等前沿技术，系统提高城市感知能力水平，并全面实现提效增能的效果。

1. 集成管理力量和数据资源

浦东新区城运中心经过四年多的运行，在纵向上构建了浦东"'城市大脑'总平台+街镇智能综合管理分平台和三个协同微平台（城管+物业+企业安全隐患）+村居社会治理联勤联动微平台"。在横向上集中了所有城市运行管理事务，以入驻或派驻方式，整合城管、公安、应急、环保、市场监管等15个区级单位和部门（至2020年初接入109个市级部门、区级单位341个系统），集成110、119、120、12345市民服务热线等各类信息资源，将分属不同业务条线的"单一兵种"在区域内进行汇集，形成指挥统一、协同配合、集团作战的战区"大脑"，集运行监控、监督指挥、联勤联动功能等于一体，全面指挥协调所有城市运行管理事务。

浦东"城市大脑"通过集成数据资源，已经具备了融合视觉、听觉、嗅觉和触觉的一体化感知能力。与公安共享视频2万多路，遍布浦东各区域的监控视频让"城市大脑"目明；"浦东e家园""浦东智理"等"互联网+"App通过倾听市民呼声让"城市大脑"耳聪；接入市级部门和区级单位各个系统综合形成城市运行体征让"城市大脑"鼻灵；部署近4万个物联网感知设备让"城市大脑"触敏。

在数据资源集成管理的基础上，浦东"城市大脑"强化全面、精准、定量的数据存储和加工，不断加强大数据分析能力，采取批量模块化方式进行管理与分析，聚焦重点、突出对象、转变视角，形成专题、专项、趋势、综合等分析报告，为预警预报、科学决策、精准施策提供有力支撑。

2. 最新科技助力智能应用场景全面开发

智能应用场景是实现数字化高效管理的基本载体，浦东"城市大脑"将最新技术嵌入全场景。为了提高智能应用水平，"浦东引入各类社会力量参与3.0版本建设，与行业顶尖企业展开积极合作，探索运用大数据、云计算、人工智能、区块链、5G技术等最新技术，建立实战化算法仓和模型库，并充分集成到各专项应用场景中，使场景更智慧、运行更智能、管理更高效。"①

目前，浦东"城市大脑"已由最初50多个精细化应用场景扩展到80多个，包括：通过智能分析，实现电力能源指数预警，动态掌握市场主体经济运行情况；通过智能算法，监测违法违规经营，助力打造更好的营商环境②；推进小区风险从被动处置到主动干预，物业管理从经验判断到数据分析，"要素＋智慧"赋能卫生健康，从精细化气象服务到精准化气象监管；智能抓取违法建筑；自动识别垃圾分类；预警推送车辆超载超限等③。通过一个个智能化的场景，将城市的精细治理落到了实处。

3. 率先建立城市平急融合的综合管理体系

城市运行综合管理体系是浦东"城市大脑"的承载体。对照市委"一屏观全域、一网管全城"工作目标，在"区中心＋街镇分中心＋居村联勤联动站"横向到边、纵向到底，全覆盖、全天候、全过程的城市运行综合体系基础上，浦东率先探索建立城市"常态运行＋应急管理"的模式和平急融合的指挥机制。④

浦东"城市大脑"80多个应用场景涵盖了日常、专项和应急三种状态。常态下，遵循"城市生命体、有机体"理念，树立全周期管理意识，"城市大脑"依托城运数据中台，整合提取了行业领域、城市运行管理100余个指标，从中提取最关键、最直观、最核心的35个体征，作为重点穿透监管的目标，强化全面感知和态势分析，⑤从而及时发现问题、智能推送、闭环

---

① 《浦东"城市大脑"3.0版上线》，《解放日报》2020年7月2日，第2版。
② 《浦东"城市大脑"3.0版上线》，《解放日报》2020年7月2日，第2版。
③ 浦东"城市大脑"在垃圾分类、综合执法、群租发现、停车管理诸多领域均有创新举措和经验做法，为避免与本书其他章节重复，本章不做详细论述。
④ 滕佳妮、何欣荣：《上海浦东：更聪明"城市大脑"上线》，《经济参考报》2020年7月16日，第A6版。
⑤ 宋宁华：《城运效率如何？"红榜"精准排名！》，《新民晚报》2020年7月1日，第11版。

管理，一线人员在手机终端接受指令，快速处置。

应急状态下，"城市大脑"及时打通城市治理各部门的业务系统，实现多个应用场景深度整合。以疫情防控为例，"城市大脑"开发智能预警手段，完善大数据分析智能发现系统，深化推进智能视频现场预警。逐步接进医院多路视频，包括院门口、候诊区、急诊室、手术室、精麻药仓库、锅炉房等高风险区域，加大高清智能探头投入力度，利用图文识别、AI视频图像识别、障碍物感知等信息技术手段，针对不良行为和危险隐患开展线上自动监管，实现智能预警。

2021年浦东7家综合医院推出个人防护智能预警系统，为抗击疫情助力。通过前端高清数字探头和后端算法，对未佩戴口罩人员进行人脸抓拍，提示工作人员劝导整改。该系统已应用于医疗机构人流比较密集的公共区域和候诊区域，效果十分明显。

4. 实现行业联动监管大闭环

提能增效是"城市大脑"追求的效果导向，"城市大脑"以数据分析和智能交换为基础，推动跨层级、跨地域、跨系统的协同管理和服务，实现从单一事项处置小闭环到行业联动监管大闭环。

以渣土车治理场景为例。浦东新区在建工地众多，渣土车偷拉乱倒、无证处置、野蛮驾驶、未密闭运输等行为常有发生。浦东"城市大脑"打破传统的管理方式，把建交、执法、环境、规划、市场等部门的相关联数据进行了系统集成，出土点、运输企业、回填点、执法信息等一应俱全，一线人员通过手机App可以秒查。同时，改变原来部门作战、各管一段的监管机制，变成数据牵引、管执联动。比如，公安只能卡口定点测试，而渣土专业管理部门就有车辆GPS全程信息，既能定位也能测速，这个数据一共享，交警部门就可以掌握车辆全程的车速状态，对于车速超出正常范围车辆的就可以约谈司机。相关执法数据进入征信体系，为实施联合惩戒和信用、风险、分类、动态四种监管提供了有力支撑，也可以更好地压实主体责任、实现源头预防。南浦大桥原先是渣土车违规"重灾区"，但由于管理能力有限，周边四个街道一年才查处25起，渣土治理模块上线后，两个月查处39起，此后该地区周边渣土车违规行为呈明显下降趋势，监管实效显著提升。

（三）"城市大脑"运行机制

浦东新区彰显责任担当，经过多年探索，"城市大脑"以数据共享为基础，以科技运用为手段，以流程再造为导向，以服务民生为目的，建立了城市管理"像绣花一样精细"的运行机制。

1. 深化社会治理机制创新

习近平总书记在中央全面深化改革领导小组第三十二次会议上指出，"党政主要负责同志是抓改革的关键，要把改革放在更加突出位置来抓，不仅亲自抓、带头干，还要勇于挑最重的担子、啃最硬的骨头，做到重要改革亲自部署、重大方案亲自把关、关键环节亲自协调、落实情况亲自督察，扑下身子，狠抓落实。"[①] 为贯彻落实习近平总书记对城市精细化管理的重要指示，贯彻落实市委有关决策部署，浦东新区主要领导亲自抓城市治理精细化智能化工作，着眼浦东实际，亲自研究推进城运中心和"城市大脑"建设，在构建体系框架、打通部门壁垒、设计智能化应用场景、形成管理闭环等关键节点上统筹协调、强力推进，充分体现了抓改革、谋改革、推改革的强烈责任担当。在"一把手"的示范带领下，新区各职能部门积极探索、协同联动，形成了责任层层传递、压力逐级传导的良好工作局面。

2. 推动管理力量高度集成

系统治理是习近平总书记反复强调的重要改革方法。浦东新区按照市委、市政府要求，坚持把系统集成作为区城运中心的基本任务，注重顶层设计，协调城市治理各职能部门。在信息共享、协同合作、综合联动多个环节打好组合拳，发挥好"城市大脑"神经中枢的整体效能，建成了7×24小时、1210平方公里全时段、全地域监测的动态运行体系，实现了社会治理问题的主动发现和快速处置，大幅度提高了城市治理能力和成效。

---

① 《习近平主持召开中央全面深化改革领导小组第三十二次会议》，新华社，http://www.xinhuanet.com/politics/2017-02/06/c_1120420090.htm。

浦东"城市大脑"在各应用场景模块中实现"一部门一界面",包括应急管理局、城管执法局、生态环境局、建交委、农业农村委、规划资源局等多个智能综合管理平台,在信息推送和接收两大环节中充分体现智能发现全流程协同处置情况。管理力量高度集成,实现各部门间协同事项实时数据自动对接、双向自动推送,形成协同处置自动派单、及时处置、闭环管理的工作要求(见图1)。

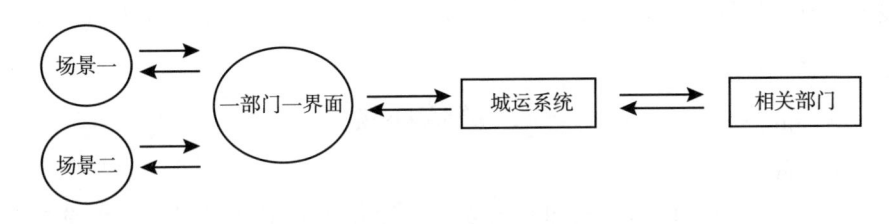

图1 协同工单派送基础框架

3. 构建城市治理闭环链条

习近平总书记指出,"要以信息化推进国家治理体系和治理能力现代化,分级分类推进新型智慧城市建设,更好用信息化手段感知社会态势、畅通沟通渠道、辅助科学决策"[①]。技术始终服务于管理,智能化应用必然带来政府管理方式的改变、管理流程的优化。浦东新区在加强智能化技术运用的同时,对逐个应用场景开展了管理流程再造,针对不同领域、不同问题,推动相关管理部门之间的数据共享、联动处置、职能互补,构建事项智能发起、资源智能调度、过程智能监管、结果智能应用的工作链条,通过流程优化,不仅使城市治理更加科学高效,还助推了政府管理机制的创新。

4. 助推智能治理迭代升级

党的十八大以来,习近平总书记鲜明提出要坚定不移贯彻开放共享的新发展理念。为了让"城市大脑"源源不断地学习并产生新思路、新想法,浦东新区搭建了共建开放平台,让各类社会力量参与进来,积极开展合作共

---

① 柴俊勇:《强化城市应急管理需警惕"五个不足"》,《解放日报》2020年12月1日,第10版。

赢战略协作，实现管理与技术深度融合。在技术支撑上，和众多人工智能企业开展合作，组织企业现场路演推介特色技术，加强与平台建设供需对接，始终保持技术先进性。在场景应用上，加强与新兴业态企业的合作，共同开发协同治理应用场景，加强政府和企业数据共享，有效压实企业主体责任、政府监管责任。"在标准制定上，与上海交通大学、同济大学、中国电子技术标准化研究院等知名高校和机构合作，对浦东"城市大脑"建设的理念、路径和管理流程等开展深入研究，形成浦东标准，为全市全国提供借鉴"[①]。

三 成效体现

2021年4月，国家发展和改革委员会印发《关于推广借鉴上海浦东新区有关创新举措和经验做法的通知》，在总结上海浦东新区已复制推广经验的基础上，进一步梳理形成了一批改革创新举措和经验做法，"城市大脑"推动城市"一网统管"位列其中。

（一）构建完善的智慧城区基础

至2021年上半年，浦东"城市大脑"在城市治理中围绕平台、信息、场景一系列核心要素构建了完善的智慧城区基础。

一是构筑了城运中心的重要平台。区城运中心是"城市大脑"运行平台，也是浦东推进城市运行"一网统管"和推动构建社会治理体系与治理能力现代化的重要平台，具有统筹规划、信息汇聚、预警监控、联勤联动、监督考核、数据共享等职能。经过四年多的探索，区城运中心实现了全覆盖、全过程、全天候动态运行体系，以法治化、社会化、智能化、标准化为着力点，运用新兴技术手段整合资源，协调各部门合作，实现城市治理问题的智能主动发现和快速高效处置，全面提升城市治理精细化水平，使城市更

---

① 《群众满意度达9.41分，浦东新区"家门口"服务体系再升级》，《东方城乡报》2021年6月1日，第A7版。

有序、更安全、更干净。

二是建成了地理信息智慧时空云平台。信息是"城市大脑"运行核心要素。地理信息智慧时空云平台"基于云架构设计建设,利用云地理信息管理软件深度整合 GIS 数据资源和底层基础设施资源,实现地理信息资源的在线应用调用"[①]。浦东新区大数据中心牵头建成了一个智能、高效的云 GIS 平台,对二维、三维地图进行了一体化整合,包含部件设施、管线、在建工地、住宅小区等不同图层,并以城市部件为基础,扩展补充管理对象,对城市治理对象的基础信息进行汇总,做到"底数清"。如城管执法局系统梳理需要上门开展执法检查的固定监管对象,按照市容城建、生态水务、交通路政和规土燃气四大行业,构建 66 个监管对象数据库;采集新区范围内沿街商户管理要素字段信息 4.9 万余条。张江镇为解决群租房难题,与镇大数据应用中心平台共享联动,通过前期一家一户大数据采集,后台按照既有条目形成统一信息数据,实现每户信息"一屏观、一键查"。自 2017 年至 2020 年 6 月,累计排摸出租房 20048 套、治理群租房 16649 套,累计整治 41622 次,为出租房源有序收储和运营提供良好环境。

三是整合了一系列智能应用场景。应用场景是"城市大脑"实现城市智能化、高效化管理的基石。特别是 2021 年,浦东新区在前期探索创新的基础上,以经济、社会、城市治理平台深化整合为突破,全面推进三大治理集成融合。以智慧气象为例,气象部门是具有监管执法职能的服务型部门,气象要素包括监管要素和服务要素,通过三平台深化整合,共梳理形成 20 个治理要素和 8 方面监管体征。其中,社会治理针对民生气象服务,聚焦智慧气象如何保障都市农业、智慧旅游、校园安全、城市健康生活、居民物业服务、工地安全等,做好精细化行业风险隐患提示。经济治理注重对重点单位的防雷安全监管和气象灾害防御的管理,包括企业年度防雷安全检测,以及在浦东开展防雷检测的机构是否存在违法行为。城市治理包括两方面内

[①] 王聪、孙延青、吴张峰:《浦东新区地理信息时空云平台建设与应用思考》,《地理空间信息》2019 年 3 月 27 日。

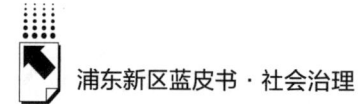

容，气象监测数据管理和城市建设保障。通过经济、社会、城市三方面监管要素与服务要素的深化整合，气象部门彻底改变了原有监管和服务互不相通、各自单线运行的状况。

（二）缩小数据鸿沟

习近平总书记强调，要运用大数据提升国家治理现代化水平，以数据共享为途径，推动技术融合、数据融合，打通数据壁垒，加快公共服务领域数据集中和共享，形成社会治理强大合力。数据共享是"城市大脑"有效运行的基础，浦东新区坚持深化管理信息"全域共享、全域应用"。一是抓数据归集共享。以"共享为原则，不共享为例外"，实现了信息"全程跑通"。同时依托物联网、视联网等技术，建设了覆盖街镇、村居委的神经元系统，与区公安分局、建交委、规划资源局、应急管理局等部门合作，实现了治安、消防、交通、建设、生产等领域的物联感知设备数据共享，实时监测相关城市运行体征指标。二是依托"城市大脑"实现数据高效利用。深化应用管理场景，不断加强数据的捕捉、甄别、整合和分析，主动发现城市治理问题，助推城市精细化管理能力提升。

如气象部门在三平台深化整合后，改变了原有的公众天气预报、全区域覆盖的气象预警发布模式，以智慧气象保障城市精细化管理需求为导向，聚焦气象影响预报，做好精准化气象风险隐患提示服务，实现分区预警以及精细化格点预报。2021年8月，浦东新区气象局在研判台风"烟花"发展趋势后，在全市率先发布台风橙色预警信号，比全市提早了6个小时，为浦东新区紧急转移9万多人员赢得了宝贵时间，切实保障了人民生命财产安全；在风雨实况监测、预报预测、技术支撑、应急处置、后勤保障等工作环节和服务过程中，与各部门数据相通、要素融合，实现了部门间的高效协同。

（三）建成平急融合的治理机制

当前，城市治理体系大多根据常态治理需要进行设计，应对突发危机的配套机制不够健全。从 2020 年新冠肺炎疫情防控中不难发现，当从常态治理切换到非常态治理时，城市治理在公共政策、社会资源、社会服务等方面存在一定短板。但浦东新区城运中心作为城市治理智能化载体，自启动之时，就注重整合常态城市治理和非常态应急管理，不断优化应急管理智能化指挥系统及区级联勤联动智能化操作系统。

按照《浦东新区推进城市运行综合管理体系建设实施方案》要求，整合区总值班室、区应急联动指挥中心职能，努力实现与城市运行综合管理业务的深度融合，并有效落实平急融合机制，实现常态城市治理和社会治理与非常态应急指挥处置的顺畅有序转换。在此基础上，对原有的制度体系进行深化研究，探索建立以城运中心为指挥，各街镇、委办局联动处置的应急处置体系，编制《浦东新区进一步加强应急指挥体系建设实施方案》，通过完善组织架构、健全运行机制、共享信息资源、建立专项模块、强化实战演练，实现应急指挥专业化、现场决策智能化、联动处置高效化。

（四）实现闭环管理

浦东"城市大脑"在闭环管理方面，通过流程再造，有效对接联勤联动工作机制，形成小、中、大三个处置闭环。对于基层突发、重大、疑难问题，则实行"街镇吹哨、部门报到"，提高应对处置效率。

一是小闭环（快速处置，不出行业，对应经济治理）。对于物业企业自身服务规范（如门岗脱岗）、物业企业第一时间发现并能有效处置的事件（如占用消防通道），实行小闭环处置，由物业公司守好第一道防线。二是中闭环（自治共治，不出小区，对应社会治理）。对于需要发挥居民区党组织党建引领作用、联合"三驾马车"协同处置的自治共治类事项（如非定时投放垃圾），则在物业企业第一时间处置的基础上，推送至居委会，启动自治共治程序。三是大闭环（联勤联动，不出街镇，对应城市治理）。对于确需执法部门予以支撑的联勤联动类事项（如楼道充电），在引导劝阻无效后，推送至街镇城运分中心，派单至属地执法部门进行执法支撑。

以村居联勤联动微平台为例。"在周浦镇界浜村，联勤联动微平台聚合了辖区内人、房、企、物等各类基础情况，整合了村委会干部、党员、志愿者、楼组长等自有力量，公安、城管、市场监管、安监、法律顾问等协同力量，瞄准居村社会的治理顽疾，发挥跨部门、跨层级、跨区域联勤联动优势，以操作简便的微信小程序为载体，及时发现基层需求和解决群众关切的问题"①。

四 经验启示

浦东新区认真贯彻落实习近平总书记提出的"人民城市人民建，人民城市为人民"的城市治理理念，以人民为中心，以数据安全为保障，以"一网统管"为路径，实现了全周期管理的目标。

（一）智慧治理核心是"智惠"人民

"以人民为中心"是总书记有关城市治理的核心理念。"城市的核心是人。"2019年11月，习近平总书记在上海考察期间提出"人民城市人民建，人民城市为人民。在城市建设中，一定要贯彻以人民为中心的发展思想"。2020年4月总书记再次强调，"我国城市化道路怎么走，这是个重大问题，关键是要把人民生命安全和身体健康作为城市发展的基础目标"，"要更好推进以人为核心的城镇化，使城市更健康、更安全、更宜居，成为人民群众高品质生活的空间"。② 2020年11月，总书记在浦东开发开放30周年庆祝大会上再次强调，把城市建设成为人与人、人与自然和谐共生的美丽家园。

浦东在民生工作方面，始终把满足人民群众对美好生活的向往放在核心位置，开发"智慧生活"场景应用，做到民要我有、民呼我应，变"被动服务"为"主动服务"，持续提升群众的便利度、体验度和满意度。

一是"城市大脑""智理"模式的服务深度和服务广度向基层下移，实

---

① 《浦东"城市大脑"3.0版上线》，《解放日报》2020年7月2日，第2版。
② 中共上海市委：《牢记习近平总书记对上海浦东的谆谆嘱托奋力打造社会主义现代化建设引领区》，《求是》2020年12月1日。

治理提效增能："城市大脑"赋能"一网统管"的经验

现基层能够全面感知城市的运行状态，做到问题早发现、隐患早预警、处置更高效。全区实现数据共享的设备共有311.8万个，这些设备会及时显示哪里的消防车道被堵占了、哪里缺了窨井盖、哪里的老人需要帮助。2021年，浦东新区为2000多户高龄独居、失能失智老人免费安装"居家安防三件套"，当老人忘记关火或者在家里需要帮助时，"城市大脑"都可以及时发现。

二是解决了群众最关心的一系列安全问题。浦东全区包括区城运中心、10家相关委办局、39个城运分中心以及部分村居联勤联动站的移动视频设备已经实现了数据信息互联互通。前期已建立物业管理、养老服务、医疗机构、智慧气象、群租发现、停车管理（渣土治理）、应急值守、居家安防、"家门口"服务等多个基础模块。2016年至2020年上半年，浦东"城市大脑"通过多维模型，在全区342万套房屋中，共排查出租房79061处，完成群租整治51534处，其中立案715起，涉及群租方面的房屋注记达6012套，得到民众的高度肯定。

三是赋能"智慧社区"，满足人民美好生活的需求。开发村居联勤联动站智能管理模块，加快移动视频指挥网络全覆盖，强化智慧赋能，实现与"智慧社区"、"家门口"服务体系、"十五分钟服务圈"资源共享、协同应用。

（二）推动数据共享走向数据安全

习近平总书记强调，要运用大数据提升国家治理现代化水平。数据共享是"城市大脑"有效运行的基础，近年来，浦东新区各部门开发了300余个管理系统，虽然推进了社会治理信息化，但也形成了一个个信息"孤岛"，成为进一步提升的障碍。

浦东坚持深化管理信息全域共享，并实现数据高效利用，聚焦城市治理难点，梳理城市设施、运维、交通、执法等多领域场景，并不断加强数据的归集，让数据真正"活"起来。

针对大量存储数据如何使用、保存的难题，浦东坚持"数据安全第一、安全事件零容忍、敏感数据不外泄"的三大安全原则，如在疫情防控期间收集的大量数据，疫情结束后将做好数据动态采集工作，为做实联勤联动站日常管理和专项治理工作提供数据支撑。

《关于支持浦东新区高水平改革开放打造社会主义现代化建设引领区的意见》中提到浦东要建设国际数据港和数据交易所，重要前提是要建成健康有序的互联网产业生态。"城市大脑"在深化整合城市治理、经济运行和社会治理三个平台的应用场景过程中，一方面充分发掘数据要素价值，实现更好的数据支撑；另一方面对数据的权属、流转、性质界定等做出法律层面或者基础制度层面的探索。

（三）推动"一网统管"走向深化整合

浦东依据上海市城市运行"一网统管"要求，以市、区两级电子政务云和网络的集约化建设为基础，依托市、区两级大数据资源平台，实现城市运行"一网统管"相关数据（包括业务数据、视频数据、物联数据等）的集中统一管理和数据支撑；以公安指挥中心为依托，逐步建成城市运行管理和应急处置的城运系统，进而实现"一屏观天下，一网管全城"。但是实现"一网统管"并不是最终目的，要通过分类分级科学精准管理，探索从"一网统管"到深化整合，即整合城市管理、经济运行和社会治理三大平台。在新系统场景建设从无到有、从少到多、从多到精的过程背后，"是浦东打破部门之间、条线之间、层级之间职责壁垒，坚持以群众和市场主体需求为中心推动治理流程再造的自我革命"[1]。

（四）推动闭环管理走向全周期管理

习近平总书记考察武汉时指出："城市是生命体、有机体，要敬畏城市、善待城市，树立全周期管理意识，努力探索超大城市现代化治理新路

---

[1] 西安市住房和城乡建设局：《奋力谱写西安住房和城乡建设追赶超越新篇章》，《西安日报》2020年5月25日，第3版。

子。"浦东新区依托最新技术手段,已初步建成"组织成体系、发现智能化、管理可闭环"的模式,但是这种闭环管理主要体现在某一个领域、某一个流程、某一个项目中,而全周期则是指在城市运行和社会治理各环节运转中完整地形成链条,包括全流程信息自动推送、社会动员、预防预警、应急处置、过程监督、效果评估,即从城市运行起点到终点的全周期,任何一方面都不能存在缺陷。

浦东下一步要按照全周期管理理念,对城市治理进行总体设计,从而形成系统、协调、完备的治理体系。聚焦推进治理体系和治理能力现代化的总体要求和"协同治理好一个领域"的具象目标,在原有专项场景建设的基础上,围绕更安全、更干净、更有序三大维度,聚焦公共安全、公共管理、公共服务等城市治理重点领域,以构建"一领域一综合监管场景"为方式,拓展一批综合覆盖行业管理领域、实现全周期管理的专项应用场景,不断完善全天候、全流程、全覆盖、全地域的综合监管。

五 建议与展望

在《浦东新区国民经济和社会发展第十四个五年规划和二〇三五年远景目标纲要》中提出浦东要构建城市智慧生命有机体,不断健全共建共治共享的社会治理格局。将城市作为生命有机体,城市系统内各组成要素就要实现整合,在相互关联中维持着生命的平衡。因此,城市治理系统与机制必须实现高效化整合。而浦东要完成这一目标面临的突出问题有两点。

一是缺乏明晰的顶层设计和系统框架。对体制机制的创新和管理流程的再造缺乏系统思考,硬件、网络、数据、专业人员等一系列基础配套设施及人才培养基础有待进一步夯实,前期的建设经费、后期的运维经费均需要顶层统筹考虑。

二是公共安全、交通、卫生、能源等重点领域以及街镇等基层区域,还需要进一步加大管理资源整合力度。平台整合推进过程中,各部门往往更注重智能化的展示,而忽略了修炼内功,即提升城市治理的主动发现问题、高效应急和综合保障等能力。

未来浦东要在统筹协调、业务流程优化与再造、公共数据管理与应用（数据采集和治理、数据共享开放）、安全管理、基础设施建设（网络、云平台、系统整合等）等方面持续发力，与智慧公安、大数据中心、城市网格化综合管理信息平台深度融合，建设、推广和使用各类城市运行应用，进一步实现城市治理三大治理平台深化整合。

（一）全要素"一屏统览"

在城市治理、经济运行和社会治理三个平台整合的总体框架下，通过重新梳理应用场景，统一业务流程，实现浦东新区城市、经济、社会运行要素体征"一屏统览"。

一是整合应用场景。各部门监管职责全覆盖进入平台实战运行，各行业监管牵头部门根据行业风险点，会同监管协同部门全覆盖梳理城市设施、市场运行和社会治理三个方面的监管要素和智能化提升点。二是统一业务流程。以"四个监管"为基础，结合城市治理和社会治理平台实际，研究形成规范统一的问题发现、评估、派单、处置、反馈业务流程闭环。三是建立数据交换机制。各部门根据三平台整合的要求，按照行业监管要素全面梳理。四是打通跨平台派单处置功能。各行业监管牵头部门按照三平台整合的要求，会同协同处置部门研究形成统一规范的派单处置流程和系统功能。

（二）跨平台"一事统办"

围绕三个领域打造跨平台整合试点场景，包括民生服务类、文明城区类、重点产业类。在此基础上，逐步实现所有场景跨平台整合上线。

一是民生服务类跨平台整合试点场景。围绕物业管理、养老服务等场景，将场景涉及的公共设施管理、企业行为监管和社会公共服务等三方面管理要素、管理资源和业务流程全面整合，体现政府、市场和社会的良性互动。二是文明城区类跨平台整合试点场景，包括生活垃圾分类等场景，重点将各场景涉及的设施管理、企业（机构）管理和公共服务等三方面管理要素、管理资源和业务流程全面整合，体现共建共享共治的现代治理格局。三是重点产业类跨平台整合试点场景。重点将产业发展态势和瓶颈、片区城市环境、公共服务等三方面管理要素、管理资源和业务流程全面整合，体现生产、生活、生态"三生融合"的发展环境。

（三）全覆盖"一网统管"

管理职责全覆盖"一网统管"。按照横向协同、条块联动的原则，推动场景清单、管理要素和业务流程跨平台整合，加快从智能化发现向智慧化统筹政府、市场、社会各方资源跃升，初步构建共建共享共治的城市治理新格局。

一是要统一标准。从城市治理、经济运行、社会治理三个方面进一步梳理业务流程，按照全区面上统一标准全覆盖推动应用场景整合再造。二是要统一指挥。以城市运行现有指挥体系为基础，接入经济运行和社会治理平台的派单事项，由城运中心统一指挥调度，建立横向协同、纵向联动的统一指挥体系。三是要统一考评。对各部门实战效能实时评价，各部门根据评价结果建立场景迭代提升机制，定期形成评价排名报区领导参考决策。四是要全面整合。各行业监管牵头部门根据行业监管职责，按照三平台整合的要求，围绕"高效处置一件事"再造监管流程，全面推动场景建设深化整合。

（四）全方位技术赋能

根据各部门工作方案，梳理开发难点，统筹协调技术公司前往专项工作小组提供支持，推进大数据、云计算、区块链和人工智能等新兴技术的深度应用，为平台整合赋能。

一是数字体征系统将继续聚焦城市的"人、物、动、态"，梳理内在关系，强化物联、数联、智联的底座能力，不断加强信息分析、智能研判、全维认知，为城市全生命周期管理奠定坚实基础。二是AI智能识别系统升级。首先要做到主动监控，实现由发现后被动处置升级为关口前移，主动安防；其次要做到动态监管，全天实时，主动报警。三是开发新的智能算法，在视频监测上做到更加精准。

如高空坠物治理。过去的主要思路集中于寻找抛物（坠物）的责任者并使其承担责任。智能化"一网统管"除了延续责任思路，更注重预防。建立高空坠物管控系统，既能通过智能抓拍迅速锁定事发现场，再借助背后的智能算法平台复原抛物轨迹，精准锁定责任人，又有警示作用，避免类似事件再次发生。

"一网统管"更重要的作用是监测，及早发现风险并防止事故发生。高空坠物少部分是人为抛物，更多的是物体自然坠落，高层建筑和玻璃幕墙，更容易发生这类事件。要建设幕墙管理平台，导入建筑的幕墙结构、维保记录等信息，并通过数字化检测和诊断技术，建立建筑幕墙安全大数据，及时发现高空坠物风险，再通过"城市大脑"将信息和指令传递给管理和维修机构，从而将风险隐患消灭在萌芽中。

（五）以韧性城市建筑夯实基础

韧性城市能够降低城市脆弱性，增强城市在自然灾害面前的韧性。要研究把握超大城区运行规律，把建设韧性城市放到更加突出位置来抓，切实提升超大城区安全水平。

一是把韧性城市要求融入城市规划建设管理发展之中，遵循"让""防""避"的原则，优化城市硬件空间布局，实现有空间、有容量、有弹性、有储备。二是提高城市建筑防灾减灾能力，强化外墙安全涂料设施和保障体系支撑。三是 AI 智能识别系统突出全景式观测预警。全方位考虑城区可能遇到的各类灾害事故，如遭遇极端天气、重大疫情、安全重大事故等情况时的应急预案，稳步推进高空坠物治理。四是把韧性城市建设贯穿于城市更新、老旧小区改造等工作中，坚持项目化、工程化推进外墙改造、电梯加装等。

参考文献

董立人、李作鹏：《树立"全周期管理"意识提高城市应急管理水平》，《中共郑州市委党校学报》2020 年第 3 期。

高恩新：《技术嵌入城市治理体系的迭代逻辑——以 S 市为例》，《江苏行政学院学报》2020 年第 6 期。

韩兆祥：《上海："一网统管"建设探研与思考》，《上海信息化》2021 年第 2 期。

黄弘、李瑞奇、秦挺鑫、周睿：《安全韧性城市评价模型与方法研究》，清华大学出版社，2021。

金江军：《智慧城市：大数据、互联网时代的城市治理》（第 5 版），电子工业出版社，2021。

李晓妍、姜韦：《新时代人与自然和谐共生理念探析》，《东华理工大学学报》（社会科学版）2020 年第 3 期。

毛典辉：《大数据隐私保护技术与治理机制研究》，清华大学出版社，2019。

容志：《结构分离与组织创新："城市大脑"中技术赋能的微观机制分析》，《行政论坛》2020 年第 4 期。

吴越、温晓岳：《城市大脑》，中信出版社，2019。

颜海娜、于刚强：《城市治理案例分析》，华中科技大学出版社，2021。

B.3 智能监管：信息技术助推浦东垃圾分类数字化转型

付建军*

摘　要： 运用信息技术推进垃圾分类工作已经成为垃圾治理的重要趋势。在治理需求、考核压力和议题复杂性等背景下，浦东新区运用信息技术推动垃圾分类监管工作，经历了从分散化探索到统一化推进的发展历程。从浦东实践看，信息技术推动垃圾分类监管主要集中在问题定义、治理要素提取、治理要素转化、平台运行和协同运行五个方面。在此基础上，浦东新区在垃圾分类智能化监管方面成效显著，形成了智能发现和协同处置等实践特色。目前浦东新区垃圾分类智能监管还面临着数据整合、公众参与和建设成本等方面的挑战，需要从成本—收益、统一性—多样性和技术赋能—公众参与等方面进行优化。

关键词： 技术赋能　垃圾分类　数字化转型　智能监管

任何一个文明社会可能都无法回避垃圾治理问题，随着城市文明的逐渐扩张，垃圾治理的重要性也日益显现。虽然社会已经初步形成了生态文明方面的共识，但垃圾分类工作作为一项社会性、长期性且具有反复性特征的系统性工程，涉及广大群众思想观念上的认同和生活习惯上的转变，因此推进

---

* 付建军，管理学博士，华东政法大学政治学与公共管理学院讲师，硕士生导师，主要研究方向为政府创新、基层治理与协商民主。

难度较大。

2005~2010年，上海生活垃圾年均增长率约为3%；2011~2017年，上海生活垃圾年均增长率扩大到了4%。其中，2014年以来，上海生活垃圾年均增长率超过了5%。2019年《上海市生活垃圾管理条例》出台以前，政府动员公众参与垃圾分类的实践较为丰富。2019年垃圾分类进入法治时代以后，公众参与垃圾分类已经从激励时代转向强制时代，这意味着政策工具也要进行相应的调整，其中的核心就是确保立法的执行力。

2020年，上海市提出要推进整个城市的数字化转型，着力构建了"一网通办"和"一网统管"的两张网平台。在此背景下，垃圾分类也成为上海市城市数字化转型的重要议题。实际上，自上海市2016年全面启动垃圾分类工作以来，运用信息技术提升垃圾分类效能的实践就已经开始。随着基层数字化转型的加速，借助信息技术实现垃圾智能化分类成为上海城市基层数字化转型的重要技术应用场景。实际上，在推进垃圾分类的过程中，上海市也在探索"科技+管理"模式，利用物联网、互联网等技术，整合社区现有的智能监控装置、运输车辆GPS设备、网格化监控等资源，试图打造市、区、街镇三级生活垃圾分类投放、收集、运输、中转、处置五个环节全程监管体系。

在此背景下，浦东在推进垃圾分类数字化转型方面也开展了相关探索实践，形成了较为丰富的经验。2020年浦东率先将垃圾分类作为城市治理核心场景，打造一体化的数字化管理平台，目前已经建成了区级垃圾分类智能平台，实现了对全区垃圾分类从收运到处置的全过程处理。除此以外，浦东新区在推进垃圾分类数字化转型方面还赋予了街镇较强的自主性，街镇结合自己的管理特色开展了富有成效的创新实践，在居民区层面开展软硬结合的设施更新，在沿街商铺层面建立了"一码通管"等垃圾分类巡查模式，形成了点面结合的垃圾分类智能监管经验。

那么，浦东新区是如何设计垃圾分类场景的呢？信息技术又是如何介入垃圾分类过程的呢？信息技术的介入给浦东垃圾分类带来了什么样的变化？这种变化背后蕴含着什么样的治理秘密？本文尝试围绕上述问题展开讨论。

一　浦东推进垃圾分类智能监管的背景与历程

作为一种普遍性议题，垃圾分类的推进和转型既体现了政策执行的一般规律，也反映了局部治理情境的特殊性。就浦东而言，推进垃圾分类智能监管工作至少包含着治理压力大、考核任务重和治理议题杂等背景因素，经历了从分散探索到统一推进的发展历程。

（一）浦东推进垃圾分类智能监管的背景

垃圾分类背后实际上隐含着公众生活模式调整这一内涵，分类逻辑从激励走向强制实际上可以被理解为一个制度变迁过程。在此意义上，浦东新区推动垃圾分类从传统管理走向智能监管，当然会受到上海市整体政策的影响，但同时也有其内生性动力，这种内生性动力主要体现在以下三个方面。

1. 内生性动力源自内在治理需求

从自身情况看，浦东的政区面积在上海市区级单位中最大，拥有36个街镇，共计910个居委会、337个村委会，常住人口超过了500万人，占到上海全市人口的近1/4。无论是与浦西各区相比，还是与市郊的松江、嘉定、青浦等区相比，浦东面临的治理压力无疑都是巨大的。但是浦东在制度层面拥有的行政区划实际上与市区和郊区的区级单位差异不大。

在这个背景下，浦东新区在拥有相同行政能级的情况下面临的治理压力和任务是同级别单位的数倍，而相同行政能级在编制和财政等治理要素上能够给浦东新区提供的条件无法有效突破。在有限的条件下更好地开展治理是浦东新区开展社会治理的独特性之处。在这个背景下，一个可能的路径就是借助信息技术，通过技术赋能解决有限行政能级的问题。可以说，有限行政能级和超大规模治理等先天性治理存量的矛盾性，是促使浦东新区推进垃圾分类数字化转型的结构性因素。

2. 内生性动力源自议题考核压力

自 2018 年开始，上海市在推进垃圾分类过程中就对各个区的街镇垃圾分类工作进行巡查和排名。可以说，由于浦东街镇数量巨大，面临的治理考核压力更大。更为重要的是，上海市在对街镇垃圾分类工作进行考核排名时，并没有区分街道和镇的垃圾分类差异，使用的考核指标体系更有利于城区的垃圾分类工作。

实际上街道和镇在垃圾分类上的差异非常明显。浦东有 12 个街道和 24 个镇，在整体上镇域面积更大，标准化指标体系给浦东带来的压力是非常巨大的。更重要的是，浦东新区是一个城乡二元结构仍然存在的地区，农村地区垃圾分类工作和城区垃圾分类工作所面临的问题差异巨大。如何通过标准化模式兼容好城区和农村的问题差异，是浦东推进垃圾分类数字化转型面临的一个较大难题。

3. 内生性动力源自议题复杂性

垃圾分类工作本身的复杂性也是促使浦东推进垃圾分类数字化转型的重要因素。众所周知，垃圾分类在类型上主要包括居民区的生活垃圾分类、沿街商铺垃圾分类、建筑垃圾分类和可回收物处理等。其中，居民区和沿街商铺的垃圾分类是城市垃圾分类的主要内容，其复杂性主要体现在两个方面。其一，居民区和沿街商铺垃圾分类的工作推进主体不统一。长期以来，浦东新区在居民区和沿街商铺两个场景下的垃圾分类工作实际上处在不同条线的管辖范围之内。在多数街镇，居民区垃圾分类主要由街镇社区自治办公室负责，而沿街商铺垃圾分类则由城管负责。分头负责带来的一个主要问题是权责不清、数据不齐。因此，需要通过数字化转型这一契机，推动垃圾分类的集成整合。

正是在上述背景下，2021 年浦东新区垃圾分类推进工作就提出了要依托城市运行"一网统管"等平台，不断提升垃圾分类管理的智能化水平，主要是将生活垃圾分类嵌入"一网统管"平台，有效支撑垃圾分类有关问题发现和处理结果跟踪机制。其二，居民区和沿街商铺的垃圾分类监管难度大。就浦东而言，目前浦东有 2662 个住宅小区、337 个行政村，有 2441 个具有独立垃圾箱房的单位，此外还有659个路段共43627个沿街商铺。如何对居民和沿街商铺的垃圾分类工作进行有效监管复杂程度极高，可以说单纯依靠传统人为监管手段已经难以应对治理任务。

（二）浦东新区推动垃圾分类智能监管的历程回顾

整体上看，浦东新区在区级层面推动垃圾分类数字化转型与上海推进数字化转型的步伐较为一致，但街镇层面推进垃圾分类数字化转型的实践较早。这实际上也符合中国社会治理创新的一般特征，即由点到面的扩散特征。从区、街镇层面生活垃圾分类数字化转型的实践来看，这个过程可以划分为两个阶段。

首先是垃圾分类数字化转型的分散化探索阶段。在这个阶段，浦东新区和街镇都进行了一些富有成效的探索。在区层面，2018年浦东新区引入了浦东绿意环保促进中心，推出"绿意环保"垃圾分类查询记录微信服务号。该服务号具有自定义查询及扫码识别两个主要功能：一是通过文字搜索，了解废弃物正确分类；二是通过手机摄像头识别物品外包装上的条形码，上传条形码信息后搜索服务器数据库，提供准确的分类信息。如果系统查询不到对应的商品信息，用户可以选择上传物品信息，帮助其完善系统，由此还可获得积分。这个实践可以视为垃圾分类数字化转型的重要尝试，但其主体主要是社会组织，建立的技术系统也没有覆盖垃圾分类全过程和全区域。在街镇层面，航头镇从2018年开始围绕农村垃圾分类工作，开展硬件设施建设，集中在垃圾桶上安装跟踪芯片。金桥镇也在2018年率先在阳光国际公寓小区上线了智能化垃圾分类系统。

其次是垃圾分类数字化转型系统平台的统一开发阶段。2019年，浦东新区提出要把垃圾分类作为浦东"城市大脑"技术应用的重要场景。在此背景下，浦东新区垃圾分类推进工作办公室与第三方技术公司联合开发全区统一的垃圾分类监管平台，并于2019年底正式上线。至此，浦东新区的垃圾分类初步进入智能监管时代。街镇层面的垃圾分类数字化转型探索仍然在继续，诸如北蔡镇和高东镇等都围绕垃圾分类开发了街镇系统平台，这些平台与区垃圾分类监管平台一道，构成了浦东新区垃圾分类区—街镇两级智能监管体系。

二 浦东推进垃圾分类智能化的机制

将垃圾分类转化为技术应用场景是一个政策与技术有机融合的过程，为了增强场景设计的有效性，浦东新区在推进垃圾分类数字化转型过程中普遍采取与第三方技术公司合作的方式，共同设计开发垃圾分类技术应用场景。我们以浦东新区"城市大脑"垃圾分类平台为具体案例，来展现政企互动设计开发技术应用场景的具体过程和做法。浦东新区与第三方公司合作开发垃圾分类技术应用场景的过程可以概括为五个方面。

（一）垃圾分类的流程定义机制

垃圾分类本质上是一个系统工程，因此垃圾分类首先是一个过程，包含了垃圾源头分类、中端转运、末端处置三个主要环节。不同的环节涉及的主体差异明显。譬如，在源头阶段，主要涉及居民区的居民、沿街商铺等。而在中端转运阶段，则涉及车辆运输和线路以及操作规范性问题。到了末端，就涉及处置规模问题。垃圾分类涉及社会生活的方方面面，复杂程度非常高，可以说只要有社会生活的地方，就会涉及垃圾分类问题。因此，需要对垃圾分类涉及的主体及其在垃圾分类中扮演的角色进行确认。

在这个方面，浦东新区实际上已经从整体上确定了梳理方向，因为浦东新区提出的城市数字化转型的场域主要集中在城市治理、经济治理和社会治理三个方向上。因此，只要在这三个方向上有针对性地梳理相关主体即可。按照《浦东城市大脑－生活垃圾分类场景建设手册》的描述，开发的监管平台的功能主要是"实现对全区生活垃圾源头收集、中转运输、末端处置全过程综合监管"。在具体形态上，这一监管平台主要是试图实现"一屏观分类"。

（二）垃圾分类治理要素提取机制

该机制的基本思路是通过梳理政策法规，寻找垃圾分类的治理要素。按照浦东新区数字化转型的城市、经济和社会治理三大方向，梳理出33项治理要素。

其中城市治理注重强化收运、转运、处置各环节的作业效能、规范以及环保指标的管控，具体包括干湿比异常、清运延时、车辆超载、车辆超速、GPS异常、未日产日清（中转站）、车容车貌差、物流拥堵（中转站）、物流拥堵（处置场）、环保超标、产能异常等11个治理要素。

经济治理注重资源利用、分类减量、企业服务、废油、征费等方面的管控，具体包括可回收物量低于指标量、干垃圾量超过指标量、湿垃圾量低于指标量、就地处置设施运行异常、跨服务范围作业、人员资质违规、人员行为违规、源头收集车辆垃圾残液违规排放、中转站垃圾残液（冲洗水）违规排放、中转站垃圾残液（冲洗水）未及时清运、废油违规收运、应申报未申报（单位生活垃圾）等12个治理要素。

社会治理注重源头环节居住区、单位、沿街商铺垃圾分类主要问题，具体包括四分类容器设置不规范、可回收服务点运行异常、投放点环境不整洁、小包垃圾落地、垃圾分类纯净度差（居民区）、垃圾分类纯净度差（沿街商铺/道路）、分类容器设置不规范、分类实效不明显、道路废物箱满溢和商铺周边环境差等10个要素。

（三）治理要素转化机制

这主要涉及如何将治理要素进行量化，并通过何种渠道采集数据的问题。这个阶段的核心工作主要有两个，其一是开发智能算法，其二是对涉及数据渠道的硬件进行梳理和建设。智能算法的主要功能是对浦东新区垃圾分类整体的运行体征实施动态监控，依托视频捕捉、物联感知、数据比对等多种智能手段，对源头投放、收运中转、末端处置等环节的19项治理要素实现智能发现。

数据渠道的硬件梳理和建设则涉及物联智能感知、视频监控、移动终端等设备的建设。在此基础上,区平台试图实现智慧监管这一更高目标,即应用大数据、云计算、移动互联等现代信息技术实现精准发现、处置、研判和辅助决策。

在此基础上,浦东新区开发的垃圾分类监管平台在界面上主要包括全要素治理、运行体征、地图功能、指挥体系功能、协同处置功能、智能发现功能、突发事件功能等七大板块。以运行体征为例,该项功能与监管要素紧密结合,有比较明显的辨识度,能够体现应用场景的特点,能够反映行业或场景的整体监管范围、监管水平、监管力度,是要素治理结果的体现与反馈,能够随着城市、经济、社会发展不断变化。通过采集视频监控、称重计量及GPS定位等实时数据,对源头收集、中转转运、末端处置、资源回收等24项运行体征实施动态监控。

(四)数字化平台运行机制

流程再造是技术赋能垃圾分类的关键。浦东在推进垃圾分类数字化转型过程中,主要通过线上的流程再造和线下的规则再造,实现流程再造的软硬结合。

在区层面,浦东新区建立了垃圾分类监管平台后,配套建立了平台运行规则,主要包括四个方面。一是动态巡屏规则,即对纳入生活垃圾分类场景的监管要素,进行不间断巡屏。人工补齐智能模块中不够全面、不够精致的短板,做到巡查全覆盖、问题全发现。二是实时监管规则,即对接收派单的各部门及处置人员的处置时效、处置流程规范、处置结果进行实时跟踪监督。针对处置之后的监管事项,在1周内重点巡屏跟踪。三是情况分析规则,即对值班期间的有关生活垃圾分类全流程监管数据、处置完毕的整改情况进行定期汇总、数据分析。四是任务落实规则,主要划分了三个主体的职责。第一个是值班主任职责,包括全面了解生活垃圾分类全流程监管情况,针对值班长难以协同落实的事项予以协调沟通落实。第二个是值班长职责,包括汇总生活垃圾分类监管过程的问题并协同落实,定期向值班主任汇报生活垃圾分类监管情况。第三个是值班员职责，其职责是根据日常动态巡屏，及时发现及反馈生活垃圾分类监管过程中的问题；对问题的接收、处置等超期处理情况进行实时监管，并对处置后的事项进行重点巡屏跟踪；定期汇总生活垃圾分类全流程监管数据、处置整改数据，并进行数据分析；将监管过程中的相关问题及时反馈给值班长。

在街镇层面，各个街镇在搭建智能监管平台的基础上，也注重搭建垃圾分类平台及其相关运作机制。譬如，金桥镇在阳光国际公寓小区上线智能化垃圾分类系统后，就在软件上进行了配套性供给，首先是成立了由居委会、物业、业委会以及志愿者小组、第三方组织共同参加的垃圾分类工作推进筹备小组。筹备小组经过长达半年的反复酝酿、居民听证、现场勘察和方案论证，最终在金桥镇城运中心的统筹调配下，制定了缜密的垃圾分类多环节协作流程，形成了各方均满意的推进方案。针对居民、志愿者值守、保洁二次分拣以及清运公司分类输运均设计了检测指标，方案做到每一环节无缝对接，确保全程正确分类、清运全程规范、投放源头可溯。此外，小区志愿者团队的成员还结合自己的生活经验，自发改编创作了小区推进垃圾分类的宣传材料，向每家每户进行宣传。为了让小区每户人家都能积极参与，志愿者还指导居民如何使用智能垃圾箱。

（五）事项处置协同机制

算法、硬件和技术实际上都还属于硬件建设的范畴，通过智能监管快速识别问题后，终究还需要借助人力解决问题。这就涉及问题处置，其本质是对系统收集到的数据进行分析和派单的过程。

在区级平台层面，浦东新区垃圾分类推进办公室结合已有的法律法规，制定了"一治理要素一处置规则"模式，借助浦东新区的"城市大脑"进行派单协同处置，建立跨部门协同处置机制，形成了"大闭环"、"中闭环"和"小闭环"。"大闭环"是指将应申报未申报、废油违规收运、小包垃圾等17项治理要素推送给区城管执法局和街镇等进行跨部门处置，将车辆超载、车辆超速等17项治理要素推送给行业作业单位进行处置。

以城市治理中的"干湿比异常"为例,这一治理要素主要通过智能装置发现,其通过"大闭环"将事件向街镇推送,推送内容包括问题对象、发现地址和时间、所属街镇名称、问题描述。按照规则,街镇在接收到消息后,需要在5个工作日内完成,即通过照片和详细的整改措施说明向生态环境局反馈。按照规则,这一治理要素的启动主要有三种情况:一是一个自然周内无干、湿垃圾量;二是确实某日的干、湿垃圾量数据;三是一周内干、湿垃圾比低于4:1。设置这一规则的政策依据主要是《上海市生活垃圾管理条例》和《上海市生活垃圾分类实效综合考评办法》。"中闭环"是通过浦东"城市大脑"平台与街镇协同。"小闭环"是生态环境局内部各个科室协同处置流程。

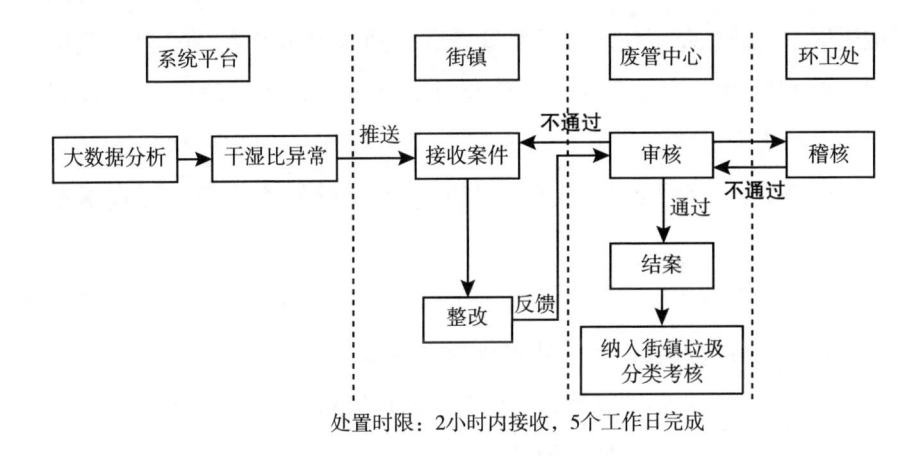

图1 浦东垃圾分类监管运行流程

"大闭环"和"中闭环"实现了对经济、社会和城市三大治理平台的整合,且都能够实现一定程度的可视化,即能够实现所谓的"三屏整合",包括场景大屏、操作中屏(即电脑端)和处置小屏(即手机移动终端)。

三 浦东新区垃圾分类智能监管的成效与特色

整体上看,浦东新区推进的垃圾分类智能监管初步实现了预期目标,生活垃圾分类可以通过技术手段实现智能监管。不过，由于区和街镇在开发进度上存在差异，区和街镇推进垃圾分类智能监管的成效也有不同。两者叠加在一起，使浦东垃圾分类的数字化转型整体上形成了智能发现和协同处置两种实践特色。

（一）浦东新区垃圾分类智能监管取得的成效

1. 区级层面

通过积极的探索，浦东新区在建立垃圾分类智能化系统的基础上，基本上实现了"一屏观分类"的智能监管目标，区和街镇两级的垃圾分类在监管层面初步实现了数字化转型。整体而言，自2021年生活垃圾分类场景实战应用以来，浦东新区垃圾分类监管平台共推送问题工单1560件，其中已结案工单1474件，实战范围覆盖至36个街镇和全部生活垃圾收运处单位，应用场景初步形成智能发现、自动派单、管理闭环、协同高效的新型治理模式。具体来说，区级层面垃圾分类的监管数字化转型成效主要包括三个方面。

一是区级平台实现了监管对象全覆盖。生活垃圾产生单位、环卫收运企业、中转站及运营企业、末端处置场所等监管对象均建立"一点位一档"信息库，并全部实现落图管理，收运企业公司信息和人员信息全部入库。同时，建立信息更新机制，便于随时掌握最新底数。

二是区级平台实现了治理要素全覆盖。把要素作为治理的基本单元，从城市、经济和社会治理三方面全面梳理治理要素，覆盖了城市生命体的方方面面。

三是区级平台实现了智能监管全过程。在全区36个街镇的3718个投放点安装探头，实现中转站和末端处置场所视频监控全覆盖，有条件的小压站全部安装了计量系统，干垃圾和湿垃圾车辆均安装了车载计量及GPS定位，通过智能监控、数据归集，基本实现对生活垃圾从源头、收运到转运、处置的全过程监管。

2. 街镇层面

在街镇层面，通过自主开发，目前各个街镇在浦东"城市大脑"街镇平台上已经普遍建立了垃圾分类街镇应用场景，并建立了较为完善的平台运行规则和处置流程。高东镇的实践具有代表性，该镇在高层居民楼普遍安装了智能垃圾箱，并通过探头系统将垃圾分类与投递信息实时传送到"城市大脑"街镇平台上。诸如此类的智能分类平台主要在四个方面取得了成效。

一是街镇垃圾分类指挥智能化。与区级平台类似，智能监管平台的建立使街镇对辖区内垃圾分类工作的指挥实现了智能化。以高东镇为例，该镇升级城运管理中心指挥平台，让其成为全镇垃圾分类工作的指挥中心。通过对全镇83个垃圾回收点安装监控设备，实现指挥中心对垃圾分类场景可观视、相关区域可监视；通过读取定时定点投放点位、两网融合以及驳运车辆等信息，进行分类数据录入及分析，实现指挥中心对镇每日垃圾分类投放实效进行实时监控；通过智能投放柜两侧的高清监控设备，对所有居民分类投放过程及非定时定点时间段个别乱投放现象进行监控，指挥中心可通过监控系统追查各类乱投放现象，做到垃圾分类投放可回溯。另外，在垃圾驳运车辆中安装定位装置，规定车辆行驶路线，并随时进行路线回溯，从机制上确保干湿垃圾运输不同车、行走不同线，杜绝了干湿垃圾混装问题的发生。

二是街镇垃圾分类管理智能化。在指挥智能化的基础上，街镇垃圾分类工作基本上实现了从传统的人海战术转向线上线下双轮驱动模式，实现了一定程度的智能化管理。以高东镇为例，目前该镇垃圾分类智能投放信息系统绑定全镇近三万户家庭，通过智能IC卡对镇域内所有居民的垃圾投放类别、频次、峰值等数据进行录入统计，自动生成垃圾分类、投放综合信息，做到了垃圾与人户对应；智能投放柜内部安装红外监控设备及温度感应系统，对垃圾桶的满溢、温度及离线等异常情况做实时监控，如发生桶内垃圾满溢、温度过高等异常情况，可直接通过短信告知小区物业负责人，做到异常情况可预警；通过对居民区的总体投放类别、频次及环卫所清运车辆的智能识别、定位、称重系统的数据整合分析，在应用场景平台可查看各居民区的每日分类垃圾的重量及占比，做到整体数据可分析、与往日情况可比较、与其他小区可对照。

三是街镇垃圾分类监管智能化。目前浦东各个街镇开发的智能平台均安装了智能监管终端，但没有实现全覆盖，已经安装了终端设备的街镇基本上都能够实现监管的智能化运行。以高东镇为例，该镇在智能投放柜两侧的高清监控设备24小时开启，对混投混放实时记录，视频监控链接各小区监控大屏及镇城运中心的应用场景大屏，做到及时发现、及时处理。另外，根据居民的投放记录，对持续一周无投放记录的居民进行未投放预警提醒，信息经"浦东智理"App直接发送至各居委，居委工作人员上门了解未投放原因，及时发现其他意外情况发生。智能柜每组投放的刷卡端装有小型的显示器，可对各类违规、违法投放进行滚动播放。智能柜安装语音系统，通过物业监控室内的声麦，直接对投放人员进行提醒警告，有效阻止各类乱投放行为的发生。

四是街镇垃圾分类技术应用灵活化。由于很多街镇的居住人群职业分化明显，因此智能监管所设定的监管标准在运行的过程中无法做到标准化，而必须通过差别化应用来提高智能监管的有效性。因此，各个街镇在推进垃圾分类智能监管的过程中，都结合各个居民区的特殊情况，制定了差异化的监管标准和方案。以高东镇为例，该镇针对上班族和独居老人等群体设置了专门的执行标准。譬如，针对个别无法在小区规定时间段内投放垃圾的上班族，根据其选择的时间段，调整智能投放IC卡信息，保证每户居民有合适的投放时间段。针对独居老人、卧病在床人员确实存在投放不便，以及大件垃圾搬运不动的情况，通过智能投放IC卡，将信息传送到楼组长、志愿者，由他们上门协助投放。

（二）浦东新区垃圾分类智能监管的实践特色

在上述区级平台"三全"和街镇平台"四化"的基础上，浦东新区的垃圾分类智能监管基本上形成了"智能发现"和"协同处置"两个基本特色。

1. 区级平台注重垃圾分类问题"智能发现"

通过物联智能感知、视频监控、移动终端等设备，对源头收集率、中转转运率、末端处置率、资源回收率，干垃圾、湿垃圾等四分类垃圾量，街镇居住区和单位垃圾分类实效等24项运行体征实施动态监控。开发智能算法，依托视频捕捉、数据比对、大数据分析等对干湿比异常、小包垃圾、清运延时、车辆超载等20项治理要素实现了智能发现（另有8项在抓紧开发智能算法），提高了问题发现的及时性和处置的高效性。如2021年7月15日10点通过视频捕捉发现金杨新村街道金杨一居737弄活动室旁垃圾房有小包垃圾，即时推送给金杨一居小区，小区接单后安排保洁员清理，于10点零5分处置完毕并线上反馈整改后照片。

2. 区级平台突出垃圾分类问题"协同处置"

依托"城市大脑"进行派单协同处置，建立跨部门协同处置机制，制定了"一治理要素一处置规则"。应申报未申报、废油违规收运、小包垃圾等17项治理要素推送城管执法局、街镇等进行跨部门处置，形成"大闭环"。车辆超载、车辆超速等17项治理要素推送给行业作业单位进行处置，形成"中闭环"。如应申报未申报，通过历年合同与当年申报合同进行数据比对智能发现未申报单位，推送给街镇收费员实施上门催报，拒不申报的推送给城管部门，通过协同处置提高了征收率。截至2021年6月底，单位生活垃圾收费3.92亿元，比2020年全年（3.75亿元）增长近1700万元。

四 浦东新区垃圾分类智能监管的实践挑战与完善思路

城市基层治理数字化转型已经成为特大城市提高城市基层治理体制效能的重要路径。在此背景下，浦东新区通过智能监管建设推进垃圾分类工作数字化转型可谓正当其时。整体上看，浦东新区垃圾分类的智能监管建设取得了很大成效，但也面临多重挑战。成效和挑战叠加在一起，为我们进一步推进浦东新区垃圾分类的数字化转型提供了基础。

（一）浦东新区垃圾分类智能监管面临的挑战

智能监管在提高浦东新区垃圾分类可视化和集成化水平方面效果显著，

但在运行过程中仍然面临着数据共享难、开发成本高和公众参与少等多方面的挑战。

1. 数据共享整合的挑战

目前区级平台使用的数据主要包括三类，分别是通过大数据收集、通过智能终端数据获得和通过街镇终端设备获得。目前区级平台使用的数据主要依赖生态环境局建设的智能终端设备获得。大数据收集到的数据比较全面，但对垃圾分类工作的价值并不明显。而街镇虽然普遍建立了智能平台，尤其是建立了各类监管终端设备，但是通过这些设备获得的数据并没有进入区级平台系统中，主要是因为街镇担心这些数据进入区级平台后会对相关工作考核产生不利影响。因此，从整个浦东生活垃圾分类智能监管系统看，目前数据还没有做到应用尽用，数据整合还面临着纵向和横向的梗阻。

2. 平台开发成本的挑战

从36个街镇的情况看，很多街镇虽然安装了智能垃圾分类箱，但都是通过试点方式进行局部安装，诸如高东镇这样做到各个居民区全覆盖的案例仍然较少。之所以呈现这种格局，主要是因为智能设备安装的成本过高，一般的街镇无法负担这一成本。长远来看，目前各个街镇普遍建立了智能监管系统，这些系统的后期维护成本也普遍较高。在降低成本的同时提高智能监管的效能仍然面临较大的挑战。

3. 公众参与缺位的挑战

运用信息技术进行智能监管只能为公众参与垃圾分类提供一个确定性程度较高的外部监督环境。更为重要的是，目前垃圾分类技术场景的开发主要是技术公司与政府部门的合作结果，在这个过程中缺乏公众参与，开发的技术场景主要体现技术逻辑和部门逻辑，社会逻辑并未反映在系统中，这个问题在区级平台和街镇平台普遍存在。由此带来的问题是，一些可能不太需要技术支持的垃圾分类议题得到了技术支持，技术的介入反而使原有的垃圾分类议题复杂化，从而降低了治理效能，增加了治理成本，公众的获得感不高。

（二）垃圾分类智能监管的完善思路

技术在应用到具体场景的过程中，其作用的发挥并不是一蹴而就的，而是需要与具体治理场景不断融合适应。在这个过程中，需要从整体上对垃圾分类智能监管的推进模式和实践机制进行优化完善。对此，本文提出优化完善的三个方向。

1. 注重完善成本—收益约束机制

成本—收益约束机制是城市基层治理应当考虑的重要原则。在这里，成本—收益既包括物质上的投入和产物，也包括制度和治理层面的改革与效能。从物质层面讲，在财政条件良好的基础上，成本—收益约束机制容易成为相关部门忽视的因素，因此容易出现重复性和浪费性投入问题，尤其是在数字化建设方面，软件和硬件的投入巨大，这些投入在多大程度上能够解决现实问题，以及能解决哪些现实问题，需要成为关注的焦点。

从浦东新区推进的垃圾分类数字化转型实践看，其在建立了区级统一平台后，对街镇主要是鼓励量力而行的建设原则，一些基础较好的街镇在软硬件方面投入的力度更大，一些街镇则仍然延续了传统的治理模式，一些街镇则在全部数字化和传统治理模式之间做出折中选择。这些路径从社会动员的角度来说成效并无明显差异。因此，从成本—收益约束机制角度出发，城市基层治理的数字化转型首先要明确信息技术的适用边界，只有在确定边界的基础上才能够充分发挥技术赋能的倒逼作用。

2. 突出统一性与多样性的协同发展

城市基层治理数字化转型同样也面临这个问题。统一的数字化平台一方面可能难以适应和覆盖基层治理的实际情况，另一方面也可能把基层治理的实际情况遮蔽掉。而如果要充分赋予基层自主性，似乎又会出现数据碎片化的问题，进而影响数据的整合与集成。

在这个问题上，浦东新区推进的垃圾分类智能监管进行了较好的探索实践。一方面区级平台并没有直接建立直达街镇的数据通道，而是通过"城市大脑"的"大闭环"收集和分配街镇的相关数据；另一方面浦东新区垃圾分类推进办公室也没有对街镇智能平台的建设出台具体的细则，因此街镇在开发智能监管系统的过程中可以说具有一定的自主性。当然，目前来看街镇的自主性已经对区级平台的数据整合产生了一些消极影响，但这是因为协同机制缺位，相信在机制调适介入后这一问题会得到解决。

3. 坚持技术赋能与公众参与双轮驱动

城市基层治理数字化转型并不是一个简单的技术应用过程，其本质性价值是要通过信息技术这一工具，改变传统的城市基层治理体制，创造出国家与社会、政府与民众互动的新模式，从结构上改变兜底性、全面性的基础治理格局，使基层治理走出秩序维护与活力塑造失衡的内卷化困境。

从这个角度来说，城市基层治理数字化转型就需要在强调技术赋能的同时承认技术的局限性，承认局限性意味着就需要在技术赋能之外引入公众参与机制。公众参与机制的引入主要有三个功能。第一个功能是通过公众参与机制实现对基层治理数字化转型可能存在的偏差进行纠正，即纠偏功能。第二个功能是通过公众参与机制实现对基层治理数字化转型的知识输入，即共识功能。第三个功能是通过公众参与机制使整个城市基层治理数字化转型成为一种参与渠道，进而为以后更深层次的制度变迁奠定基础。

当然，由于城市基层治理数字化转型具有较强的专业性，公众参与可能会面临较大的知识障碍，但从需求导入的角度来说这些专业性知识问题可以交由专业的技术第三方解决。从浦东的垃圾分类智能监管实践来看，虽然垃圾分类的关键主体是公众，但监管平台的开发和运行并未向公众提供必要的参与空间。这也使得整个监管平台看起来仅仅是主责部门就垃圾分类问题与同级相关部门和街镇的沟通平台，而不是一个治理过程。

五　结语

科技革命为城市基层治理的制度变迁提供了重要契机，信息技术的应用推进了城市基层治理的系统性革命，但技术赋能对垃圾分类的这种优势也可能会使技术的介入形成"锁止"效应，即现有治理体制在技术的加持下进一步强化了其路径依赖程度，进而使垃圾分类工作在整体上难以跳出传统时代的运行模式。当然，新兴技术的制度变迁效应可能并不像技术迭代本身一样显著，一种全新的技术可能会使一个行业快速发生翻天覆地的变化，而新兴技术对制度变迁的推动可能是潜藏的和缓慢的。从这个意义上来说，浦东新区推进的垃圾分类智能监管无疑是垃圾分类数字化转型的起点，显著提升了垃圾分类的效能，但通过技术重塑城市基层治理的模式依然任重道远，还需要技术与制度的深度融合。

参考文献

韩志明：《城市治理的清晰化及其限制——以网格化管理为中心的分析》，《探索与争鸣》2017 年第 9 期。

黄晓春：《技术治理的运作机制研究——以上海市 L 街道一门式电子政务中心为案例》，《社会》2010 年第 4 期。

简·E. 芳汀：《构建虚拟政府：信息技术与制度创新》，邵国松译，中国人民大学出版社，2010。

彭勃：《从行政逻辑到治理逻辑：城市社会治理的"逆行政化"改革》，《社会科学》2015 年第 5 期。

渠敬东、周飞舟、应星：《从总体支配到技术治理——基于中国 30 年改革经验的社会学分析》，《中国社会科学》2009 年第 6 期。

王雨磊：《数字下乡：农村精准扶贫中的技术治理》，《社会学研究》2016 年第 6 期。

郁建兴、高翔：《浙江省"最多跑一次"改革的基本经验与未来》，《浙江社会科学》2018 年第 4 期。

Bullock J. B. , "Artificial Intelligence, Discretion, and Bureaucracy", *American Review of Public Administration*, 2019（7）.

Huber G. P. , "A Theory of the Effects of Advanced Information Technologies on Organizational Design, Intelligence, and Decision Making", *The Academy of Management Review*, 1990（1）.

B.4 技术赋能+体系创新：推动城管执法精准高效[*]
——浦东新区创新街面秩序智能管理模式

张继宏[**]

摘　要： 随着现代信息技术的不断发展，技术赋能城市治理、全面推动城市数字化转型，成为超大城市治理体系和治理能力现代化的必然要求。浦东新区通过构建立体化、全方位、全闭环的城管综合执法体系，重塑城管综合执法流程，建设运行街面秩序智能化管理模式，推动城管执法的整体性转变，有效提升了城市综合执法治理效能，提升了城市品质和形象，满足了人民对美好生活的新期待，为全面提升城市治理能力现代化水平提供了可复制可推广的"浦东样板"。

关键词： 技术赋能　体系创新　街面秩序　智能管理

数字化浪潮正以不可逆转的趋势改变着人类社会，全面推进城市数字化转型成为上海面向未来塑造城市竞争力的关键举措，也是上海主动服务和融入新发展格局的重要战略。上海市委、市政府2020年底公布的《关于全面推进上海城市数字化转型的意见》指出，要坚持整体性转变，推动城市

---

[*] 感谢浦东新区城管执法局对本文的贡献。
[**] 张继宏，管理学硕士，中共浦东新区区委党校高级讲师，主要研究方向为公共管理、政府改革、社会治理等。

"经济、生活、治理"全面数字化转型；坚持全方位赋能，构建数据驱动的数字城市基本框架；坚持革命性重塑，引导全社会共建共治共享数字城市。要求把牢人民城市的生命体征，创建科学化、精细化、智能化的超大城市"数治"新范式，打造城市高质量发展的强劲引擎，为加快建设具有世界影响力的社会主义现代化国际大都市奠定扎实基础[①]。因此，推进城市治理数字化转型成为超大城市治理体系和治理能力现代化的必然要求。

上海作为国际超大城市之一，具有人口多、流量大、功能密、系统复杂的城市特征，城市建设、发展、运行、治理各方面情形交织、错综复杂，必须充分运用数字化方式探索超大城市社会治理新路子，回应人民对美好生活的新期待[②]。在上海市大力推进"一网统管"建设的大背景下，浦东新区以数字化转型为契机，坚持科技赋能，探索建立街面秩序智能管理模式，发挥信息技术的引领和支撑作用，构建三级智能化指挥新体系，探索"双现"执法新方式，重塑执法流程，迭代场景应用，推动城市治理从传统人海式、固守式、运动式的管理模式，迈向精准化、智能化、精细化的"数治"新时代，有效提升了城管综合执法的治理效能。浦东城管的数字化转型以技术赋能体系创新，创造性地解决了超大城市治理难题，为推动城市治理现代化提供了有益借鉴。

一 浦东新区创新街面秩序智能管理模式的背景

党的十九届四中全会指出，要运用互联网、大数据、人工智能等技术手段提高政府治理效能。为深入贯彻习近平总书记关于"提高城市治理现代化水平，开创人民城市建设新局面"的重要指示精神，浦东新区城管执法局运用智能化技术手段创新综合执法体系，探索创新街面秩序智能化治理模式，是推进城市治理体系和治理能力现代化的重要实践，也是破解当前城管综合执法难题，提升城管执法精细化、智能化、科学化水平的重要途径。

---

① 《关于全面推进上海城市数字化转型的意见》。
② 《关于全面推进上海城市数字化转型的意见》。

长期以来，我国行政管理体制各自为政、条块分割的管理弊端日益凸显，随着城市化进程的加快，城市治理面临的各种矛盾和问题日益突出，传统的粗放式城市治理模式难以适应超大城市精细化治理的要求和人民对高质量生活的需要。城市治理转型升级成为国家治理现代化的重要组成部分。

城市治理是城市多元主体共同参与解决城市问题的过程。街面，是各类市场要素集中活动和经济活力体现的空间，同时也代表着一个城市的精神面貌和城市形象。随着经济的飞速发展，街面日益繁华，具有系统要素高度集中、系统结构复杂、要素高速流动、活动风险不可控等特点，是各种利益关系的交汇点、各种社会矛盾的集聚点。对城市治理而言，街面秩序是城市综合执法的主要场景，管理对象是最基层的商户和百姓。由于管理要素复杂、感知敏感度不够、监管不到位、面对面执法冲突等常见问题，长期以来，城市治理传统的城管执法对人力的依赖性极强，在人力覆盖不到或者不能长期"蹲守"的地方，违法行为反复出现；由于对违法行为取证难，双方难以沟通，为了保证"执法效率"，粗暴执法、选择性执法也难以避免，严重影响了城管执法人员的形象，形成了城市管理无序、市容环境混乱、群众感受度不高等现实困境。

浦东作为上海最大的行政区域，区域面积大、人口密度高，以不到全市1/5的面积容纳了全市1/4的人口。从经济发展上看，浦东作为上海"五大中心"（经济中心、金融中心、贸易中心、航运中心、科创中心）建设的核心区，坐拥国际客运港和货运港，交通枢纽、商业中心、国际旅游度假区等人员密集场所遍布，商业和社会性交往高度发达，浦东日益成为上海对外展示形象的窗口和名片。伴随着互联网的普及，各种新生事物和新业态层出不穷，使城市治理面临的形势更为复杂多样。由于浦东经济密度高、各种社会要素流动性强，城市治理问题也层出不穷。特别是随着这些年营商环境的日益完善，街面上的经济活动更加多元复杂，诸如跨门经营、占道设摊、占道洗车、非机动车违规乱停等行为频频出现。浦东新区通过网格化发现的城市治理问题从2015年的49余万件，增长到2018年的326万件，上涨幅度超过565%，这些急速增长的新问题给浦东的城市管理带来了更为严峻的挑战。

面对浦东市场主体多元、人口流动性强、新业态激增、外来人口占比大的现实，浦东新区城管执法局不断探索创新综合执法的新模式，从体制机制改革、构建综合执法体系到城管执法流程再造、智能化执法手段应用，这些年来浦东综合执法的效能日益提升，群众的感受度越来越高，日益成为深化城市精细治理、维护城市秩序的基层治理的重要力量，为构建上海超大城市现代化治理体系提供支撑。浦东城管执法的管理事项已达到 19 大类 1827 项，任务涉及市容、市政、绿化、水务、环保、工商、建设、物业、城乡规划、交通等领域。而目前的浦东城管执法队伍人员只有 1600 多名。浦东城管面临着任务量大而人力不足的巨大矛盾。按照浦东新区打造社会主义现代化建设引领区的要求、浦东新区要树立良好城市形象的目标，如何治理街面秩序、规范商户行为习惯，为人民群众创建有序、整洁、优良的环境成为浦东城管面临的课题。因此，全面推进城管执法的数字化转型、提升城市治理的现代化水平势在必行。

党的十八届三中全会提出了推进国家治理体系和治理能力现代化的总体要求。习近平总书记 2020 年 4 月在浙江考察时明确提出，"让城市更聪明一些、更智慧一些，是推动城市治理体系和治理能力现代化的必由之路，前景广阔"。[1] 在浦东开发开放 30 周年庆祝大会上，习近平总书记提出了浦东打造社会主义现代化建设引领区的工作目标。强调要提高城市治理水平，推动治理手段、治理模式、治理理念创新，为浦东城市治理的数字化转型指明了方向。

2020 年 4 月，上海市"一网通办""一网统管"工作推进大会召开，明确加快推进两张网建设。2020 年底，市委、市政府公布《关于全面推进上海城市数字化转型的意见》，深刻阐述了上海进入新发展阶段全面推进城市数字化转型的重大意义，明确了坚持"整体性转变、全方位赋能、革命性重塑"这一城市数字化转型的总体要求，部署了科学有序全面推进城市

---

① 《习近平在浙江考察调研》，http：//www.xinhuanet.com/politics/leaders/2020-04/01/c_1125799612.htm。

数字化转型的战略方案，确定了推动经济、社会、治理全面数字化转型，构建数据驱动的数字城市基本框架的目标，为浦东新区探索街面秩序智能治理模式提供了指导思想和行动指南。

浦东新区城管执法局深入贯彻习近平总书记考察上海重要讲话和在浦东开发开放30周年庆祝大会上重要讲话精神，主动顺应和掌握数字化时代带来的新趋势新机遇，科学遵循城市运行和发展规律①，按照习近平总书记提出的"人民城市人民建，人民城市为人民"的理念，在城市治理中用绣花般的细心、耐心、巧心，来实现城市治理的精准施策、精确发力。

在全市"一网统管"的大背景下，浦东新区城管执法局依托区城运中心和大数据中心，加快智能应用场景建设，探索完善更加适应特大型城区管理需求的城管执法模式，以技术赋能体系创新，以场景应用牵引智能升级，以流程再造改革执法模式，率先构建经济治理、社会治理、城市治理统筹推进和有机衔接的治理体系，实现城管数字化转型的整体性变革，探索出一条超大城市城管综合执法的新路径。

二 浦东新区街面秩序智能化管理的举措机制

按照"整体性转变、全方位赋能、革命性重塑"的总体要求，浦东新区城管执法局全覆盖建立城管执法领域监管对象数据库，将以街面商户为主体的市容、环境、水务、燃气等执法事项进行全归集，并通过布局智能前端设备、开发算法模型、运用分级分类管理机制、重塑执法流程、创建智能化城管执法模式，推动城管执法工作的理念、模式、手段突破创新，促进街面秩序治理精准高效。

（一）全面构建三级智能化指挥新体系

系统结构决定系统效能，浦东新区城管执法局高度重视顶层设计，从机

---

① 《关于全面推进上海城市数字化转型的意见》。

构建设入手，改革管理体制。由于城管执法事项涉及领域广、任务事项庞杂，需要加强部门之间的协同联动，因此体制架构的扁平化有助于重心下移，实现力量的统一调配。按照"机关轻型化、层级扁平化"的思路，执法局机关共设5个内部机构，分别是办公室（审计办公室）、政治处、政策法规处、勤务监督处、综合协调处（科技信息处、综合监管处）。城管执法局下设3个执法支队、1个执法大队，分别是城管执法支队、生态环境支队、交通执法支队和规划土地执法大队。其中，城管执法支队下设3支专业大队（即1个督察机动大队、1个案件审理中心、1个市容城建大队）、2个特殊区域中队（即国际旅游度假区中队和世博中队，由国际旅游度假区管委会和世博地区开发管委会管理）。

在城管执法指挥体系上，2020年浦东城管已构建实施及时、精准、高效的局—中队—队员三级智能化指挥新体系，也就是局城管执法综合信息平台—街镇城管中队微平台—城管执法队员终端的智能化体系，形成由1个执法局综合信息平台、35个城管中队微平台、1600余个城管队员手机App执法终端组成的智能体系，打造人车撒点找得到、视频接入看得见、通信对讲叫得应的新型勤务指挥模式，塑造智能告警、中台甄别、派单处置、审核人库四级闭环执法流程，基本实现"管理内容全展示、指挥体系全集中和协同事项全闭环"的工作目标。①

（二）全覆盖建立管理要素数据库

完善的基础数据信息是实现智能化、智慧化的根本。数据的真实准确和动态更新，是决策科学性和可行性的重要前提。因此，科学、灵敏、准确的数据采集机制是建立管理要素数据库的关键。浦东城管执法局全面系统梳理需要上门开展执法检查的固定监管对象，按照市容城建、生态水务、交通路政和规土燃气四大行业分门别类，构建66个监管对象数据库。以执法工作需要为导向，为每个执法对象数据库个性化定制字段标准，制

---

① 《浦东城管"数字化"转型新利器》，浦东城管官网，2021年3月25日。

作详细的信息采集表，并制定信息动态维护方案，将浦东新区全部执法对象统一纳管。全覆盖的街面管理要素数据库为智能化治理模式奠定了坚实基础。

1. 实现信息采集标准化

依据街面秩序的管理任务，按照全量全字段的要求，全覆盖采集新区范围内沿街商户名称、地址、法人身份信息、店面实景照片等城市管理要素字段，制定统一标准的信息采集表。沿街商户的信息，主要依靠执法队员日常工作中到商户门店现场采集；营业执照、身份证等个别信息，也可利用市场监管部门和公安部门的数据。这样能够保证信息真实和准确。浦东城管局出动所有城管队员，经过半年时间全域采集完成沿街商户的基本数据信息，采集信息将近5万条，为建立管理要素数据库夯实了基础。

2. 形成商户数据更新机制

沿街商户信息的日常维护和更新，由城管中队担负主体责任。中队通过日常检查、居委联动等方式，及时、准确更新维护沿街商户信息，包括新增、修改和删除三个方面。督查大队通过督查和专项检查，督促中队及时维护更新沿街商户信息；另外，充分利用智能设备，辅助中队及时发现沿街商户更替，确保数据信息全面、实时、准确。数据的实时动态更新为精准高效的综合执法提供了全面准确的执法依据。

3. 布局数据信息感知和分析网络

一方面布局物联感知网络。浦东城管局利用通信新技术，架设静态的智能感知设备和设定动态的车巡网络，实现对全区主要道路的全覆盖、多维度巡查。在街面安装街镇城管"微平台"乱点监控探头和"城管球"，共享公安、城运探头资源，汇集全区3700余路视频探头；组建智能车巡队，由20辆巡查车对全区商户分布区域进行移动巡查。

另一方面开发智能算法。针对跨门营业、乱设摊和占道洗车等城市管理领域突出问题，研发算法模型，实现对违法行为的智能识别、自动采集。充分利用各大场景应用产生的丰富数据，建立街面秩序指数分析、现场线上执法检查分析、办案能力指数分析、信访投诉指数分析和勤务智能分析五大模型，系统掌握全区街面整治情况，为勤务指挥、重点工作安排、集中整治计划等提供战略决策依据。①

（三）全链条实施分级分类管理机制

实施分级分类管理，是街面秩序智能化管理模式的重要策略。建立颜色动态调整机制，依据沿街商户的业态和依法经营情况，将商户标注为红、黄、绿三种颜色，分别对应高、中、低三种发生违法行为的风险。按照风险程度进行分级分类监管，可以有效节约人力、物力和精力，集中力量针对街面乱点开展重点治理。

首先进行初始颜色分类。比如根据业态风险，高风险（红色）业态为水果店、汽修店、五金加工店、快递行业、餐饮店、微菜场等，中风险（黄色）为服装店、超市、旅馆、理发店等，低风险（绿色）为房屋中介、金融机构、培训机构等。根据经营风险，季度内被查处2次及以上的商户为高风险（红色），季度内被查处1次的商户为中风险（黄色），季度内未发现违法违规行为的商户为低风险（绿色）。对业态风险和经营风险综合分析，按照就高不就低的原则，来确定商户初始颜色。

然后在初始分类的基础上，通过自主巡查、信访投诉、实效督察、微平台等手段开展日常监管，对商户的颜色等级进行调整。依据颜色来确定日、周、月三种不同覆盖频次，实时调整动态监控，做到精细化调整监管频次。

分级分类管理机制根据不同风险等级匹配不同检查覆盖频次，将珍贵、有限的管理资源尽可能匹配到突出问题和主要矛盾上去，解决人机不匹配难题，推动了日常执法检查由经验型、随机型向科学化、精细化转变。

（四）全流程实施"双现"执法方式

所谓"双现"是指非现场执法和现场线上执法检查。其中，非现场执法

---

① 浦东城管官网：《浦东城管"数字化"转型新利器》，2021年3月25日。

以智能设施设备和技术的运用为基础,以违法当事人信息真实完整为核心,以处罚的有效履行为保障,实现违法行为发现、案件办理、当事人缴纳罚款等全环节零接触办案,既提升办案效率,又方便当事人快速处理。①

现场线上执法检查是执法队员对固定监管对象按三色风险分级管控要求,利用"浦东城管"App开展日常检查的一种新模式。这一创新举措实现了浦东城管勤务模式智能化,执法检查全程留痕、闭环处置线上完成,助力城管执法由人力密集型、经验判断型向人机交互型、数据分析型转变,不断推动城管执法科学化、精细化、数字化。

在以往的城市治理工作中,为应对违法行为的反复性,城管执法人员采取协管队员"固守式";为解决顽固违法的"钉子户",采取集中兵力"人海式";为迎接各类检查,采取执法整治"运动式"。这些方式行政管理成本高,易引发矛盾冲突,管理效果短暂有限。浦东城管首创全流程闭环零接触式非现场执法和标准化制度化现场线上执法检查新机制,推动城市管理模式深刻变革,迈向数字化新时代。

(五)全周期建立街面秩序指数

街面秩序指数是指能够反映某个街镇(管委会)的街面秩序好坏程度和管理水平的指数,可以用来评价和考核街镇(管委会)城管中队。

街面秩序指数充分利用移动视频智能抓拍数据,从街面商业繁荣度、街面管理有序度、街面管理效能三个方面,综合考虑沿街商户数量多少、违法行为发生的频次等,按照不同违法行为对街面秩序影响的大小,制定不同的权重,通过模型计算,自动生成每个街镇(管委会)的街面秩序指数。

通过智能设备发现、算法自动生成的方式,尽可能排除人为因素干扰,能够真实、客观、高效地评价街面秩序的治理效能。将街面秩序指数纳入执法局对街镇(管委会)城管中队的考核,有助于维护街面秩序治理的常态化和长效化。

---

① 浦东城管官网:《浦东城管"数字化"转型新利器》,2021年3月25日。

（六）全方位构建立体化智能治理模式

在浦东城管综合治理平台上，所有的沿街商户信息数据都会通过大屏幕以可视化的形式显示出来，形成浦东城管"点、线、面"精细化、立体化、全方位智能管理模式。

图1　浦东城管智能综合信息平台

"点"是指全市首创街镇城管中队"微平台"，聚焦乱点，实行乱点趋零化管理。建设街镇城管中队"微平台"，通过大数据分析甄选647个城市管理领域乱点，并设置智能摄像头，对乱点进行全天候、多要素盯梢；利用智能算法模型，对跨门经营、乱设摊等多种违法行为进行智能发现，形成自动告警、自动推送工单、快速完成处置的工作闭环；利用城运中心协同平台，实现自动调整乱点，将符合销项条件的乱点自动转入达标销项数据库开展日常监管，做到乱点治理与常态化监管的有序衔接。目前已创建乱点趋零化街镇18个。

"线"是指浦东新区城管局首创移动侦查在街面治理中的应用。打造动线，开发智能车巡场景。依据沿街商户数量、路网分布情况和区位差异，研究设定科学的车巡路线，实施全覆盖巡查；利用巡查车上安装的智能摄像头，采用视频甄别和图像对比分析技术，对沿街商户违法行为实时巡查、智能抓拍、自动上传、智能告警。浦东城管建立拥有20辆巡查车的车巡队，利用每辆巡查车上安装的8个全景智能摄像头，采用视频甄别和图像对比分析技术，实现对各类违法行为的移动侦查发现和线上闭环处置。

"面"是指通过颜色管理，也就是分类分级管控模式，构建街区治理覆盖平面。根据商户业态、历史违法记录等因素，将沿街商户划分为不同风险等级，根据不同风险等级匹配不同检查覆盖频次，推动日常执法检查由经验型、随机型向科学化、精细化转变。

浦东城管充分应用新一代信息技术，打造从点到面、由微观到宏观、从静态到动态的全流程全方位立体化智能治理模式，实现了一屏观全城的全域一体化治理界面，通过可知、可视、可控的智能化综合治理平台，勾勒出全域内街面秩序的整体动态画像，实现了城管执法数字化转型的系统性转变，推动形成问题牵引、数据驱动、协同联动的城市治理新格局。

三 浦东新区街面秩序智能化管理的成效与挑战

街面秩序智能治理模式运行一年多来，浦东新区城管执法效能得到明显提升，城市市容环境秩序得到明显改善。消除各类城市管理乱点370个，有力消除城市管理的难疾顽症。2021年上半年全区审核非现场类案件5981件，其中首违免罚2433件，在跨门经营领域，采用非现场执法的处罚案件占该类型案件的86.7%。在2021年上半年市城管执法局开展的街面秩序第三方测评中，浦东城管排名从上年的城区组第八名上升至第二名。

（一）城管执法模式由被动处置型向主动发现型转变

浦东新区辖区面积大、事项多，城管执法队员人力不足导致粗放型执法，结果是城管执法行政管理成本高、矛盾冲突不断、管理效果也很短暂。不仅使城管为人诟病，也使城市形象受损。浦东城管探索创新以智能化发现手段统领街面治理，提升了综合执法主动感知、智能发现的敏感度，推动了城管综合执法由被动处置型向主动发现型转变。

街面秩序智能化管理模式充分利用智能设备，针对餐饮行业集聚、群众投诉集中、违法行为高发的区域，以公安"雪亮工程"、街镇共享探头等800余路视频为基础，加装智能算法。通过图像比对分析、物体体征分析和视频捕捉分析等技术手段，自动识别乱设摊、跨门经营、乱停放、乱张贴等多项街面秩序类违法行为，自动形成告警工单。实现了街面治理固定区域全时段智能监控。

同时，为提高智能发现率，执法局采用车载移动视频智能发现技术。按照沿街商户分布情况，将全区36个街镇划分成20个网格，确立100条固定巡查路线。由局指挥中心统筹20辆巡查车，按照规定时段、规定路线、规定时速开展街面秩序智能巡查。利用GIS地图和GPS定位技术，将告警工单关联市场主体，确认执法对象，实现街面治理全区域智能巡查，减少了人工巡查的力量短缺问题，提高了街面巡查的威慑力。

通过技术手段采集商户信息数据，进一步摸清城市管理要素的底数，使问题发现的精准度增强。"城管微平台"已实现街镇全覆盖，24小时不间断智能监管，各街镇区域内的乱设摊、乱堆放、跨门经营等街面秩序乱点问题明显减少。2020年，全区街面秩序类信访投诉下降30.5%，主动发现问题、解决问题能力与实效明显提升，市民群众在区域内生活的幸福感和获得感大大增强。

（二）城市管理资源配置由经验判断型向数据分析型转变

城市治理提质增效，需要科技赋能。浦东城管通过物联设备前端感知、智能算法、大数据等技术的赋能，转变城管执法方式和流程，革新街面秩序管理模式，有效发挥科技在执法检查中的规制作用，用数字化手段规范执法流程、约束执法人员行为。

浦东新区1210平方公里的土地上有560万人口，沿街商户46324家，街区从业人员有98071名，而城管队员只有1600多名。街面秩序管理资源远远无法满足面广量大的管理需求。如何把珍贵的管理资源尽可能配置到突出问题、主要矛盾上去，以往只能依赖执法经验，准确率和有效性较低。智能化模式利用大数据研判，采用沿街商户的颜色管理机制，实施分级分类管理。以风险管理为抓手，节约人力成本，使管理资源配置由经验判断型向数据分析型转变，街面秩序治理由信息碎片化向数据统筹化转变，实现了城管综合执法的科学化、精准化和智能化。

（三）城管执法形式由自由裁量型向规范统一型转变

浦东城管街面秩序智能化管理模式，实现了管理对象标准化、检查事项标准化、执法流程标准化。标准化的治理模式，推动了街面秩序管理由自由裁量型向规范统一型转变，增强了城市治理的规范性和统一性。

采集管理对象信息标准化。对沿街商户营业执照信息、法定代表人信息和送达地址信息等开展全面采集，并建立实时动态更新维护机制。通过建立标准化的执法对象数据库，为开展非现场执法提供有力的执法依据。

执法检查表标准化，保障执法检查面面俱到。街面秩序管理平台对6大类22项管理事项开展全面监管，确保执法队员全面开展在线执法检查。

执法流程标准化，保障案件处理公平规范。平台设置规范统一的短信提醒内容和推送处置流程。发现违法行为，推送短信给商户负责人责令其改正；推送待办事项给城管队员请其按标准流程处置，确保案件处理公平规范。

标准化执法模式的实施，规范了城管执法的自由裁量权，转变了市民对城管的固有印象，树立了高素质、专业化、正规化的执法队伍形象。

（四）城管执法流程由片段化向闭环化机制转变

街面秩序的智能化管理模式以闭环管理为保障，再造全面、及时、高效的管理流程，推动了城管综合执法的科学化和长效化。按照"全面处置、及时处置、高效处置"的管理目标，浦东城管执法严格落实全流程闭环机制。

一是处置流程闭环化。制定"30分钟到场，1小时处置完毕"的工作规范，对上报、推送、处置、完成4个环节开展全面、实时的数据监控。向中队负责人发送短信，提醒处置超时件，确保每一个工单都及时完成管理闭环。

二是督查考核闭环化。要求对三色商户的检查覆盖率、问题处置率达到100%，并利用数据中台发布每日通报。对未完成待办任务的中队、队员，请督查部门开展在线督查，实现工作任务督查考核闭环化。

三是长效管理闭环化。实行商户责任包干到人，每一家商户由城管队员和包干责任协管队员包干负责，明确与商户日常宣传沟通、监督检查责任以及违法行为处置和街面秩序管理责任，实现了商户自治、街区共治和城管法治的长效管理闭环。

（五）浦东城管数字化转型面临的挑战

虽然浦东城管数字化转型取得了阶段性成效，街面秩序智能化治理模式已向全市推广，但按照社会主义现代化建设引领区的目标要求，要构建系统完备、科学规范、运行有效的现代城市治理体系，还存在一定的差距。

1. 非现场执法的法制保障

智能化执法模式使城管执法权威性和执法人员形象得以提升，但非现场执法的法律保障性还须进一步强化。非现场执法的相关法律依据亟须在法律法规层面予以确认。建设引领区的文件赋予浦东更多的立法自主权，可以在地方基层经验的规章基础上，在各方面条件具备的情况下，促使浦东城管执法的规章上升为法律法规。目前，上海市第十五届人大常委会第三十六次会议已通过了《上海市浦东新区城市管理领域非现场执法规定》，对非现场执法的适用范围、执法事项和工作原则及当事人的权益保障做了明确规定，在执法办案的每个环节规范流程，依法行政。今后城管执法应当着力加强智慧治理立法，为城管综合执法智能化提供法制保障。

2. 部门之间的协同联动

系统完备、运行高效的现代城市治理体系，需要构建科学化、系统化、智能化协作机制，加强部门之间的资源共享，深化信息数据的交换。如城管执法通过队员上门采集的实时更新数据与市场监管局通过商户登记的信息进行联动，保证商户信息的真实准确有效，从而形成执法与管理协同联动的新格局。在城市治理中需要进一步健全数据采集、更新机制，加强部门之间的协同，减少重复采集，统筹用好现场线上执法检查，强化场景开发应用和系统迭代升级，强化实战应用。

3. 信息数据的安全与开发应用

信息化时代最重要的就是数据信息的安全。城管数字化要筑牢数字化转型底座，信息数据的采集及储存如何保障安全，是否触犯隐私，需要综合考量。另外，加强数据信息的分析研究，通过政府部门与科研机构的密切合作，进一步挖掘利用信息数据的分析和预测能力，探究未来城市发展和城市治理的规律，为政府决策提供依据，促使智慧治理向智慧决策转化。

4. 高效执法兼顾执法温度

智能化管理模式能够实现"精准研判、及时发现、高效处置、长效管控"的治理目标，达到维护街面秩序整洁有序的效果，满足群众高质量生活的需求。但在提倡执法高效的同时，也要满足群众的合理化需求，注重培育城市的人文情怀。如街面特色小店门口停车可以限时免费，以满足大众消费的需求。另外可以结合大数据收集研判，在符合群众需要的街面开展定时定点临时商业服务，增加城市的烟火气，实现城市管理监管与服务并行、效率与温度兼顾。

四 浦东新区街面秩序智能化管理的经验与启示

浦东城管创新街面秩序智能管理模式，积极践行"人民城市人民建，人民城市为人民"重要理念，牢牢抓住智能化关键要素，充分发挥数字技术在城市治理中的牵引、规制功能，推动城管综合执法标准、流程、规范的革命性重塑，为浦东打造系统化治理、规范化执法、精细化服务的示范引领区探索出一条数字化转型的新路径，提升了城市治理精细化水平。

通过梳理总结浦东城管的创新实践，可以看出，技术赋能和体系创新相辅相成、互相促进是推动浦东城管数字化转型的重要动力。一方面，技术手段的应用为体系创新服务；另一方面，体系创新能动性地运用科学技术，最终指向构建精准化、智能化、精细化的城市治理体系。主要表现在以下几方面。

技术赋能＋体系创新：推动城管执法精准高效

（一）问题导向是城管智能化的强大动力

科技助力城市治理，结合城市治理的实际问题，有效运用大数据、云计算、人工智能等前沿技术为治理服务是现代城市治理的必然发展趋势。城市治理提质增效，需要充分运用智能化手段。浦东城管牢牢把握科技推进城市治理现代化的作用，通过物联设备前端感知、智能算法、大数据等技术的赋能，转变城管执法方式机制，革新街面秩序管理模式。但最重要的前提是以问题为导向，以城市治理的需求为牵引，找到技术赋能的突破口。浦东城管的数字化转型起源于疫情期间对沿街商户防控情况的排摸，在大量采集疫情防控信息的基础上，找到了创新智能化治理的灵感来源，从而充分释放数字化的能量，加速拓展技术赋能城市治理的广度和深度，不断增加城市治理的应用场景，实现城市治理智能化体系的整体性创新。因此，在城市治理中应全面系统分析面临的难点和痛点，以需求和问题为导向找到技术赋能城市治理的新路径。

（二）顶层设计是城管智能化的落实保障

创新和变革需要强大的领导力来推动落实，特别是涉及体制机制的系统性变革更需要加强顶层设计。浦东城管的智能化治理模式作为浦东"一网统管"城市运行平台的重要组成部分，依托的是浦东"城市大脑"建设的技术支撑。浦东新区区委领导亲自抓顶层设计、体系深化和建设推进，构建城市运行的体系框架，打通部门壁垒，统筹协调。浦东城管综合执法局的领导始终坚持理念创新、积极探索，在综合治理平台的打造过程中亲力亲为，强力推进，设计智能化应用场景，优化流程再造，形成管理闭环，充分体现了改革创新的强烈责任担当。在上级领导的示范带领下，各部门贯彻落实、层层压实，形成了协同联动、扎实推进的良好工作局面[1]。

---

[1] 容志：《技术赋能的城市治理体系创新——以浦东新区城市运行综合管理中心为例》，《社会治理》2020年第4期。

（三）数据管理是城管智能化的坚实基础

完善的基础数据采集机制是实现智能化、智慧化的根本。数据的真实准确和动态更新，是决策科学性和可行性的重要前提。要建立完善线下数据采集和维护机制，加强数据管理，确保数据真实可靠。注重布局智能感知前端，通过安装智能视频探头、物联感知设备等，实现数据的自动化、常态化采集。建立城市人口、事件部位、地理空间等基础数据库，走出部门信息碎片化和信息不对称困境，精准整合各类相关数据资源，构建综合执法相关的"人、事、物、服"，实现线上精准掌控。通过对综合执法的"人、事、态"进行精准识别，对具有重复性、轻微性特征的执法任务实现自动调动；为突发、严重的执法任务提供智能建议，提高指挥调度效率。通过大数据分析实现监察重点识别、巡查路线推荐、重点区域预测等功能，实现执法力量的精准覆盖，提升执法效率。

（四）流程优化是城管智能化的关键路径

浦东城管坚持先行先试、思维创新，实现执法流程的革命性重塑、执法模式的根本性转换，率先构建了一套法治智治协同、规范效率兼顾的城管执法新范式。围绕不同的城管治理难题，采用模块化智能解决方案，如针对跨门营业、乱设摊和占道洗车等街面环境秩序的突出问题，浦东城管开发多维度智能场景算法模型，实现对街面违法行为的智能识别、自动采集、精准聚焦。浦东城管抓住了实战实用关键，坚持依法创新和统筹协调，构建街面全覆盖执法体系和街面分级分类管控机制，率先建立了一种点线面相结合、时效度相统一的街面治理新模式。

（五）以人为本是城管智能化的根本宗旨

践行以人为本理念、思维转型是推进街面治理智能化的出发点。在社会经济快速发展、城市规模持续扩大的当下，城市品质、市容环境也成为人们日益关注的焦点。建设街面秩序智能管理模式的目的，就是践行以人为本的理念，充分重视和回应广大人民群众的期待，充分利用信息化技术，提升城管执法实效，创造性解决城市管理的顽疾难症，满足人民群众对高品质生活的需要。浦东城管首创非现场执法模式，通过智能发现、线上采集、线上执法，变被动发现为主动发现，从根本上来看也是思维转型的体现。线上执法模式的推行能够避免面对面执法的冲突风险，同时能够帮助商户节约时间，提高执法效率。浦东城管通过新技术的应用，增强了群众的幸福感和获得感，转变了市民对城管的固有印象，树立了高素质、专业化、正规化的执法队伍形象。因此，持续推动智能化治理的前提是强化以人为本的理念和思维转型的意识。

五 进一步优化街面秩序智能化管理的对策建议

城管数字化转型是一项系统工程，浦东城管应进一步加大科技赋能的力度，聚焦高频急难问题，不断打造具有标杆示范意义的应用场景，进一步提升城市管理科学化、精细化、智能化水平，促进经济社会高质量发展，为市民创造高品质生活，服务新发展格局。

（一）完善智能应用，强化源头治理

要深刻认识到数字化转型的重要性，立足浦东执法事项综合大优势，构建系统化、智能化协作机制，发挥基层执法源头治理的推动作用，形成管理与执法齐抓共管新格局。要健全数据采集、更新机制，统筹用好现场线上执法检查，抓好新场景开发应用和既有系统迭代升级，强化实战应用。努力推动城市治理由"高效管好一件事"向"高效治理一领域"转变。建议依托大数据综合执法平台，基于时间、空间、人物等维度数据，对违法行为和重大事件进行分析预测，实现预警预控，为科学决策提供信息支撑。建议平台自动提示法规依据和相似案件处置情况，自动查找存在的问题，为提升执法能力、改进执法方式提供参考。通过数据信息的比对分析，对城市治理运行总体情况进行监控，探究城市未来发展规律，提前研究实施政策和措施，变被动处置为主动治理。

（二）坚持系统谋划，着力整体推进

要主动融入"一网统管"建设，加快智能场景建设，创新智能执法模式，推动经济治理、社会治理、城市治理平台有效整合，实现态势全面感知、风险监测预警、趋势智能研判。要加强数据的采集和分析，让决策更科学、更有效。转变传统执法模式，拓展公众参与渠道，可适当建立问题反馈机制，对公众反馈有价值的问题进行奖励，以提升公众参与城市治理的积极性。[①] 加强跨部门联动，实现城市有效治理。推动城管执法模式由人力密集型向人机交互型转变。

（三）坚持需求导向，优化体系创新

明确城管执法全面数字化转型目标任务，构建与新的行政处罚法相符合的新规范、与综合执法新体制相适应的新流程、与城市治理新阶段相匹配的新模式。要抓落实、强督促，增强城管数字化转型的穿透力，建立全覆盖、精细化、智能化监督体系。构建多方参与的定期会商研判机制，形成综合执法合力。将前端决策监管与后端执法监管适度分离，推进执法监管一体化，运用综合执法部门易发现问题的优势，加强前端部门的源头监管和协调指导，充分发挥执法监督的作用，开创以严格执法办案助推行业监管、以后端执法引导前端管理的工作局面。

（四）强化实战培训，提升整体素质

城管执法的最终实践落实在执法者和执法对象之间的关系上，智能化的应用效果还在于人。一方面需要提升执法人员的政治素质和业务能力，转变观念，强化人民至上的服务理念；另一方面需在实践中不断学习，掌握新技能，提高应对突发事件的能力，完善队员相互协同的机制。运用信息化手段建设城管培训平台，构建线上线下融合、学用结合的培训体系。同时加深对

---

① 邰艳丽：《城市智慧治理的发展现状与完善路径》，《智慧治理的前沿趋势》2021年第3期。

城市治理的理论思考，增强城管数字化转型的创新性和前瞻性，提升和锻造城管执法队伍的整体能级。

城市治理是一项系统工程，城管执法应始终坚持人民城市的理念，坚持科技赋能和体系创新，不断探索超大城市治理现代化的新路子，不断提升人民的获得感和幸福感，为打造社会主义现代化建设引领区奠定坚实基础。

参考文献

陈水生：《数字时代平台治理的运作逻辑：以上海"一网统管"为例》，《电子政务》2021年第8期。

《关于全面推进上海城市数字化转型的意见》，上海发布，2021年1月5日。

韩志明：《规模驱动的精细化管理——超大城市生命体的治理转型之路》，《山西大学学报》2021年第5期。

韩志明：《智慧治理驱动国家治理现代化的技术逻辑》，《国家治理》2021年第3期。

郐艳丽：《城市智慧治理的发展现状与完善路径》，《智慧治理的前沿趋势》2021年第3期。

李晴、刘海军：《智慧城市与城市治理现代化：从冲突到赋能》，《行政管理改革》2020年第4期。

浦东城管官网：《浦东城管"数字化"转型新利器》，2021年3月25日。

容志：《技术赋能的城市治理体系创新——以浦东新区城市运行综合管理中心为例》，《社会治理》2020年第4期。

《习近平在浙江考察调研》，http：//www.xinhuanet.com/politics/leaders/2020-04/01/c_1125799612.htm。

余池明：《党的十八大以来城市管理工作的成就与经验》，《城市管理与科技》2021年第4期。

B.5 多元共治+数字赋能：浦东新区"飞线充电"乱象治理

张冉 楼鑫鑫*

摘　要： "飞线充电"现象是当前困扰不少社区的一个老大难问题。在"飞线充电"乱象整治实践中，浦东新区通过建构"凝意—筑基—探需—施策—监管—赋能"的全过程治理链条，取得了明显的治理成效，生动落实和体现了自主治理、源头治理、协同治理和智慧治理的精神及要求。未来，浦东新区应通过党建融合、组织整合和正向聚合，进一步提升"飞线充电"整治效能，助推文明城区创建及基层治理现代化。

关键词： 飞线充电　党建引领　多元共治　数字赋能

习近平总书记考察上海时提出"人民城市人民建，人民城市为人民"重要理念。在新时代，对社区顽疾如小区违建、乱停车和"飞线充电"的整治，不能再单纯地沿用传统自上而下、以行政力量为主的管制逻辑，而需要遵循一种以人民为中心、共建共治的合作治理逻辑。作为上海市社会治理改革的排头兵，浦东新区在破除基层治理现代化难题和创建基层治理新格局方面做了诸多工作，取得了突出的成绩，这在小区"飞线

---

* 张冉，华东师范大学社会组织与社会治理创新研究中心副主任、教授，主要研究方向为基层治理、社会组织管理、员工心理与行为；楼鑫鑫，华东师范大学公共管理学院博士研究生，主要研究方向为基层治理、社会组织管理。

充电"现象整治实践中也得到了生动的呈现。本文立足浦东实践,总结和提炼出"飞线充电"整治的浦东方案,可为其他地区提供有益的、可参考的借鉴。

一 案例背景

近年来,电瓶车、新能源汽车充电难问题不断凸显,"飞线充电"现象日益增多。"飞线充电"是社区居民群众在不具备充电条件下私自拉接电线,给相关用电设备或器具(如电动车)充电的一种情况。这类乱充电的行为存有极大的安全隐患,严重威胁着居民生命财产安全。例如,2018年5月某夜,安徽一名52岁的电动车车主从17楼父母家厨房窗户垂放电线至一楼给其电动车充电,该车充电位置起火并引发火灾,致3死6伤,车主被判刑5年;2021年3月某晚,浦东新区凌兆路一居民在客厅北面窗户下为电动车充电并引起火灾,造成3人受伤。可以说,"飞线充电"乱象在社区层面日渐增多,由此引发的安全事故也层出不穷,并已成为困扰不少小区的治理难题。

针对"飞线充电"乱象,各级政府部门及相关责任主体都采取了一些举措,如城管部门的不定期抽查、社区民警的协调解决、物业公司的宣传教育等。然而,受限于充电基础设施不足、居民规范充电意识薄弱及相关政策缺失等原因,"飞线充电"现象屡禁不止。在乱充电现象整治中,"九龙治水"特征突出,整治效果也不太明显。2021年5月施行的《上海市非机动车安全管理条例》专门对电瓶车停放管理及居住区充电设施建设等方面做出了规定,这不仅为"飞线充电"整治工作提供了良好的政策环境,也为各方力量协同参与社区治理难题的解决提供了合法性基础。以此为契机,浦东新区部分街镇勇啃硬骨头,选择辖区内老旧小区最集中、电瓶车保有量最多的村社开展试点,坚持党建引领、多元共治、科技赋能,探索形成了较具特色的治理模式,基本消除了"飞线充电"乱象,是浦东新区城市管理精细化的又一典范。

二 主要举措

近年来，浦东新区积极探索"飞线充电"乱象治理的有效模式，制定了以多元共治和数字赋能为主要特征的治理技术路线图，形成了"凝意—筑基—探需—施策—监管—赋能"的全过程治理链条（见图1）。

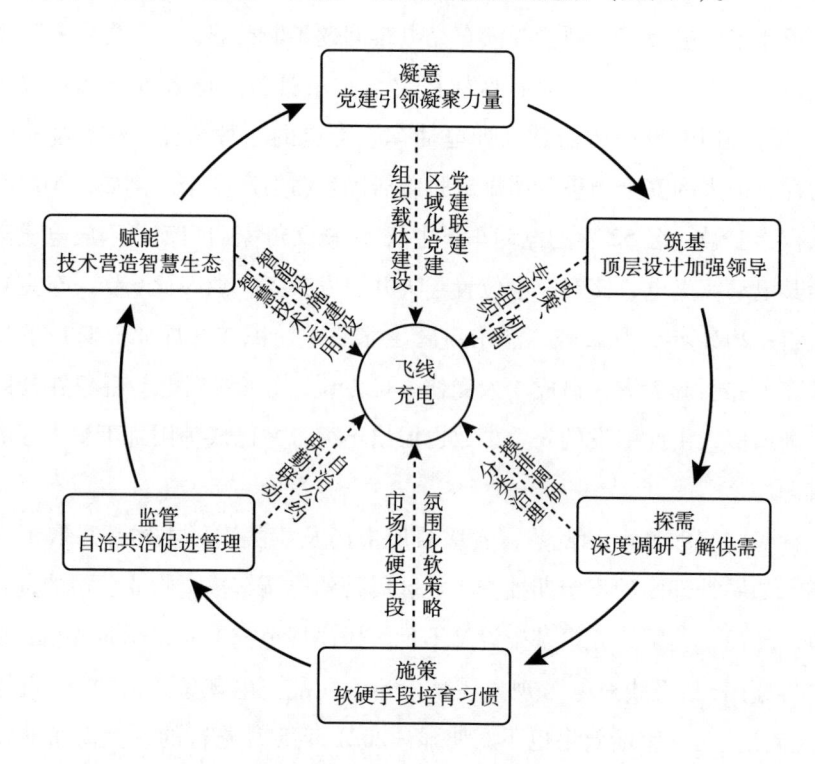

图1　浦东新区"飞线充电"全过程治理链条

（一）凝意：以党建引领凝聚社区力量

只有坚持党的领导，基层治理才能走在正确的道路上，才能统筹各方资源、实现共治共建。在社区治理实践中，面对居委、物业等难以解决的"飞线充电"乱象，浦东新区充分发挥党的政治与组织优势，通过组织建设与党建活动引领各方力量合作共治。

一方面，对症下药，加强组织载体建设。这主要指针对社区治理难点痛点，由党组织统筹引领各方力量参与共治。一是加强组织建设，建立功能型党组织，即吸纳各利益相关单位进入功能型党组织，基于党的组织力和党员先锋示范作用，以凝聚共识为目的，通过沟通与协商来解决"飞线充电"难题。例如，北蔡镇振东居民区以楼栋为单位，组建"电动车不入梯"党小组，组织成员包括楼栋内的在册党员、"双报到"党员以及居委社工、物业、业委成员中的党员。二是完善载体，搭建协商议事平台。基层党组织搭建"三会制度"，实现议题的协商解决。社区公共事务决策要形成居民全程参与的完整闭环，达成基于居民自治推进社区民生事务解决的共识。实践中，持续的协商互动可增进多方主体间的信任与认同，形成共识进而产生一致的行动方案[1]。例如，祝桥镇不少居民区党组织充分利用"三会制度"，先后组织和召集相关代表（如电瓶车主、无车居民、党员）及业委会、物业公司等参加听证会和形成初步方案，推动并基本实现集中充电装置的镇域全覆盖。

另一方面，因势利导、提升党建赋能层级，即居民区党组织将党建活动与治理重点相结合，贴合社区需求开展党组织建设活动。一是开展党建联建、对接共治主体。在了解到社区居民电瓶车、新能源车等充电难、不安全等难题后，浦东新区一些居民区党组织强化党建联建，实现难题破解所需资源与共治主体的对接。例如，合庆镇合庆居民区党总支结合"我为群众办实事"实践活动，联合伟裕物业公司，推进小区电动车户外充电桩的安装，以实际行动回应了群众关切。二是开展区域化党建，整合多方资源。区域化党建是党组织统筹和整合辖区单位资源参与社区治理的重要党建创新形式，其不仅有利于社区治理共同体的形成，也能够推进社区议题的有效回应与协同解决。实践中，党组织领导下的社区治理理事会是开展区域

---

[1] 蒲新微、衡元元：《还权、赋能、归位：群众制度化参与社区治理之路》，《南京社会科学》2021年第2期，第68~73页。

化党建的重要机制。例如，在上钢新村街道，居民区党组织与业委会、物业和相关职能部门共同组建了上钢大区块理事会，基于党建引领推进"三驾马车"的协同运作，顺利推动了"安小智"户外智能充电柜在街道多个社区落地。

（二）筑基：以顶层设计加强组织领导

社区治理难题的解决必须坚持顶层设计，立足"下活一盘棋"的格局，积极统筹和结合城市其他基层治理战略项目（如环境整治、美丽家园等），以实现综合施策和综合治理。

一是成立专项组织、开展专门化应对。实践中，建立由居民区、职能部门、执法机构、社区单位成员等相关利益主体构成的专项治理组织，通过社区治理的项目化，增强治理的针对性并创新基层治理格局，是当前实现社区顽疾治理的重要抓手。例如，东明路街道成立新能源汽车"飞线充电"专项治理领导小组，负责辖区"飞线充电"治理工作的组织协调和检查督查，强化联勤联动，促进了乱充电问题的长效解决。

二是制定专门政策，推进规范化治理。制度问题带有根本性、全局性、稳定性和长期性[1]，因此，制度化建设是彻底解决社区"飞线充电"问题的关键所在，也是实现社区充电长期规范治理的重要保障。当然，制度化建设需要系统性和层级性，以促进政策驱动下的多级联动与协同。在"飞线充电"乱象整治实践中，在市级政策颁布的基础上，浦东新区及不少街镇分别出台相应政策制度，实现精准化治理。例如，浦东新区安委办颁布《关于开展全区新能源汽车飞线充电专项治理工作的通知》，为整治工作指明方向；相关街镇如东明路街道则制定了相应的实施方案，为整治工作提供具体的行动参照和工作抓手。

三是构建专门机制，实施协同化行动。通常，事关民生的社区议题回应

---

[1] 张邦辉、吴健、李恬漩：《再组织化与社区治理能力现代化——以成都新鸿社区的实践为例》，《中国行政管理》2019年第12期，第65~70页。

与顽疾整治等同于一项治理微工程，涉及利益主体众多，在具体治理过程中需要构建有效的工作机制来推进多方协同与合作。在基层实践中，联席会议制度或协商联合常是实现合作共治的有效工作机制或制度。对此，浦东新区房办、安监部门和街镇社区共同搭建平台，在社区层面召开了多部门联席会议，具体实施中由居委、物业公司定期组织召开专题会议讨论社区治理难题。例如，基于联席会议平台，针对"飞线充电"整治，花木、北蔡等街镇的社区建构了政、企、社多方协同机制，如智能充电桩公司负责查勘并根据查勘结果与物业签约和推进安装，安装完成后，居委、物业和企业等多主体联合推广应用。

（三）探需：以深度调研了解服务供需

扎根社区并了解社区是实现精细化治理的前提。通常，居民需求的精准挖掘建立在敏感的民意发现渠道和便捷的民意表达形式基础上。实践中，排摸调研与场景考察是浦东新区"飞线充电"治理中精准施策的两大举措。

一方面，摸排调研，问需于民。一是走出去，下沉挖掘信息。对辖区电动车、新能源车等开展排摸登记是全面了解辖区车辆停放及充电需求的基本手段。第一，供给调查。例如，花木街道苗桐佳苑对区域内非机动车车库及充电设施供给进行情况排摸，同时收集居民意见建议，为多方协商会议决策提供依据。第二，需求摸底，即统计社区现有充电车数量及需求。实践中，浦东新区不少小区调动物业、楼组长、志愿者等力量开展"扫楼式"巡查排摸，了解社区充电车需求情况及"飞线充电"隐患情况。第三，供需比较，即总结当前供需间存在的缺口及其原因。基于供需分析，在浦东新区，充电桩供给数量不足、价格较贵、便捷性低等是"飞线充电"问题一直无法根治的重要原因。

二是引进来，开放获取信息。特定信息交流的意义在于表达诉求和施加影响，这不仅可以让基层政府更清晰地把握公众需求并做出针对性回应，也可增进公众的理解和支持，不断深化多元主体之间的信任并促进更稳定、更持久的良性协作。实践中，社区治理行动可基于相关协商背景和主题，给予居民建言献策的渠道，求计于民。例如，浦东区不少社区在"飞线充电"议题调研中，既收集物业、有（无）电瓶车居民等各方意见，又及时公布和通报排查中的突出问题和典型事例，主动接受群众监督，强化社区共治和自治。

另一方面，场景考察，分类治理。特大城市的治理需要树立分类治理的理念，精准施策，动态施策[①]。针对社区类型多样、充电现状差异较大的现实，"飞线充电"乱象的治理须坚持分类思维，开展精准治理。实践中，在深度调研基础上，浦东新区因地制宜，精准匹配不同充电场景与设施，初步形成了兼顾社区内外多场景的差异化充电桩建设方案，推动了社区的精细化治理。例如，为匹配小区内部、沿街商铺、商业综合体等不同应用场景，满足高中低不同频次的充电需求，花木街道探索了适用于多种社区场景的充电"四件套"（即智能充电桩、街边景观一体化充电桩、智能充电柜、智能换电柜）。再例如，惠南镇惠东村长期以来是浦东新区人口聚集、出租房屋较多的地区之一，电动自行车楼道内充电现象普遍。对此，惠南派出所以惠东村为试点，排摸10间以上的出租屋"大户"，在进行充电桩安装的同时整改示范。

（四）施策：以软硬手段培育社区习惯

新时代下社区治理既要基于市场化的强推动，也要依托于氛围化的软引导。换而言之，"飞线充电"等社区顽疾的解决需要软硬兼施，通过经济化和非经济化的双重路径来实现破题。

一方面，运用市场化硬手段，培育充电新习惯。行政、市场、社区是多主体参与社区治理的三大机制，社区治理难题的解决需要三大机制的协调发挥[②]。针对"飞线充电"难题，仅靠政府行政施策是不够的，需要从源头上

---

① 冯猛：《特大城市社区分类治理：理论框架与实践应用》，《福建论坛》（人文社会科学版）2020年第11期，第171~180页。
② 苑丰、金太军：《行政、社区、市场：乡村组织振兴"三重赋权"的内在逻辑》，《理论与改革》2021年第4期，第102~115页。

找到破解之道。事实上，充电价格贵常是居民"飞线充电"重要原因之一，一定程度上这是市场或社会机制缺位所造成的。对此，浦东新区一些街镇积极对接社会资本，引导社会单位参与智能充电桩建设与运维，降低居民充电成本。例如，花木街道培花社区与银联云闪付合作推出"1分钱充电4小时"收费方案，有效推动了居民规范充电习惯的形成。此外，还有些街镇充分运用市场机制确定最优供应单位。实践中，智能充电桩的引入过程需要综合考量供应商实力、技术成熟度、运维服务等指标。例如，航头镇东茗苑居民区通过相关职能部门牵线，引入社会资源"小绿人科技"，免费安装智能共享充电桩，在解决"飞线充电"问题的同时推动了社区共治。

另一方面，运用氛围化软策略，激发充电新认知。教育宣传工作是帮助居民形成和树立正确意识、规范居民行为的重要方式，并为社区治理工作创造了良好的舆论环境。在破解"飞线充电"问题过程中，浦东新区立足于"安全第一"的价值导向，采用多种形式向居民宣传"飞线充电"隐患及智能充电桩的价值和要求，营造了良好的安全用电氛围。例如，三林镇盛世南苑居委通过电子屏、宣传海报、志愿者巡逻等方式开展宣传，引导规范停放电动自行车；对于乱充电住户，先由物业贴单提醒并协同居委给予劝说，拒不听劝的居民则转交派出所、城管等部门依法处理，构建了"宣传—教育—整治"的闭环治理机制。祝桥镇则通过树立"安全楼道""和谐楼道"等典型案例以及"小手拉大手"等形式，营造争先创优、规范充电的良好氛围。

（五）监管：以共治自治促进日常管理

监管是防止社区顽疾复发的关键，而监管有效性的达成则取决于多重主体的积极参与。除政府、媒体及第三方机构外，居民群众、辖区单位等社会力量也应成为重要的社区监管主体，这既能巩固监管成效，又能推进社区共治。

一方面，以联勤联动构建共治机制。针对居民充电车的有序停放与充电的安全管理，浦东新区围绕"效率"与"长效"做文章。一是建立和健全条块联动与部门协作的管理机制，实现高效整治。具体而言，积极统筹属地监管力量，依托联勤联动工作站，建立了物业居委上门劝、执法人员上门查、职能部门重点防的"1+1+1"工作模式。例如，周家渡街道云台路255弄居民认为充电桩存在辐射、爆炸等安全隐患而反对安装，对此，居民区书记、民警、城管上门协调，专业部门和小区管理人员负责科普与劝导。二是构建和完善常态化、整体化的工作机制，实现长效整治。为严防问题反弹，一些街镇积极发挥联勤联动效能，协调公安、城管、消防等执法力量，定期、持续性地对区域内乱充电现象进行全覆盖的摸排和集中整治；同时，将乱充电治理工作延伸融合于僵尸车和楼道乱堆物等事项整治工作中，以基于社区各类顽疾的整体化治理提升共治成效。

另一方面，以居民公约强化自治机制。社区治理需要规范化制度予以保障，这既有正式制度，也有非正式制度。作为一类非正式制度，村规民约不仅是村居民开展自治的具体细化，也是他们行使民主权利的重要保障。在规范充电行为方面，口头承诺常难以提供强有力的约束，管理摩擦时有发生。居民公约在社区公共生活中具有较强的认同、约束和监督作用，是当前化解基层社区矛盾纠纷的有效途径。2020年年中，在市院指导下，浦东新区检察院积极推进将消防安全写入居民公约，在全市首次探索采用居民自治的方式推动维护消防安全。近一年多来，为统一和规范智能充电桩的使用与运维，浦东新区不少街镇社区（如祝桥镇、周家渡街道）将车辆无序停放与"飞线充电"问题纳入村规民约所规制事项之中，以村规民约来倡导社区居民文明停车、规范充电，通过居民自治来推动治理难题的解决。

（六）赋能：以数字技术营造智慧生态

当前，上海市正积极打造科学化、精细化、智能化的超大城市"数治"新范式。同样，在"飞线充电"整治工作中，浦东新区坚持"整体智治"思维，做出了社区服务精细化与社区治理智能化的大文章。

一方面，加强智能设施建设，提供便捷化服务。从城市"绣花式"治理逻辑上看，基层治理在追求精细化的同时，需实现社区服务供给的便捷化，而智能化正是该目标实现的重要路径。针对"飞线充电"问题产生根源,浦东新区加大充电基础设施改造力度,助力社区服务便捷化。当前,浦东新区社区充电设施兼具移动化、智能化的便捷性功能,并将人性化服务嵌入其中。例如,上钢新村"安小智"为用户提供微信和刷IC卡等多种充电方式。这既考虑了多数人支付的便捷性,又考虑了特殊人群(如残疾人、老年人)的异质化使用需求。当然,便捷化须以安全性为基础。在乱充电乱象治理中,基于智能设施的数字技术运用极大地提升了充电的安全性。例如,浦东新区智能充电桩均具有数据实时监控功能,智能充电柜也内置干粉灭火器和自动断电装置,这大大提高了充电的安全系数。

另一方面,推进智慧技术运用,实现数字化管理。推进大数据与社区服务的融合应用,是基层治理和服务供给智能化的关键所在。一是服务消费方的数字化管理。目前,浦东新区借助微信来发布便民提示,并以地图形式将布点成网的充电桩分布信息予以实时公布,居民群众可在手机端查询充电设施服务半径与具体地址,免除了突然"断电"的尴尬。二是运营管理方的数字化管理。从街镇以及充电设施管理方的视角看,物联技术的运用将区域内充电设施及关联环境的相关信息(如充电桩点位、使用与安全状态)全面嵌入街镇"一网统管"平台,真正实现了对辖区内充电系统的"可视、可管、可控",进而构建了社区充电安全生态圈。例如,张江镇申城佳苑三期B块小区的电梯间安装了智能非机动车禁停系统,电动车一旦进入电梯便会引起报警声并带来电梯"罢工"。

三 主要成效

在"飞线充电"整治中,浦东新区形成了具有代表性的实践样本,成效明显。

(一)破解了社区治理顽疾

以"大调研"为契机,浦东新区统筹兼顾、综合施策,有效解决了社区充电难的问题,这不仅改善了社区整体环境面貌,也进一步提升了居民群众的幸福感和安全感。例如，2020年11月24日浦东新区启动开展为期3个月的新能源汽车"飞线充电"专项治理工作，对"飞线充电"进行全覆盖检查，坚持发现一起、清理一起。在从严查处"飞线充电"行为原则下，短短两周左右，全区就开展了监督检查2472次，出动检查人员7471人次，整改"飞线充电"问题隐患526项，社区内"飞线充电"乱象大大减少。在浦东新区，相较于整治工作前，因"飞线充电"安全隐患问题引发的居民投诉和安全事故数量大量减少甚至归零，促进了社区和谐，让小区尤其老旧小区居民真切地感受到"人民城市人民建，人民城市为人民"的温度。

（二）激发了居民自治热情

居民群众是社区治理的重要主体及自治型社区构建的关键力量，因此，唤醒社区居民自治意识、引导居民有序参与社区建设是社区"飞线充电"乱象治理工作开展中的重要议题。在"飞线充电"整治实践中，浦东新区不少街镇通过社区需求调研、民主协商议事及社区公约等多种形式，构建了居民参与社区治理的多类渠道，有效提升了居民自治意识，激发了居民参与社区建设的热情与活力。例如，航头镇东茗苑居民区通过民主议事协商会，依据多数居民提议，通过设立电动车集中停放场所和车辆智能充电设施来破解"飞线充电"的安全隐患与车辆乱停放问题。在智能充电设施安装的业主征询会和两轮业主大会集体表决中，该居民区有96%以上的业主投了同意票。在浦东新区，沪东新村街道"青社沙龙"、康桥镇的政协委员康桥协商活动站、新桥镇"有事好商量"协商议事活动等，都为居民参与社区乱充电问题的破解提供了有效的平台，激发了基层自治活力。

（三）实现了社区共建共治

在社区层面，不少社区顽疾如"飞线充电"常常是与居民利益息息相关但仅依靠居民个体力量无法解决的"小、急、难"问题。此类问题的解决涉及多方主体，如有车（无车）业主、居委会、业委会、物业、辖区单位、房管办、交警等。因此，协调各方利益、推动共建共治是社区议题得到有效回应并解决的重要工作主线。在解决"飞线充电"问题中，浦东新区始终坚持党建引领，进行合理性、针对性的制度安排，积极搭建共治共建平台与多方合作机制，并明确各方权益，强化科学分工，不仅强化了政府纵向上下级间以及横向职能部门间的有机合作，也有效推动了政、企、社三方的统筹与协同，进一步推动了社区治理共同体的形成，强化了社区的共建共治共享。

（四）形成了可推广复制经验

我国城乡社区多种多样，但在相似人口、相似文化等背景下，一些社会顽疾的生成根源和表现形态常常类同，这为优秀基层治理实践的可复制性提供了相应的情境基础。在"飞线充电"乱象治理中，浦东新区在党建引领和政府负责的基础上，坚持以需求为导向，基于针对性的制度建设和与机制建构，推进了社区共治共建及居民群众的广泛参与，并在治理实践中积极开展科技赋能，形成了一批可复制、可推广的制度、经验和方法。例如，浦东新区社区充电多场景的数字化改造，从源头上解决了社区"飞线充电"屡禁不止的问题；基于物联技术的"一网统管"，则是实现社区充电安全管理的一种创新途径。目前，数字化智能充电模式在上钢新村、花木街道、三林镇等街镇探索试点并取得良好绩效，还在浦东新区相关街镇得以成功复制和推广，受到辖区居民群众的普遍欢迎。

四 经验和启示

在"飞线充电"整治过程中，浦东新区探索的是一种党建引领下自下而上与自上而下运行机制相结合，强调合作共治、数字赋能的基层治理实践创新模式。总体上，该模式具有四大启示（见图2）。

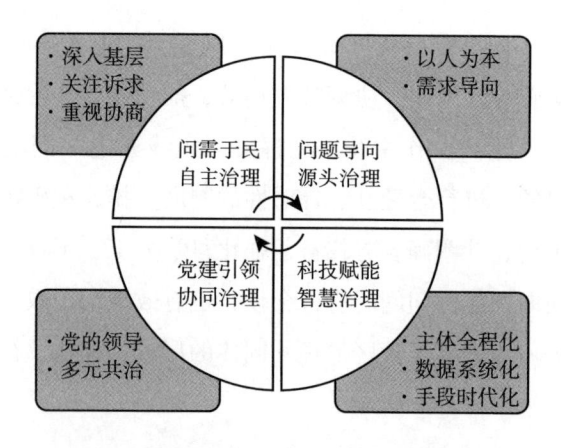

图 2 浦东新区"飞线充电"治理启示

(一)问需于民,实现自主治理

问需于民可让弱权的社区居民得到赋权,且有利于基层治理决策的科学化与合理化[①]。基于新公共服务理论,社会治理的服务对象应为"公民"而非"顾客",这强调要满足服务对象的需求并以其需求为导向来开展社会治理。"飞线充电"乱象因居民合理充电需求无法满足而产生,此类问题的治理必须扎根社区、问需于民,而不能一味地管控。只有开展以居民为主体的自主性治理,社区建设才能体现"人民城市人民建"的理念,实现社区充电由"飞线"变"规范"、公共车库的车辆停放从"不愿"变"主动"。因此,在基层实践中,"飞线充电"这类社区治理难题的解决需坚持以居民需求为导向,强化居民群体在社区治理中的责任主体地位,促进社区治理从"要我参与"走向"我要参与",实现"以人民为中心"的精细化治理,最终提升居民安全感和幸福感。对此,在社区顽疾的整治实践中,问需于民的主体治理常有三种操作路径:一是深入基层,即通过问卷调查、重点走访等形式主动了解群众需求;二

---

① 高红:《小区居民自治的集体行动逻辑及其适应性分析——以青岛市镇泰花园小区为例》,《行政论坛》2018 年第 4 期,第 111~115 页。

是关注诉求，即拓宽渠道，重视居民群众诉求表达与意见传达，在传统信访基础上，搭建多形式的沟通平台，为人民利益诉求的表达创造条件；三要重视协商，即充分利用"三会"制度，丰富协商内容形式，拓宽议事范围，形成社区治理闭环，充分体现基层治理"以人民为中心"的特征。

（二）问题导向，开展源头治理

停车难、私搭乱建等社区顽疾存在的问题根源，既在于居民群众的不良意识与陋习，也在于社区服务供给不足。事实上，以消除问题根源为导向，开展源头管控、实施源头治理，正是浦东新区实践模式的重要特征，也是当前及未来一段时期内社区"飞线充电"整治工作的重要逻辑。源头治理是指在治理环节上由事后处置前移至事前预防，即所谓的"标本兼治、重在治本"。具体到基层实践中，治理重心应从治标转向治本、从事后救急转向事前规避，使治理关口前移。因此，除了通过法律来对乱充电行为进行严格处置外，源头治理下"飞线充电"等社区顽疾的整治工作有两方面要求。一方面，围绕行为主体，开展以人为中心的源头治理。街镇社区应开展多渠道的宣传与教育，让居民群众意识到"飞线充电"危害并形成有序停车和规范充电的意识，从根本上杜绝乱充电行为，而这也符合"人民城市人民建"所投射的治理理念。另一方面，围绕服务供给，开展以需求满足为导向的源头治理。例如，街镇社区应通过综合整治，为安装充电柜和停放车辆开辟更多空间，给居民群众提供更便捷、更安全的充电服务，以消除乱充电行为产生的供给缺口根源，从而实现由后馈控制走向前馈控制。

（三）党建引领，强化协同治理

基层治理实践常涉及多方利益主体，因此，新时代下基层治理应呈现共治共建的特征，需要集结辖区内外各类力量与资源于社区建设之中。在社区协同治理模式下，各主体相互依赖且功能互补，只有通过协作才能充分呈现各自资源与能力优势，才能实现行动效能的最大化和行动成本的最小化①。一方面，坚持党的领导。除了给予政治保障，党建引领还可以汇聚各方力量参与社区建设。因此，街镇社区应加强党的组织建设，建构有效党建工作体系，基于区域化党建和党建联建，通过发挥党组织资源的统筹协调优势来引导各类社会资源参与"飞线充电"等乱象治理实践。另一方面，强化多元共治。社区顽疾整治需要开展多部门联勤联动，引导多方参与，实现整体性治理。针对"飞线充电"整治，街镇政府层面要统筹兼顾、综合施策，形成一揽子解决的整体方案和工作路线图；社区管理办公室应协调相关职能部门完善"美丽家园"社区综合规划，建设科学、合理的社区充电场所；消防部门要积极主动与居村委对接，并就充电安全事宜给予指导；派出所与城管中队要开展联勤联动式的监督检查与行政执法；社区物业、业委会和居委会应做好充电设施监管、充电行为规范及需求摸排工作；等等。

（四）科技赋能，推进智慧治理

党的十九届四中全会首次将"科技支撑"这个概念纳入我国社会治理新格局论述之中。"科技支撑"强调了我国未来应推进社会治理与现代科技的深度融合，借助科技手段来提升社会治理整体效能与水平。换而言之，基层治理实践应呈现科技赋能，强调运用现代信息技术手段来提升治理能力和治理现代化水平。就社区"飞线充电"难题破解而言，浦东新区积极开展智慧治理，给予我们以下三点启示。

一是智慧治理主体的全程化。基层治理实践应乘着政府公共服务系统数字化改革东风，充分发挥"一网统管"智能平台优势，基于全面质量管理理念开展智慧治理主体体系构建，如基于多方协同、全过程参与的治理主体体系，构建"数据统管（城运中心）、应急处置（消防部门）、第一触达（房管办）、24小时运维（第三方公司）"系统化的闭环生态圈。

---

① 付春华：《城市社区多主体协同治理模式研究——基于"共建共治共享"理念》，《城市学刊》2020年第5期，第30~33页。

二是智慧治理数据的系统化。社区智慧治理的有效开展依托于系统化的信息体系支撑。实践中,基层社区可考虑建成智能充电桩GIS地图,实现社区充电设施数量、类型、使用状态等全要素信息的上图,真正实现智能充电的"可视、可管、可控"。

三是智慧治理手段的时代化。基层治理实践应加强贴合新时代特征的新技术应用,以提升智慧治理的效能,如在智慧治理中推广"两微"的应用,探索"一抖一红书"在社区治理实践(如信息宣传)中的价值。

五 对策和建议

浦东新区"飞线充电"整治工作成效明显,但仍存有一些问题,这主要表现为:党建与整治活动融合程度不高,整治工作中党建作用有待强化;充电设施供给仍存有缺口,充电资源尚未有效整合;整治工作偏向约束逻辑,居民参与度不高。针对这些问题,未来可从三大路径开展整治实践(如图3)。

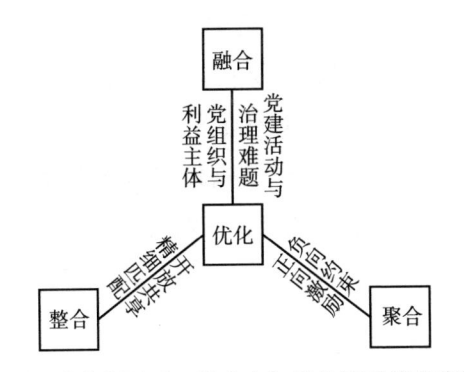

图3 浦东新区"飞线充电"乱象治理优化路径

(一)加强治理内容的党建融合

党的领导是社区治理工作开展的基础和前提。党建引领不仅有利于加强各治理主体间协同性,形成治理合力,还有助于增强社区工作凝聚力,保证社区治理始终沿着正确方向健康发展。当前，在解决社区"飞线充电"问题中，浦东新区积极开展党建引领，但党建作用仍未得到完全发挥，这主要体现在两个方面。一是党组织的意识凝聚与战斗堡垒作用有待进一步强化。例如，在引入智能充电桩的过程中，一些社区物业考虑到小区安全及责任划分问题，选择"多一事不如少一事"，不允许充电桩进入小区；在少数社区，面向有序停车和规范充电，党员先锋模范作用和牵头作用未得有效彰显。二是党组织的资源整合作用仍需加强。这主要表现为社区党建活动停留于表层，未能有机地与社区急需解决的问题联结。例如，一些社区的党建联建以红色基地参访、红色精神学习等价值层面的活动为主，对于共享资源解决社区停车难、充电难等问题发挥的作用还比较少。

就社区"飞线充电"整治而言，党建引领可从以下两方面得以强化。一方面，利用党组织的权威和组织优势，以柔性的引导和弹性的控制，主动吸纳辖区多方力量和居民群众进入治理网络中；针对各利益主体多元化诉求开展征询与论证，利用执政党的意识凝聚和资源整合优势，协调好多元主体的利益分歧，最终把多元主体协同化、整体化地引导到增进社区利益和解决社区难题（如"飞线充电"整治）之中。另一方面，推动党建活动与社区治理难题相结合，使党建阵地的服务内容得以夯实和具体化。在"飞线充电"整治问题上，社区可打造具体化的党建治理型项目，开展针对性的党建活动。例如，在禁止"飞线充电"宣传与监管方面，社区党组织可开展"文明小区，红色先锋"类党建项目，以发动小区中党员干部带头参与，引导和联合物业公司、社区志愿组织、楼组长共同参与。

（二）推进社区资源的组织整合

治理资源有限性是制约我国社区服务高效供给和社区诉求有效回应的重要因素，也是社区顽疾难以根除的主要根源，尤其是在老旧小区。简而言之，资源可获性是解决基层治理难题之关键。因此，在社区资源有限的情况下，提高现有资源的利用率就显得尤为关键。总体上，在浦东新区部分街镇社区，受限于社区空间及人口基数大、充电需求旺盛等因素，充电设施供给相对不足、覆盖度不高，充电难与"飞线充电"问题依旧存在。与此同时，一些街镇社区充电设施规划不合理、资源零散，部分辖区单位充电设施尚未开放，充电资源在社区内尚未实现有机共享，从而导致部分时段充电难和充电设施空闲率高并存的现象。

未来，浦东新区可从提高资源利用效率角度入手，推进社区各主体间资源的开放与整合。一方面，开展资源的精细化匹配。精细化治理是基层治理模式的一种创新举措，是新时代提升基层治理水平的重要途径之一。实践中，街镇社区应对标找差，精准分析社区充电需求并据此进行科学、精准的供需匹配。例如，充电需求调研既要统计充电车辆数量，还应挖掘车主用电偏好；既要考察人口规模，还应依据职业种类、交通要道、辖区单位等因素对充电需求特征进行类型化分析。同时，网络化管理是实现社区资源精准化配置的重要手段。社区可考虑将网格化管理理念嵌入社区充电供需信息管理之中（如将具有充电需求的车辆以楼组为单位进行统计）；依据充电系统类型和空间分布进行精准供给，以提升社区充电资源的利用率，使得面向治理难题的社区行动由粗放型向精细型转变。另一方面，构建资源的开放共享机制。街镇社区应在系统、精准盘点社区充电资源的基础上，横向联合、纵向沟通，积极探索辖区内单位在社区范围内充电资源的共享机制与实践，如潮汐式的充电设施共享。当然，值得一提的是，相关政府部门应探索出台整体性与差异化相结合的引导和管理措施，以顶层设计推进社区充电资源的统筹协调与开放共享。

（三）深化行动主体的正向聚合

通常，在激发或规避某类个体行为（也涉及组织）方面，社区层面有两类机制可以选择：一是激发居民自我表现和主人翁意识的正向激励机制；二是以批评、处罚等强制性、威胁性方式为主要代表的负向约束机制。然而，浦东新区部分街镇解决"飞线充电"乱象的实践偏向于负向约束，如开展集中整治、批评或罚款。这虽在一定程度上减少了乱充电乱象，但易激发居民群众的抵触情绪。当前，我国社区已从社区管制和社区管理阶段走向

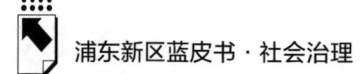

了社区治理阶段。这意味着，社区顽疾的整治不能仅依托于强制化的行政性约束手段，还应通过支持引导和正向激励等方式，充分调动和发挥社区居民群众的积极性和主动性，让居民群众成为社区治理的主体。并且，正向激励手段有利于激发辖区居民群体参与社区治理的内生动力，能够从根本上实现乱充电行为的消解。

因此，在原有负向约束机制的基础上，浦东新区应进一步强化正向激励体系的建设，通过激励、表扬等方式，引导居民规范停车充电。例如，探索信用社区建设，将积分管理形式融入社区各项战略项目评选中（如最美家庭、诚信家庭等），并将居民信用高低与个体奖励（包括物质和非物质奖励）相挂钩，以实现正向引导作用。同时，调动相关社会力量参与社区治理的积极性并有效激励这些单位社区参与的持续性，是破解社区治理难题痛点以及创新构建基层治理格局的重点。因此，正向聚合也应强调对相关单位的正向激励。例如，鉴于小区建设智能充电桩产出效益较低、投资回收较慢，部分企业参与建设运营积极性不高，还有一些辖区单位开放充电资源积极性较低，街镇应通过宣传表彰、政策优惠（如税收减免）、优化充电设施建设奖补政策等方式，激励相关企业参与社区充电设施建设与运营，引导辖区单位开放和共享充电资源。

B.6
记分管理+安全联盟：浦东外卖快递骑手交通安全治理

郑智鑫*

摘　要： 外卖快递骑手交通违章是超大城市交通治理中的难点和顽疾，这一问题是由多种原因造成的。近年来，浦东根据本区实际情况，通过科技助力、制度首创，开发应用骑手交通管理平台，实行交通违法记分管理"三件套"模式，形成对骑手全覆盖、全流程、全时段的闭环管理。在此基础上，浦东进一步探索建立外卖快递骑手交通安全联盟，通过党建引领、行业协同，实现共建共治，推动自管自治。骑手交通安全智慧治理在浦东的探索实践，使严格治理、长效治理和源头治理相结合，已取得了良好成效，形成了浦东经验，并在未来有进一步继续完善和拓展的空间。

关键词： 骑手　交通安全治理　记分管理　外卖快递

交通安全治理是城市治理的重要一环。习近平总书记在2018年考察上海时强调，"一流城市要有一流治理，要注重在科学化、精细化、智能化上下功夫。既要善于运用现代科技手段实现智能化，又要通过绣花般的细心、耐心、巧心提高精细化水平，绣出城市的品质品牌。"[①] 在建设人民城市过

---

* 郑智鑫，中共上海市浦东新区区委党校讲师，"四史"研究中心副主任。本文在写作过程中得到了浦东区委组织部"两新"党建处处长王洪以及文光宇的大力帮助，浦东公安分局交警支队车宣大队大队长路炜提供了翔实资料，三方共同合作，在此致以诚挚的谢意。

① 《习近平在上海考察》，http://www.xinhuanet.com/2018-11/07/c_1123679389.htm。

程中，上海紧紧抓住"智能化"这个牛鼻子，不断提升城市治理现代化水平。

近年来，浦东始终在推进社会治理创新上不断探索、走在前列。当前，国家赋予浦东新区改革开放新的重大任务，明确要求推动治理手段、治理模式、治理理念创新，加快建设智慧城市，率先构建经济治理、社会治理、城市治理统筹推进和有机衔接的治理体系①。浦东外卖快递骑手交通管理平台和外卖骑手交通安全联盟的成立，是开展超大城市交通治理的创新实践，也是智慧城市建设的有益探索。

一 浦东外卖快递骑手交通安全治理的背景和缘起

近年来，外卖快递行业在互联网经济和"全民网购"的推动下，迎来爆发性增长。数据显示，从2013年到2020年，中国的外卖快递市场从634.8亿元增长到了8352亿元，而支撑这个新兴产业发展的是庞大的"快递小哥"和"外卖骑手"队伍。目前，浦东全区有注册骑手5.5万余人，这支队伍每日上路骑手（即活跃骑手）3.5万余人，是经济社会发展不可或缺的组成部分。

在外卖快递这一网络经济的产物推动城市经济发展和给人民群众生活带来便利的同时，由骑手这一群体引发的各类社会问题频发，特别是非机动车道路交通违法行为较为普遍、突出。外卖骑手闯红灯、逆向行驶、占用机动车道、闯禁区、超停车线、超速行驶等各类交通违法现象高发，快递骑手则因配送物品多、体积大，虽在时间上相对宽裕，但仍存在大量交通违章现象，还有车辆非法改装拼装加装、车辆超载、未按规定上牌等情况，引发多起道路交通事故。据不完全统计，2020年以来，全区涉及骑手的交通事故近千起，严重影响了交通秩序和安全。外卖快递骑手交通违法乱象一直是各

---

① 《中共中央 国务院关于支持浦东新区高水平改革开放打造社会主义现代化建设引领区的意见》，2021年4月23日。

地交警部门治理工作中的难题，这一问题是由多种原因造成的。

一是骑手在外部压力和利益驱动下选择用交通违法换时间。在快节奏生活中，各送餐平台为了提升用户体验，做出了许多准时送达的承诺，不断缩短送餐时限，并对骑手送货超时或者获得差评给予严厉处罚。这种将配送压力转嫁给骑手的做法，变相要求骑手多拉快跑，交通乱象时有发生。遇到恶劣天气、单量激增、交通拥堵时，违章现象更为普遍。同时，在当前外卖快递行业经营管理制度下，骑手通过多接单提高跑单量获得更多奖励收入，存在以交通违法违规换时间的利益驱动。非机动车交通违法的处罚金额相对较少，与违章后被罚款相比，骑手超时扣款更多，因而他们往往选择铤而走险。不少骑手抱有法不责众的侥幸心理，逃避现场处罚。骑手对遵守交通法规认识普遍不足，安全意识淡漠，认为交通问题只是小事，导致交通事故频发。

二是行业形态复杂、人员缺乏约束。外卖快递企业及人员呈现流动化、分散化特点。在经营模式上，快递企业为化解管理风险，各品牌均有多家分包商及各类派驻站点，很多网点均系个体加盟，站点调整快。在管理方式上，外卖公司既有专职骑手，又有大量兼职派送员，还有不少为应对促销高峰招募的短期配送人员。为最大限度降低用人成本、提升市场竞争力与扩大覆盖面，大量企业实行网络平台化管理，采用"众包"骑手进行配送。目前这类人员占浦东全区范围内日活跃骑手总数的一半以上，他们在多个平台兼职，很多仅进行网上注册登记，通过企业平台线上接单，相当于平台用户，不签订劳动用工合同，以灵活计件形式获取收入，因而交通安全管理措施对其约束力差，难以落实到位。通过梳理发现，过往出现交通违法及交通事故概率较高的多系这类骑手，加强对这类人群的监督管理，是交通安全治理的一个重点。

三是企业对交通安全管理未予以应有重视。目前，快递业的行业主管部门为邮政管理局。外卖作为互联网经济的产物，尚无明确的政府行业主管部门，行业整体缺乏有效抓手，管理力量相对单薄、分散。各企业对交警部门的工作要求和安全责任落实程度不一，有的相对重视，有些工作措施落实不到位。一些单位配合度相对较高，如叮咚买菜是注册于浦东本区的企业，且企业多使用传统统一招录、垂直管理方式，因此对政府部门的管理要求配合度较高，各项工作落地较为到位，而有些外卖快递公司采取混合管理、单店管理模式，其企业理念与交警的安全管理要求存在严重冲突。企业对交通安全无实质性管理，骑手往往处于"无人关注"的空白状态。特别是外卖快递业从业人员多、人员流动性大，据统计，该行业平均职业周期为6个月，跳槽情况极为普遍。这种频繁流动使得交通安全教育中断、难以覆盖，交通安全培训宣教工作必须定期进行，否则很难保持连续性。

从实际情况来看，传统交通整治方式在很大程度上依赖现场执法，对外卖快递骑手这一群体的监管存在短板和局限。在有民警执法的路口，非机动车交通违法现象明显减少，但在没有民警的路口，交通违章情况不容乐观。由于外卖快递骑手队伍迅速扩张、违法人员数量众多、非机动车交通违法瞬时多变等，有限的警力在现场执法中不可能完全覆盖，民警现场执法难度大、成本高、效果不佳，还容易使骑手产生对立情绪。事实上，交警部门也采取过多次集中性的交通大整治，在一定程度上起到了一定的震慑效果，但整治结束后往往出现反弹回潮的情况，长期、持续和有效的治理方式尚未形成。

由于原有交通管理方式和执法手段已经逐渐不适应新的情况，如何寻找有效方法破解交通治理难题，需要交通管理部门大胆探索与实践。只有在经济处罚之外采取其他有效措施，引入和实行新的交通安全治理手段，才能更好解决这一顽疾。这一问题的突破点在于智能化，以科技赋能推动交通安全治理将是必然要求和发展趋势。

在这方面，浦东具有得天独厚的优势。一方面，浦东前期的工作基础比较好，在推进智慧化社会治理上具有先发优势。浦东在数字化治理和超大城市精细化治理上走在前列，已有不少成功经验。近年来，浦东新区较早建立城市运行综合管理中心和大数据中心，率先在全市探索"一网通办、一网统管"。随申办、智治通、社区云等各类平台的应用，许多已经在全市乃至全国形成了可供推广的经验，在推进智慧化社会治理上具有先天优势。另一方面，区域相对独立的特点可以在交通治理中加以利用。一般来说，外卖快递骑手的活动区域并不固定，其中闪送、跑腿等骑手往往横跨数区，具有很强的流动性和不确定性。浦东虽然地域广阔，但片区相对独立，在地理上与浦西有一江之隔，这就保证了绝大部分骑手的活动轨迹都在浦东，往往工作、生活居住都在此，不太会出现跨区的情况。由于整个区域皆由浦东新区相关部门管辖，在指挥和管理上能便于做到全面领导、统一实施，这对开展交通安全治理是较为便利的。

二 浦东外卖快递骑手交通安全治理的举措与机制

浦东对外卖快递骑手交通安全治理的探索，从 2017 年就已开始。为解决长期以来骑手交通违法问题，浦东交警支队借鉴机动车违法记分办法，采用了骑手交通文明记分卡的新形式，但这在管理工作中也存在一些问题，如骑手未随身携带卡片，难以连续记录；记分卡不联网，卡片仅仅与骑手当前所在企业挂钩，骑手从一家公司跳槽至另一家公司后，记分卡就会弃用；少数骑手为逃避处罚和交通安全宣讲课，出现了擅自涂改记分卡上的记录、自制假冒记分卡等情况。因而交警方面治理效能难以有效提高，企业方面被动应付情况也屡见不鲜。针对这些情况，浦东交警拓宽工作思路、创新治理方式，依托信息化手段，开发启用浦东外卖快递骑手交通文明记分管理平台。通过采用 App 记分管理的方式，运用智慧化平台，以新技术应用推动提高交通安全治理效能和水平。

（一）研发骑手记分管理 App 软件

近年来，浦东交警支队通过科技助力、制度首创，研发应用外卖快递交通文明记分管理 App，在交通违法查处的同时予以电子计分，骑手、警方、企业三方数据实时共享，实现对全区所有骑手交通行为全过程管理、企业全过程实时参与。

1. 多终端设置

该 App 平台总共有骑手手机端、民警手机端、企业 Web 端和交警 Web

管理端四个端口组成，各端口界面和内容不同。其中，骑手端界面为外卖快递交通文明App，整合交通违法、记分及交通文明实践查询、线上学习测试等各种功能。民警端界面为交通管理App，可以帮助执勤民警快速便捷地查询和录入外卖骑手的违法行为，并对骑手的交通文明实践进行评定。企业和交警端可以对骑手注册登记及交通违法情况进行评估分析，为叠加处罚及约谈通报提供依据。

2. 多功能运用

该App将记分、考试、志愿服务等情况与个人身份信息进行了捆绑，解决了骑手流动后历史信息无法保留的问题。此外，该平台也将兼职骑手明确纳入管理，从而使记分管理规定的震慑力明显提升。同步开通分局各综合业务部门、公安处、派出所民警及辅警的App使用权限，成功实现对外卖快递骑手交通执法管理的"全警动"。在实际使用过程中，不断优化升级优化App应用，在原有处罚记分、在线学习、志愿实践评分等功能的基础上，新增违法48小时实时处理、电子违法抓拍、市民举报、骑手复职等7项功能，实现违法记分处罚抄告电子化，使该App成为综合型多功能的交通管理和日常使用软件。

（二）依托平台开展全流程交通安全治理

在原有的路面执法管理的基础上，浦东结合实际情况，充分利用数字化科技手段，确定实名注册、记分处罚、学习联动相结合的流转机制，形成骑手全覆盖管理、交通行为全流程运转和全时段监督的治理方向。

1. 实名注册核验

实行注册制管理是首要环节，所有从事外卖快递行业的骑手必须在上路前安装软件，开通系统，拍摄身份证、本人正面照和安全编号马甲，并经所在企业审核，做到"一人一号、一证一档"实名捆绑。交警部门通过信息采集、纳管、建档，完成前期数据库的建设。定期组织外卖快递企业负责人开展App安装和使用培训，督促企业协助汇总核实浦东范围内的外卖快递从业人员基本信息，按照企业类别、员工岗位、派送区域进行排序归类，录入骑手记分App软件，对各企业进行及时跟踪，督促企业加强平台信息管理。通过对骑手群体的全覆盖，为交通安全治理打下基础。

2. 违法记分处罚

骑手交通违法记分管理是关键环节。在依法对非机动车违章进行处罚时，对各类违法行为设定相应分值，计入App。推行对"违法大户"骑手的递进式惩戒，每个周期累计记分超过规定上限分值的骑手将被"拉黑"，暂时停止其接单，使其无法继续进行配送工作。民警可以对不出示App、二维码或不配合现场执法的骑手视情况现场滞留车辆或当事人，必要时通知企业负责人到现场处理。

表1 浦东骑手交通安全记分项目和记分标准（试行）

序号	记分内容	分值
01	驾驶电动自行车闯红灯的	2
02	驾驶电动自行车在路口等待时，超越停车线	2
03	驾驶电动自行车在机动车道通行的	2
04	驾驶超标电动自行车的	2
05	驾驶电动自行车逆向行驶的	2
06	驾驶电动自行车闯禁区的	2
07	驾驶电动自行车违法停放的	2
08	驾驶电动自行车在人行道骑行的	2
09	驾驶电动自行车未按规定及时登记上牌的	2
10	驾驶电动自行车发生其他交通违法行为的	2
11	未穿编号马甲	18
12	伪造编号马甲或者使用他人编号马甲的	18
13	未安装App骑手端（安装后卸载的）	12
14	污损遮挡编号马甲	18
15	骑行非机动车时不佩戴头盔	18

3. 学习教育联动

做好骑手安全教育是记分管理的后续处置和保障环节。浦东在骑手安全教育学习室和安全文明课堂的基础上，设立集中教育点，对骑手进行专门教学，作为记分管理的拓展和延伸。针对不同对象，实行骑手新入职上岗必训、违法复职培训、在职骑手定期轮训三大类培训。考虑到浦东面积广阔，浦东先后设立陆家嘴、张江、惠南、潍坊等多处培训基地，逐步实现对全区骑手的就近安全教育工作。培训时间一般安排在下午2点到3点，此时正值外送低谷时段，外卖骑手能够有时间前来接受培训。开展仪式教育，让骑手签署承诺书："遵守交通法规，服从民警管理，规范配送行为，杜绝交通违法，提升文明意识，争做规范骑手。"

（三）运用科技手段助力骑手交通安全治理

目前，浦东对外卖快递骑手采用"号码管理、一人一号"的方式，形成"三件装备、号码识别、综合监督"的电子化治理运行方式，对骑手交通行为实施号码管理。

1. 三件装备

浦东交警部门要求每名骑手上路时必须穿戴印有编号的智能识别马甲，100%全程佩戴安全头盔和安全联盟徽章，以推进骑手"三件套"为亮点，打造浦东外卖快递骑手标准。自2019年3月起，浦东在中环区域内全面推行"字母+数字"的编号马甲穿戴，其中字母代表公司和站点，数字为个人身份号码，敦促企业根据"号段捆绑企业、号码捆绑到人、字体清晰醒目"原则制作智能识别马甲，推广智能识别马甲在浦东全域的配备应用。交警部门加大对骑手的日常执法管理力度，对未按规定穿着安全反光马甲或用外卖快递箱等物体遮挡马甲编号的骑手，交警部门将视同机动车遮挡号牌进行相应处罚。对未配齐"三件套"的骑手，实行一次警告、二次限行滞留车辆的措施，确保浦东每位骑手在道路上都能"衫亮"登场，成为一道亮丽风景线。

2. 号码识别

浦东交警落实"号码捆绑企业""一人一码一照"工作举措，结合民警现场查处、综合指挥室非现场执法、电子探头自动抓拍、市民微信平台举报等多种方式，检测骑手交通违法行为，对骑手交通违法行为进行处理，大大提高执法效率。对部分硬件设备进行优化升级，提高对号码识别服的感知率、辨识率，升格为智慧电子警察，实现自动高清抓拍穿着识别服骑手的交通违法行为，并实时调整部分视频监控点位的拍摄角度及清晰度，持续提升前端交通违法行为数据采集的准确性和完整性。在一些特定区域和重要时段，通过路面逢车必查、企业源头督导等举措，形成严格管理氛围，督促每位骑手必须按规定穿着识别服。

（四）建立和完善管理办法保证制度规范化

为确保浦东外卖骑手交通管理 App 平台有效使用，浦东交警在《上海市道路交通管理条例》《上海市非机动车安全管理条例》等一系列规定的基础上，制定相关办法，规范工作流程，明确操作手势，开展统一管理，并根据实际情况定期进行必要的调整和完善。目前，已经形成了比较清晰完备的实施细则。按照 2021 年 7 月最新修订的 App 平台使用管理办法，对骑手记分周期、记分项目、清分方式以及平台日常管理等进行了明确规定。

1. 统一记分周期

规定一个记分周期为一个自然季度、交通违法处理情况（逾期未处理）评估周期为自然年、一个周期内的分数实行累计制等。明确以季度为周期，实施 App 记分制，超分骑手暂停接单，参加培训考核通过后方可返回岗位。

2. 明确记分清分方式

采用三级阶梯式记分，对骑手违章记分项目进行量化规定，明确超分骑手清分方式。一个周期记分分值未达 12 分的，周期结束记分自动清零。在一个记分周期内累计记分达到 12 分的，骑手必须使用骑手 App 进行网络学习和测试，测试通过后（合格为 90 分）清零。在一个记分周期内累计记分达到 24 分或第二次达到 12 分的，骑手应停止接单，就近选择"浦东交警文明交通志愿服务实践路口"进行不少于 1 小时的交通文明志愿服务，经路口民警确认评价、上传信息后予以清零。一个记分周期内累计记分超过 36 分或者第三次达到 12 分的，系统将该骑手纳入"违法较多重点人员"名单，企业应立即要求骑手停止接单并在系统上进行设置。

3.完善复职申请方式

采取自然复职、快速复职、特殊复职等多种方式，实现人性化管理。如停单满6个月的骑手可以从"黑名单"中去除，复职上岗；骑手先进行实体培训参加现场考试，并参加指定路口交通文明志愿活动三次以上（每次不少于1小时），经路口民警确认，可复职上岗；参加交警等部门组织的专题活动，经审核可获得快速复职的机会。

三 浦东外卖骑手交通安全治理的创新成效

浦东在道路交通安全治理的实践过程中，重点对外卖快递骑手交通违法乱象开展综合治理，积极探索骑手违法行为电子化记分制度、智能识别服穿戴应用等治理方式，提升了城市社会治理的现代化水平。同时加强宣传教育引导，开展新骑手入职前教育培训及在职骑手轮训警示，打出一套疏堵结合、惩防并举的"组合拳"。该项目曾在上海市交警总队金点子比赛中获得金奖，相关做法先后得到各级领导批示肯定，国家发改委将此项工作作为"浦东创新举措及经验做法"之一在全国推广，多家媒体都对该项工作进行了深入报道。2019年7月，在上海市公安局交通警察总队的牵头组织下，上海28家外卖快递企业联合签订骑手交通安全联合承诺，推出十大安全举措，很多方面也借鉴了浦东的经验。2021年3月，《国家发改委关于推广借鉴上海浦东新区有关创新举措和经验做法的通知》推广有关创新举措和经验做法共3类25项51条，其中就包括建立外卖骑手交通违法记分管理制度。目前，这项工作已从数家试点企业逐渐拓展到区内大多数外卖快递公司。

（一）科技助力：大大降低了骑手违章和事故发生率

以往以人力为主的现场执法模式，对骑手的交通违法行为约束有限。原来由于利益驱动，且违法成本较低，骑手对民警的处罚也不以为然，因而交通违章屡禁不止，交通乱象不断滋生。在施行记分管理办法开展外卖快递骑手交通安全治理后，交警部门从原来单一小额罚款向多维治理转变，客观上加大了骑手违法成本，使执法管理事半功倍，治理效能显著提升。经过数年实践，现阶段"警在法在、警不在法也在"的治理效果初步实现。

目前，包括号码识别、电子抓拍、市民举报等方式的综合运用，基本实现骑手交通行为全覆盖、不间断的监管，对骑手交通违章具有较强的震慑和约束作用。据统计，自2019年3月以来，浦东外卖快递骑手中因非机动车交通违法、未按规定穿戴智能识别马甲、未注册骑手交通管理App、骑行电动自行车未佩戴头盔等被记分处罚的达32.5万余人次，因超分被列入黑名单的达2万余人次，参加复职培训的达1.3万余人次。通过强化对骑手的日常管理和综合治理，浦东外卖快递骑手从业行为得到有效规范。

与此同时，全区涉及骑手的非机动车交通事故数量也呈下降趋势。截至2021年，交通事故数及致死人数已连续4年实现"阶梯式"下降，尤其是2020年的降幅更是分别达到了30.7%、32.3%。2018年12月全区交通大整治至今，对骑手的综合治理，同步带动了浦东交通安全工作持续向好。全区交通秩序得到明显好转，道路交通违法行为和事故发生率逐年减少，交通安全治理取得了实实在在的成效。

（二）行业协同：压实企业主体责任并推动警企合作共治

交通管理部门是交通安全治理的主体，但交通安全治理不仅仅是交管部门的事，也需要骑手、相关企业、各部门以及全社会的参与配合和共同努力。这就涉及一个理念上的转变，变交警部门的事为"大家共同的事"。针对过去交通安全管理以交警部门单一力量唱主角，缺少有效配合的情况，浦东交警结合智慧公安建设，多管齐下、齐抓共管，探索加强共建共治、实现合作共赢。协同作战机制是有效开展交通安全治理的经验，也是外卖骑手交通文明记分制度得以顺利推进的保障。

按照"警企联动、源头管理、强化监督、落实责任"的工作思路，浦东采取警方、企业、社会多方携手的互动治理方式，通过建立健全外卖企业内部管理制度、警企信息流转机制、联动监督措施和责任考核体系等方式，探索警企联动的新路径，实现交通安全治理同管共治、同频共振的良性局面。交警部门通过与企业的交流和协商，将各自为政的管理模式向叠加公约式规则转变，突破了管理瓶颈，消除了信息流转不畅、同行商业秘密等相关工作壁垒，一部分企业也因在人员管理及品牌打造等方面受益而更为积极主动，从而为深化警企联动进行了有益尝试。

在治理实践中我们认识到，让"骑手"慢下来不能只靠"记分"。骑手交通安全治理不仅要追究个人责任，更要严格落实到企业。骑手之所以频频违章，固然有自身素质的问题，但很大程度上是商家一味逐利，忽视交通安全和劳动者权益保障。因而，需要狠抓企业交通安全主体责任，要求企业更好履行源头管理责任。根据上海最新规定，使用电动自行车从事快递以及外卖等网约配送活动的企业未按规定履行交通安全管理义务的，由公安机关或者邮政管理、市场监管部门责令改正，并对相关企业和责任人进行警告、罚款甚至责令停业整顿。

在此基础上，浦东交警部门针对外卖快递企业在交通安全管理中暴露出的日常监管缺失、制度不完善、准入不严格等问题，紧盯企业所属骑手交通违法总量、事故总量及形态，定期召集外卖快递企业集中约谈，督促外卖平台企业、快递公司和配送站点及时整改，对不予配合的企业进行黄牌警示，严重时亮出红牌，并联合各行业主管部门暂停企业经营，直至消除安全隐患。浦东率先在全市开出首张针对外卖快递企业不履行交通安全主体责任的罚单，通过"敲警钟"等方式，引导企业树立"安全是立足之本"的经营理念；要求企业在追求经济效益的同时，切实担负起应履行的社会责任；邀请各类新闻媒体广泛监督，建立骑手违章行为高发企业"一次约谈、二次抄告、三次处罚曝光"制度。目前，基本形成以交通安全为评价底线的配送服务管理模式，将骑手交通违法发生率与企业形象、信誉捆绑，借助媒体广而告之，切实保障外卖骑手交通安全权益。同时，通过与各外卖平台公司对接，进一步优化骑手的派送任务，适当延长派送时间，对送单时限设置不合理容易引发骑手交通违法的，及时推送和提醒平台改进完善，从而使骑手得到上级主管部门、企业、顾客群的理解和支持，也在一定程度上消除了骑手的焦虑感。

（三）疏堵结合：初步解决骑手教育抓手不足、安全意识淡薄的难题

过去，由于对骑手和相关企业缺乏强制约束，骑手安全教育环节缺位，往往流于形式，交通安全意识普遍淡薄。浦东通过疏堵结合、惩防并举的方式，将他律与自律相结合，实现从"严防严控"到"自管自治"的转变，推动外卖快递从业人员从不敢违章、不能违章到不想违章的转变，从而在源头治理上化解难题。

记分管理制度的运用，实现了时间和空间上的全过程管理，从而使学习教育由"应然"成为"必然"，压实了宣传教育环节，确保骑手安全学习实现常态化、制度化。交警部门精心设计了多种形式的学习任务，一系列的警示案例视频和交警大队现身说法，使他们认识到交通违章并非小事，而是关系到社会的大问题。各类学习教育，给骑手戴上"紧箍咒"，让骑手始终绷紧安全行车这根弦，对交通安全的意识不断提高，主动纠正违法行为的意识明显增强。

在此基础上，培养骑手自觉意识，共同维护良好形象。通过记分制度、持证上岗制度的实施，明确骑手准入标准，引导骑手提高认识，完成从一般的交通参与者向专业的物流运输从业者转变。进而提升骑手内驱力，让骑手理解自己这份工作的价值所在，增强遵守交通法规、维护自身和行业形象的责任感，从而使骑手在思想上切实认识到交通安全的重要性并自觉遵守交通规则，将交通守法意识贯穿整个骑行过程，成为交通安全的维护者。

同时，浦东要求各企业根据实际情况，自行设立骑手交通安全教育"二级课堂"，作为文明课堂的补充。企业教育点由企业志愿者负责日常维护，主要承担企业内部定期开展骑手交通安全学习、记分和清分等相关工作。为了增强专业的交通安全培训覆盖面，要求各成员单位选派专

兼职安全员到线下培训基地接受培训，回到单位后再将安全理念传递出去。

四 浦东外卖骑手交通安全治理的经验启示

浦东贯彻人民城市重要理念，在交通安全治理的实践过程中，既通过严格管理，让庞大的行业群体能安全规范地从业；又通过服务与共治，使骑手感受到更多的获得感、幸福感和安全感。浦东交通安全治理所取得的成效和经验，对推动超大城市交通治理具有重要启示。

（一）良性互动：线上与线下相融合是有效开展社会治理的重要手段

智慧城市的建设要打通线上与线下，实现两者有机结合，在交通安全治理中同样如此，既要见"物"，又要见"人"。浦东交警在开展安全教育的过程中，重视线下环节，力争实现对全部骑手开展面对面安全教育专题宣讲，以弥补互联网企业"招募不见人，管理不落地"的漏洞。通过打造专门服务骑手的交通安全教育培训基地，由民警结合事故案例等直接授课，开设专门的骑手课堂，每周开展交通安全教育工作。安排骑手到路口从事交通文明志愿实践服务，在完成清分的同时，提高骑手的思想认识。

同时，线上与线下的结合还体现在提供服务上。既要关心这个群体的工作安全，也要关心他们的能力提升。浦东依托社区党群服务中心，建立骑手基地，定期组织外卖快递骑手群体开展技能培训和交流活动，配合新升级的管理服务App，以多种形式把教育管理、权益保障、活动信息等服务资源发送到每位骑手手中。对接各方资源，依托骑手教育培训基地，推出针对性强的各类课程，开展职业技能培训，提升整体队伍能力素质。推动职能部门为骑手充电赋能，如推出线上食品安全技能培训、组织骑手开展应急救护培训等，引导骑手群体成为服务社会发展的重要力量。积极为广大骑手提供全方位服务，打造"骑手之家"，使之成为浦东城市治理的新品牌。

（二）共建共治：党建引领是推动社会治理的重要保障

实现多元共治基础上的自管自治，是骑手交通安全治理常态化的必由之路。骑手交通安全治理不能仅仅依靠交警部门单一主体、单兵作战，还需要各方共同参与，形成合力，这就需要在协调、宣传、沟通等方面进一步整合力量，充分发挥党组织的作用。为了更广泛地团结和凝聚服务外卖快递骑手的各方力量，充分整合各方资源、项目化推进此项工作，共同为外卖快递骑手服务，2021年4月，浦东区委组织部牵头，联合区商务委、公安分局、市场监管局、邮政管理局、总工会、团委、党建服务中心等相关职能部门，组建浦东外卖快递骑手党建工作联席会，积极联合各行业部门，会同各外卖快递企业，以骑手自治管理为主要形式，于5月成立浦东外卖快递骑手交通安全联盟，这是充分发挥党的领导作用，进一步探索党建引领社会治理综合体的一次尝试。

浦东外卖快递骑手交通安全治理联盟是一个自管自治的平台，旨在为骑手提供专业的交通安全培训以及政府部门的相关服务。平台依托3个基层党群服务中心，建立了骑手教育基地，实现对浦东外卖快递骑手的全覆盖。推行骑手"准入"标准。借鉴网约车司机人、车认证模式，组织引导新区范围内所有骑手加入，建立浦东新区"骑手库"。颁布浦东骑手安全联盟《骑手安全守法文明骑行公约》，形成骑手准入标准，所有骑手经认定培训上岗。并通过发放安全联盟徽章、培训合格证以及守法星级骑手认定等措施，提升联盟骑手获得感和职业荣誉感；引导企业和平台从骑手库中招募和使用骑手，实现规范入职；建立健全骑手违法违规实时预警、违法违规企业处罚下架和守规骑手升级奖励等后续管理制度，从源头上强化对骑手的管理，杜绝管理真空。

（三）人民至上：实现社会治理的力度与温度并存

城市是人民的城市，智慧治理在体现力度的同时，也要体现温度，这样的城市才是有温度的城市，这样的治理才是暖人心的治理。数字化、

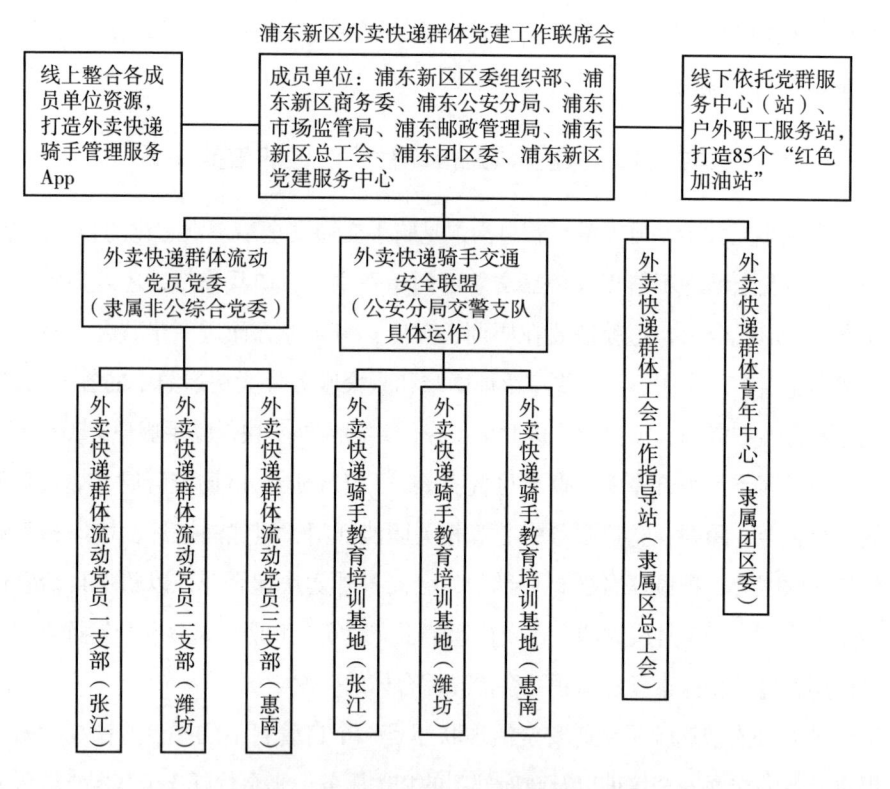

图1　浦东新区外卖快递群体党建工作联席会基本架构

智能化治理不应该只停留在技术发展层面，而要有合情合理的人性化关怀，将严管和厚爱结合起来，从而体现社会公平正义。习近平总书记指出，快递小哥工作很辛苦，起早贪黑、风雨无阻，越是节假日越忙碌，像勤劳的小蜜蜂，是最辛勤的劳动者，为大家生活带来了便利①。浦东外卖快递骑手交通安全联盟立足于服务功能，保障骑手的合法利益，充分调动骑手的积极性，使他们感受了关心，同时，他们也能把这份温暖带给客户，更好地服务人民。

服务外卖快递群体，必须用具体实在、暖人暖心的项目让骑手有体验和感受。浦东区委组织部向联席会成员单位发出倡议，以项目化服务的形式凝

---

① 《习近平谈治国理政》（第三卷），外文出版社，2020，第344页。

记分管理+安全联盟：浦东外卖快递骑手交通安全治理

图 2 浦东外卖快递骑手交通安全联盟标识

聚外卖快递群体，并将此项工作列为全区党史学习教育"我为群众办实事"的重要项目。相关职能部门发布了一批具体的"我为骑手办实事"的暖心项目，如向全区工会组织和广大职工发出"关爱外卖快递群体、展现浦东城市温度"的倡议，号召全区职工"为安全不催单"；团区委组织"青春爱岗，我为骑手小哥送服务"暖心行动，开通12355外卖快递从业人员服务咨询专线；协调企业在末端快递柜布置安全公益提示；在骑手相对聚集的区域，打造85个外卖快递群体服务点"红色加油站"，免费为骑手提供避暑取暖、歇脚饮水、手机充电等服务，还探索在有条件的站点上试点安装充电桩、换电柜，提供电瓶车充电服务，解决骑手最急迫的需求，得到广泛好评。做好对外卖快递群体的服务和凝聚，通过一项一项务实的举措，关心关爱外卖快递群体的成长成才，为骑手疏解思想困惑、解决生活困难，让骑手感受到认同感、归属感和获得感。

强化企业责任，增强关心关爱。推动企业党组织、工会组织、群团组织通过多种形式覆盖快递员、外卖员，打造拴心留人的企业文化，把关爱外卖快递群体作为企业履行社会责任的重要内容。如叮咚买菜党总支联合企业工会把一线骑手纳入服务范畴，定期组织困难帮扶和节日慰问；饿了么党委的"一平米温暖能量补给站"公益项目进驻浦东"红色加油站"，为骑手冬送温暖、夏送清凉。

五 进一步提升浦东外卖快递骑手交通安全治理成效的对策建议

浦东外卖快递骑手交通安全治理的探索与发展经历了从建平台到建组织、从送服务到强功能的过程，已取得了不少成效。下一阶段，骑手交通安全治理工作中还可以进一步改进完善的地方有以下几个方面。

（一）不断提升科技创新赋能交通安全治理

智能化、智慧化是城市治理的趋势和方向，科技是提升社会治理效能的有效方式。目前 App 平台已初步实现了常态化的数据采集和分析运用，随着新技术的飞速发展，非机动车交通安全数字化治理效能仍有进一步发展空间。

在优化平台功能上，继续升级交通文明记分管理 App，让骑手端、企业端、交警端做到互联互通，实现路上管理和企业管理相结合，优化系统实现数据自动生成更新来替代人工手动操作。在内外网互享实现民警 PDA 集成工作有所突破。目前，使用民警自己的手机进行 App 数据采集，存在便利性和严肃性不足的问题。如能将该平台植入警用 PDA，作为查处特定非机动车交通违法行为兼选项，可以方便日常执法管理。

在电子数据采集上，交警部门并不一定完全掌握全部的数据，交通信息的采集往往离不开专业公司的参与，如何进一步提高数据采集和汇总传递的时效性、准确性，打通内外部数据的关节，实现数据的共享开放等，仍需要进行探索。此外，伴随数据库容量的不断加大，如何保障数据的安全性，防止数据泄露，都是未来需要考虑的问题。

在信息技术应用上，下阶段可结合人脸识别技术，利用电子警察抓拍记录违法骑手数据，提升记分管理的实战功能。在财政经费允许的情况下，进一步强化道路监控设备，对所有外卖快递人员进行人脸对比识别并录入系统，日常监管便可采用高清探头抓拍等方式。又如，利用互联网、人工智能与大数据等前沿技术，不断升级系统，对重点地区如违章与事故多发地段加强视频监控，推出浦东骑手违法情况热力图功能，通过热力图显示的方式精确显示违法"重灾区"，供交警部门定期对外卖骑手交通违法和事故情况进行研判分析，从而对事故多发时段、多发区域进行强化锁定、重点管理，对平台热力度指向的违法高发路口实现全时段监控，这也能给相关企业提供参考信息，以便企业在员工管理上及时予以调整。此外，将RFID电子射频识别技术全面应用于骑手电子专用号牌，也是未来的发展方向。

（二）引入动态化管理手段加强精细化治理

实现交通精细化治理，必须分层分类、精准施策。如目前的记分周期参照的是机动车管理办法，三级阶梯记分方式是否合理、每个扣分项的记分规则和记分标准是否准确，仍有进一步的探讨空间，可根据实际情况进行调整。又如，浦东地域广阔，交通情况复杂，目前对骑手交通安全治理的重点在中环内，今后可以根据不同区域交通实际，实行分时分段分类管理。

动态管理也体现在奖惩机制的运用上。目前，对骑手的规范性约束不断加强，但激励机制相对不足。在一个记分周期内会出现前紧后松的情况，甚至出现骑手前期攒积分后期全用光的情况。因此，建议对遵守交通安全、排名靠前的在骑手在奖励上适当倾斜。可借鉴车险公司保费浮动机制，将交通安全保持率与骑手薪酬挂钩，从工资奖金中设置一定的比例作为交通安全奖，实行浮动管理。目前，浦东开展了"星级骑手"评定，根据骑手交通行为表现，对骑手违章状况进行统计，对骑手遵守交通安全的程度标注星级等级。骑手注册初始为1星级，一个周期（如一个自然月）内没有记分的升1级、有记分的降1级，最高为5星级，满36分的直接降为1星级。各外卖快递企业则结合企业实际，出台对高星级骑手的激励机制，鼓励人人争当文明骑手。

（三）拓展记分管理制的外延范围

浦东骑手交通文明记分工作的开展，创新了治理手段，拓宽了治理思路，提升了治理效能，形成了浦东经验和样本。在当前智慧公安建设的背景下，未来这一平台的使用，可以不局限于外卖快递骑手这一群体，在各类行业中由点到面逐步推广。骑手交通安全治理的浦东实践，形成了可复制、可推广的经验，为后续其他新兴行业的精细化治理提供参照和启发。从记分的使用范围来说，也可以尝试向全市乃至全国推广，在扩大使用面上有所突破。可以在外区选择相关企业作为试点，进而逐步扩大范围，形成全市统一的规范治理格局。当然，这就涉及管理平台是否统一、数据信息能否共享、部门协同机制如何完善等一系列问题，需要在未来加以解决。特别是各地区在实际工作中存在不同的管理系统和应用软件，因此需要做好顶层设计，兼容软件、整合资源、打通信息壁垒，构建全国信息资源共享体系。顶层设计的另一个重要方面就是要进一步加强立法，以完备的法律形式来推动交通安全治理的规范化、制度化和常态化。

另外，智慧交通的建设有赖于数据库的建设管理，需要必要的经费保障，而基层交警部门普遍人员比较紧张，专门从事管理的人员编制不足，经费也比较有限，难以做到专人实时管理和定期维护。目前来看，需要进一步加大投入，增强职能管理部门的力量配备，加强对这方面工作的支持力度。

（四）进一步加强骑手群体的党群工作

每名先锋骑手都是一个标杆、每名骑手党员都是一面旗帜。据统计，浦东外卖快递骑手中，现有党员130余人，且人数还在不断增加，虽然与全区骑手总量相比并不多，但也是一支不可忽视的中坚力量。为充分发挥这支队伍的力量，将党的建设下沉到基层一线，浦东推出"先锋骑手"争创行动，综合行车安全、服务质量、文明指数等各方面表现，在"星级评比"的基础上，打造"先锋骑手"这一流动的"党员示范岗"，并颁发"金头盔"。"先锋骑手"自带标签、流动示范，既是一种荣誉，更是一种责任，可在骑手群体中营造诚实有信、安全守纪、干事创业的良好氛围。各外卖快递企业也积极响应，将对"先锋骑手"在派单、奖励以及站长选拔等方面给予实质性激励。

为推动新兴领域党建工作再上一个台阶，2021年8月浦东召开外卖快递骑手群体党建工作推进会，浦东新区外卖快递群体流动党员党委、工会工作指导站、青年中心和骑手教育基地同时揭牌成立。针对外卖快递群体党员数量少、流动性大，且党组织关系都在户籍地的客观情况，依托非公综合党委建立外卖快递群体流动党员党委，做实区域党建兜底责任，让党员骑手在不影响工作的情况下，也能够接受党的教育，过好组织生活。工会工作指导站和青年中心提供法律咨询、心理健康咨询等服务，这些组织的成立进一步织密群团组织体系，让骑手这个新兴群体既找到了组织也有了温暖的"家"，感到温暖又充满活力。

总而言之，浦东紧紧围绕优化城市交通环境主题，深入开展道路交通综合治理，在骑手交通安全治理问题上进行了探索与实践，形成包含路面执法管理处罚、交通行为全时段监督、源头宣传教育以及党建引组团服务等多维度治理体系，通过科技助力、党建引领相结合的方式，有效提高交通安全治理水平。未来，结合新时代新形势新要求，浦东将继续固化和细化工作流程，进一步创新工作机制，切实走出一条符合新时代城市高质量发展需求的区域交通治理新路。

参考文献

陈高宏、吴建南、张录法主编《像绣花一样精细：城市治理的浦东实践》，上海交通大学出版社，2020。

《公安部交管局提示企业规范管理　督促"外卖骑手"文明行车》，《汽车与安全》2017年第11期。

《立法为骑手加装"安全锁"——〈上海市非机动车安全管理条例〉5月1日起施行》，《上海人大》2021年第3期。

《上海拟为外卖快递电动车核发专用号牌》，《中国自行车》2021年第1期。

《探索电动自行车管理新路径》，《道路交通管理》2021年第3期。

《习近平谈治国理政》（第三卷），外文出版社，2020。

中共上海市浦东新区委员会、上海市浦东新区人民政府编《上海浦东新区新一轮在全国推广的创新举措和经验做法案例汇编》，2021。

《中共中央 国务院关于支持浦东新区高水平改革开放打造社会主义现代化建设引领区的意见》，2021年4月23日。

数据赋能公共服务

Data-enabled Public Services

B.7

高效能治理打造高品质生活：进一步深化"家门口"服务体系建设

王 昊[*]

摘 要： 浦东新区"家门口"服务体系建设四年多来，经历了局部试点、全面建设和提质增能等多个阶段。2020年，区委、区政府提出进一步深化"家门口"服务体系建设的要求，推动了"家门口"服务转型升级。两年来，深化"家门口"服务体系建设取得了广泛的成效，也面临新的挑战，在党建引领、联勤联动、服务规范、智能化等方面都形成了可圈可点的经验。展望未来，可以从党建引领与自治共治相结合、"一站式"服务与联勤联动相结合、标准化规范与个性化服务相结合、智慧治理与精细治理相结合等方面进一步深化升级，真正打通服务群众的"最后一公里"。

---

[*] 王昊，中共浦东新区区委党校副教授，教学和科研方向为网络法学、网络文化学、党纪党风等。

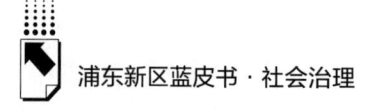

关键词： "家门口"服务体系 高效能治理 智慧治理

家门口是老百姓最熟悉的地方，也是社会治理的第一线。2017年5月，浦东推出"家门口"服务体系建设，推动社会治理重心下移、资源下沉，打通服务群众的"最后一公里"。2020年，浦东新区提出，进一步深化"家门口"服务体系建设，坚持以精细服务"绣"出美好生活，全力提高城市治理现代化水平，开创人民城市建设新局面。

一 进一步深化"家门口"服务体系建设的工作缘起

浦东新区"家门口"服务体系建设，以居村"家门口"为支点，把全区所有居村委办公场所改造成"家门口"服务站，在村居层面建设一个资源整合、功能集成、机制有效、群众参与的平台，为居民就近提供党群、政务、生活、法律、健康、文化、社区管理七大类基本服务。

（一）"家门口"服务体系的发展演进过程

浦东新区"家门口"服务体系推出四年多来，经历了一个不断发展充实、提质增能的过程，至今大致可分为四个阶段。四个阶段有所交叉、互相融合，时间上难以完全切割，这里仅从发展阶段上加以区分。

第一阶段：局部试点阶段。这是一个从无到有的过程。2017年5月，浦东新区在陆家嘴街道、浦兴路街道、川沙新镇、书院镇四个街镇集中试点"家门口"服务站的建设，以村居党建服务站为依托，把各村居委原有的村居民活动室、志愿者服务站、青少年中心、妇女之家等站点系统集成在一起，建设一个开放度高、功能齐全、上下联动、左右互通的综合服务平台，为村、居民提供一站式服务。几个月后，四个试点街镇的村居大多实现了服务资源和服务平台的良好整合，并根据自身特色分别形成了适合不同村居的典型样板。

第二阶段：全面建设阶段。这是一个从少到多、从局部到全面的过程。总结试点经验，在区内形成统一标准。通过区级机关下沉行政服务资源、区域化党建整合社会资源、社区挖掘自身资源，为居民就近提供七大类基本服务，实现基本公共服务的普惠。2017年底，"家门口"服务覆盖全区40%的村居，2018年上半年，实现36个街镇的1285个居村"家门口"服务站全覆盖，大体实现了"生活小事不出村居，教育服务就在身边"的目标。

第三阶段：提质增能阶段。这是一个从有到好的过程。2018年5月，浦东新区联合上海市质量技术监督局制定公布了《"家门口"服务规范》，并在全区推广实施。同时，针对前期工作中发现的问题，切实提出解决方案并加以实施。比如，梳理和拓展服务清单、确立村"家门口"服务中心"四站一室"（党建服务站、市民事项受理服务站、文化服务站、联勤联动站、卫生室）建设标准，等等。

第四阶段：深化升级阶段。这是一个从好到更好的过程。2020年，浦东新区开始进一步深化"家门口"服务体系建设，推出了一系列新举措。包括推进居村楼组、队组党建，做实居村联勤联动站，打造系列优质服务项目等。

（二）进一步深化"家门口"服务体系建设

2020年，浦东新区区委、区政府推出《2020年浦东新区深化"家门口"服务体系建设工作要点》（以下简称《要点》），明确提出："围绕浦东社会治理效能倍增，进一步深化浦东'家门口'服务体系建设，持续推进浦东基层社会治理体系和治理能力现代化，构建共建共治共享的基层社会治理格局。"①

---

① 中共浦东新区委员会办公室、浦东新区人民政府办公室：《2020年浦东新区深化"家门口"服务体系建设工作要点》（浦委办发〔2020〕34号）。

《要点》明确指出，深化工作的指导思想是："坚持以习近平新时代中国特色社会主义思想为指导，全面贯彻落实党的十九大和十九届二中、三中、四中全会精神，深入贯彻落实习近平总书记考察上海重要讲话精神，认真践行'人民城市人民建，人民城市为人民'重要理念，紧扣'三个在于'定位，按照市委、区委部署要求，围绕浦东社会治理效能倍增，进一步深化浦东'家门口'服务体系建设，持续推进浦东基层社会治理体系和治理能力现代化，构建共建共治共享的基层社会治理格局。"[1]

《要点》同时指明了进一步深化的工作目标，即："围绕'强基石、补短板、促提升'，深化'家门口'服务体系建设。在提质方面，重点深化体系建设三项工程。实施'基石工程'，推进居村楼组、队组党建，巩固包干机制成效，夯实基层组织体系；实施'联动工程'，做实居村联勤联动站，全面打造全区域覆盖、全方位管理的工作体系；实施'惠民工程'，聚焦群众关切，打造系列优质服务项目，不断完善'家门口'服务供给体系。在增能方面，重点提升基层治理三项能力。强化治理效能，引导公众参与自治共治，提高'三会'运用能力；强化科技赋能，推动智能应用，实现台账趋零化为基层减负；强化培训增能，分层分级开展居村党组织书记、社工全覆盖培训，提高服务群众能力。"[2] 这不仅仅是对"家门口"服务体系前几个阶段工作的总结，更是站在前期经验的基础上，对后续工作的展望和要求。

在此基础上，《2021年浦东新区创新社会治理加强基层建设工作要点》进一步提出："深化基层治理体系现代化，持续擦亮'家门口'服务品牌"[3]。具体要求包括：持续做优服务功能，做好"一站式"服务，提升规

---

[1] 中共浦东新区委员会办公室、浦东新区人民政府办公室：《2020年浦东新区深化"家门口"服务体系建设工作要点》（浦委办发〔2020〕34号）。
[2] 中共浦东新区委员会办公室、浦东新区人民政府办公室：《2020年浦东新区深化"家门口"服务体系建设工作要点》（浦委办发〔2020〕34号）。
[3] 中共浦东新区委员会办公室、浦东新区人民政府办公室：《2021年浦东新区创新社会治理加强基层建设工作要点》（浦委办发〔2021〕13号）。

范服务标准，持续深化减负赋能，深化居村减负，深化联勤联动，深化"双培工程"；等等。

二 进一步深化"家门口"服务体系建设的举措机制

经过几年发展，浦东新区"家门口"服务体系范围全区覆盖，服务持续升级，功能不断完善。"家门口"成为广大干部群众口中的"高频词"、心里的"实在事"，被打造成联结政府与群众的节点、创造高品质生活的支撑点，初步形成了服务系列品牌。如今，"家门口"服务体系深化升级，又提出了新的工作要求，有了新的举措。

（一）进一步夯实基层组织体系

如习近平总书记所说，"基层党组织是贯彻落实党中央决策部署的'最后一公里'"[①]。村居一级是直接面对群众、服务群众的最基础层面。通过村居党组织来实现工作覆盖，引领村居实现自治、共治、德治、法治，有利于提升基层党组织组织力，把基层党组织建设成为宣传党的主张、贯彻党的决定、领导基层治理、团结动员群众、推动改革发展的坚强战斗堡垒。"家门口"服务体系深化升级，坚持把党的领导贯穿于深化"家门口"服务体系的各方面和全过程，进一步强化党的组织力和引导力，夯实居村基层组织基石，不断完善社区治理格局。比如，推进楼组（队组）党建，探索楼组星级评分机制，巩固楼组（队组）包干管理服务机制成效；以党建引领业委会建设，形成党组织把关业委会人选、在职党员进入业委会等可持续运作机制；等等。

同时，强化价值引领和文明建设、完善社情民意工作机制、进一步发挥群团组织优势，吸引更多的人和力量参与"家门口"服务体系建设。比如，

---

① 《图解：基层党组织建设 习近平总书记强调了这些》，http://dangjian.people.com.cn/n1/2020/0706/c117092-31772984.html。

加强居村思想文化阵地建设,培育实践社会主义核心价值观;开展文明居住行动,引导、指导业主制定小区装修管理、宠物管理、垃圾管理等专项管理制度;发挥工会、团委、妇联、科协、红十字会、残联等群团组织优势,拓展职工之家、青年中心、妇女之家等活动阵地的功能,开展群众欢迎的各种文体项目;加强宣传推广,挖掘和提炼优秀案例和成功经验,培育一批基层典型人物,扩大和提升"家门口"服务体系影响力;等等。

(二)进一步强化沟通协同

在各类资源和力量下沉的同时,进一步强化沟通协同,实施"联动工程",推进居村联勤联动站建设。通过聚焦城市运行"一网统管"等新形势、新任务、新要求,进一步加强组织建设,凸显管理功能,形成平战结合、自动切换、高效管控的联勤联动机制。一方面,加强制度落实,强化工作机制,做实联合指挥、联防预警、联勤发现、联动处置、联考评价等"五联机制",确保居村联勤联动站协调有力、运行顺畅。另一方面,加强组织建设,由各街镇主要负责人领导联勤联动工作,分管政法工作的副书记负责统筹协调解决重大疑难问题,日常运行由分管城市管理的领导负责。落实到居村层面,则由各居村党组织书记担任联勤联动站站长、社区民警担任常务副站长、城管队员担任副站长,也可根据工作需要设置若干副站长,推动执法、管理、治理力量和资源向居村下沉,加大力量和资源的整合力度,有效提升基层治理水平。

同时,凸显联勤联动功能,整合社区警务、平安建设、视频监控、公共法律服务及矛盾纠纷调解等资源,对公共安全重点工作、关键点位、重要对象、突出问题、安全隐患等开展排查整治,抓实社会治安安全、实有人口服务管理、信访矛盾纠纷化解等工作。围绕巡查发现、工单处置、协同处突等职能,快速发现、迅速上报城市管理问题、突发事件及风险隐患,及时受理、按时办结城运工单,参与社区治理问题的巡查发现、现场核实、自治处置及协同上报等,有力提升城市运行管理能力和水平。

（三）进一步优化服务供给

"家门口"服务体系打造之初，就坚持办公空间趋零化、服务空间最大化、服务项目标准化、服务标识统一化的"四化"标准，通过居民区"家门口"服务站和村"家门口"服务中心，尽力为群众提供就近、便利、稳定、可预期的基本公共服务，打造家门口的"一站式"便利店。在深化升级工作中，新区继续坚持重心下移、力量下沉，改善和提升群众关注度高的服务事项，实实在在提升群众的获得感和满意度。在服务站（中心）全区覆盖的基础上，积极探索打造若干个居村"家门口"服务旗舰中心（站），与"15分钟服务圈"主动融合，助力均等、普惠、便捷的基本公共服务体系建设，促进空间与功能一体联动、有机融合，使服务资源更集聚、作用发挥更高效、服务项目更丰富、辐射范围更广阔。

在生活配套方面，根据各村居不同特点和需求，新区进一步拓展项目、优化完善，包括：优化养老服务，除了"养老顾问"岗、老年活动室全覆盖外，还因地制宜设置微型助餐、微型日托等"养老微空间"，切实满足老年人就餐、日托、休闲等养老需求；优化村卫生室服务功能，推进全科医生巡诊制度化，在有需求、有条件的村卫生室实现输液服务全覆盖，推进村卫生室与社区卫生服务中心药品配置同质化（除精麻药、中草药外）；优化就业服务，打造"家门口"就业服务2.0版；等等。

（四）进一步提升治理效能

进一步深化"家门口"服务体系建设，通过精细化管理服务，推进居（村）委会规范化建设，提升基层干部服务群众和开展基层社会治理的能力，吸纳各方意见和建议，引导居民群众广泛参与，集中各方力量和智慧，使各项决策更加科学合理，提高治理效能，全面提升基层社会治理水平。这既是对以往社会治理思想的拓展和升华，也是为了更好满足人民日益增长的美好生活需要。对此，新区积极搭建线上线下培训平台，开展分层面、分批次、全覆盖的系列培训，提高基层干部服务群众的综合能力和业务水平。比如，探索建立基层治理"名师工作室"，打造经验丰富、指导有方的"名师"队伍，深入基层一线，以案例教学、实操演示的方式，面对面、手把手地指导居村骨干。不断完善在线直播培训模式，以"431"课堂"一插到底、不打折扣"的效果，确保培训常态化、全覆盖、高质量。又如，开展金牌社工培训，通过组织现场教学、实训锻炼、浸入式案例分享活动、集中授课和岗位实践等培训，在全区范围内推荐培养100名居村金牌"全岗通"社区工作者，发挥示范引领作用。通过一系列培训，在区和街镇分层次、分批次实施"结伴同行"计划，横向建立居村党组织书记相互沟通交流学习渠道，纵向发挥区金牌社工和街镇明星社工带教学习作用，确保1300多位居村党组织书记"结伴同行"全覆盖，金牌社工、明星社工带教"全岗通"工作人员全覆盖。

另外，新区采取凸显"人民群众主体地位"的基层协商民主的形式，推动"三会一代理"制度在"家门口"服务中广泛应用。比如，通过出台制度实施意见，形成"三会一代理"清单，建立实际操作规范，修订"三会"实施细则和指导手册，细化事前征询、事中协调、事后评议的规范化流程，制作"口袋课件""指尖课件""掌上课件"等，因其易学易懂易操作，迅速在基层普及开来。新区还通过建立"三会"实训室，开展实训辅导，将"三会"实训作为基层干部学习培训必修课，以高频事项、重难点问题中听证会、协调会、评议会的情景再现开展案例教学，提升组织召开"三会"的能力。通过形成案例指导汇编，共享"三会"优秀案例的经验和体会。新区将"三会一代理"开展情况作为"家门口"服务积分的重要标准，注重要素、指标的日常收集，增强各居村通过"三会一代理"解决重点难点问题的主动性，有效提高社会治理的群众参与度。

（五）进一步推进智能化建设

"家门口"服务体系深化升级，始终牢牢抓住智能化这个牛鼻子，围绕基层减负减压，强化科技赋能，持续推进基层社会治理数字化转型，为

高效能治理打造高品质生活：进一步深化"家门口"服务体系建设

居村精细化治理和精准化服务提供支撑，实现实战中管用、基层干部爱用、群众感到受用。通过深化要素提炼、流程再造对居村填报的表格进行革命性重构，在前期推行居村电子台账系统、推广"多表合一"的基础上，新区又推出了"家门口"智能化平台，把最初的178张电子表单缩减为48项常态任务，减少填报量近80%，逐步实现居村纸质台账趋零化和数据采集一口化，真正为居村干部减轻负担，让他们有更多时间和精力为群众干实事、解难事。同时，依托"家门口"平台，自动提取如任务完成率、走访覆盖率、群众满意率，建立积分榜机制，加强对"家门口"服务体系运行情况的监测和评估，促进各街镇提升"家门口"服务平台的运行能力和服务水平。

另外，进一步优化完善"远程帮办"系统功能，提升"远程帮办"效率，提高居村民办事便利度。在现有远程办理系统功能基础上进一步优化功能，同步开展系统升级的需求调研和方案设计，简化操作流程，搭建全区线上线下一体化的智能排队系统，构架全区受理中心及"家门口"服务中心（站）人员组织结构，进一步理顺与市民政局"社区事务受理3.0系统"的对接关系，实现"远程视频帮办"向"远程智能帮办"升级。

三 进一步深化"家门口"服务体系的成效与挑战

浦东新区进一步深化"家门口"服务体系工作开展已有两年，可谓初见成效，但也面临诸多问题与挑战。

（一）"家门口"服务体系深化建设初见成效

2021年3月，《国家发展改革委关于推广借鉴上海浦东新区有关创新举措和经验做法的通知》梳理总结了浦东新区一批改革创新举措和经验做法，鼓励各国家级新区结合实际学习借鉴。其中，浦东新区"家门口"服务体系建设作为"高效能治理领域"8项17条创新举措之一，名列其中。国家发展改革委认为，浦东新区建立的覆盖全部居村的"家门口"服务体系，打通了服务群众的"最后一公里"。可以说，进一步深化"家门口"服务体系工作成效初显，未来可期。

一是"家门口"服务站（中心）已实现全覆盖，服务项目不断拓展。浦东新区"家门口"服务体系早在2018年年中就实现所有村居全覆盖，并在进一步深化工作中，继续查漏补缺、梳理升级，促进有条件的村服务站升级为服务中心。截至2021年10月，全区共有居村"家门口"服务站（中心）1332个，其中服务站1027个（包括居服务站1010个、村服务站17个）、村服务中心（四站一室）305个，覆盖所有村居。在此基础上，"家门口"服务站（中心）布局不断优化，服务功能不断拓展，为居民群众提供就近、便利、稳定、可预期的基本公共服务。截至2021年8月31日，"家门口"服务体系已推动148项区级服务资源下沉，其中，底线民生服务项目41项、基本民生服务项目78项、质量民生服务项目29项，实现了"家门口"七大类服务事项全部在居村"家门口"办理，成为为群众服务的"一站式"便利店。

二是联勤联动功能初显。2019年，村"家门口"服务中心开始建设联勤联动站，居民区"家门口"服务站被赋予联勤联动功能。2020年开始的深化工作中，居村联勤联动站建设被列为年度深改重点项目之一。到2020年底，全区已全覆盖建成了1343个联勤联动站，1310名社区民警、652名城管执法队员、564名市场监管队员包片联系居村，居村法律顾问全域覆盖，推动下沉公安、城管、市场等一线力量2526人。联勤联动微平台自2020年9月全面部署运行以来，协同处置问题1095个，大大提高了问题处置效率。新区城运中心平台深化居村联勤联动微平台应用，科技赋能应用提升，形成浦东"城市大脑""日常管理总平台+街镇智能综合管理分平台+居村联勤联动微平台"的三级管理平台，帮助居村有效落实辖区内联勤联动事项，高效处置社区治理顽疾，各街镇使用率达到100%。通过联勤联动，"家门口"发现问题、解决问题效率进一步提高，服务和治理也更加精细精准。如，周家渡街道云台一居联勤联动微平台借助房态图，实现以人管房、以房管人；利用"视频+智能算法"，对乱扔垃圾、高空抛物等行为进行监管；接入居家安防数据，加强安防建设；等等。又如，周浦镇界浜村通过联勤联动站，拓展问题发现渠道，提升问题处置效率，有效解决了曾经困扰村民出行的村级道路乱停车问题。

三是"远程帮办"功能持续优化。进一步深化"家门口"服务体系建设，不断完善政务服务功能，优化完善"远程帮办"系统，进一步理顺与市民政局"社区事务受理3.0系统"的对接关系，逐步实现向"远程智能帮办"的升级，给老百姓提供切实的便利。仅2020年一年内，百姓在"家门口"通过"远程帮办"办理个人事项22.39万件，光合庆镇一个镇，全年"家门口"服务帮办数量就达到1.4万余件。2021年1~7月，浦东新区各受理中心总计受理"家门口"服务"远程帮办"8.80万件。此外，随着"家门口"服务的不断完善，部分居村还在"家门口"添设"一网通办"24小时自助服务区，安装智慧门禁，刷身份证（或扫随申码）和人脸认证就能进入。通过这个24小时自助服务终端，老百姓可以办理涉及医保、公安、档案、人社、民政等多个部门的服务事项，包括城保缴费情况打印，证照打印，医保个人信息查询，就医记录册的更换、申领、补发等数十项业务，解决了部分市民"上班没时办，下班无处办"的急难愁问题，在时间和空间上给他们提供了更多选择和方便。

四是群众满意度不断提升。通过以上各项举措，"家门口"进一步优化了"惠民工程"，为老百姓"生活小事不出村居、教育服务就在身边"提供了更加就近便捷的服务保障，让群众在最熟悉的地方感受美好生活。比如，全区327家村卫生室在行政村实现服务全覆盖，药品从原来的150种增配至目前的300余种。又如，因地制宜设置"养老微空间"，发展微型助餐点71处，微型日托46处。建成居村委老年活动室1332家，基本实现居村全覆盖。全面完成更新832个社区健身苑点的任务。这些举措解决了许多群众急难愁盼的问题，群众满意度不断提升。国家统计局浦东调查队2020年10月调查结果显示，"家门口"服务群众满意度达9.41分以上（满分10分）。

（二）进一步深化"家门口"服务体系建设面临诸多挑战

一是服务功能仍有拓展空间。"家门口"服务体系在不断提质增能、深化升级过程中，服务功能也不断拓展。随着人民群众对服务有了更多的需求和更高的标准，"家门口"服务体系的深化升级，应不断发现问题，不断解决问题，在探索发展过程中不断完善服务功能，给老百姓提供更多的便利。如，前面提到的部分居村添置的24小时自助服务终端，在实际应用中为群众提供了不少便利，获得了广泛的好评，但目前能为居民群众提供这样24小时服务终端的居村还不多，今后可全面推广覆盖，让老百姓随时随地可以享受"家门口"服务的便利。

二是执法力量可进一步整合。"家门口"服务体系把公安、城管、市场监管等执法力量都下沉到了居村，并通过联勤联动机制整合各条线、区块的工作力量，明确工作责任、建立工作制度，使各自为政变成了协同联动，很大程度上解决了执法力量分散的问题，大部分问题都可由居村自治联动闭环解决。但在实践过程中，仍有许多问题无法通过自治解决，不同部门之间权责有待进一步厘清。处于基层治理一线的村居任务繁杂、力量薄弱，对一部分疑难杂症有些疲于应付，需进一步松绑减负。

三是参与主体需要更加多元。随着"家门口"服务体系的不断深化升级，居民群众感受到了家门口实实在在的变化，幸福感和满意度不断提升，参与治理的热情也越来越高。部分村居居民群众一起动手，打造"家门口"小花园、"家门口"科普廊、"家门口"文化墙、"家门口"休闲苑等，共同建设美丽家园。但从目前全区总体情况来看，"家门口"服务体系仍以自上而下下沉资源、提供服务为主，社会力量、居民群众参与还是不够充分，在邻里互助、基层自治方面也有所不足。

四是个性化需求应得到重视和满足。"家门口"服务体系以社区分类精准服务的模式，通过自下而上的方式提取服务需求，汇总后形成服务项目，按照不同需求提供相应类别的服务。但在需求汇总、服务分类过程中，因为资源、人力等局限，总是不可避免地暂时忽视或者搁置一些个性化需求。随着"家门口"服务进一步深化升级,要尽可能满足不同群体的需要,重视这些因当时条件局限而被暂时忽视或搁置的个性化需求,通过拓展服务、提升能级来进一步满足他们,让"家门口"服务更多样、生活更美好、城市有温度,持续提升人民群众的幸福感和满意度。

四 进一步深化"家门口"服务体系建设的经验与启示

(一)党建引领保证方向

究其本质,"家门口"服务站(中心),就是村居党组织服务群众的工作阵地,也是党建引领居民自治共治的工作阵地。因此,在"家门口"服务体系建设及不断深化升级的过程中,浦东新区始终坚持把基层党建和基层治理紧密结合,将党建引领贯穿始终。新区党委将"家门口"作为解决基层民生问题和社区治理的重要抓手,坚持以党的领导为核心,充分发挥党建引领作用,健全党建工作网络,实现以党建带群建、促社建、推创建,把中央要求和上级指示精神真正落实到基层,以此为基础吸引居民群众和社会力量共同参与基层治理,实现多元共治。通过基层党组织,将区域内各条线、各区块党建资源凝聚起来,实现资源与需求的顺畅对接,充分发挥党员示范作用,让他们成为社区治理的参与者、志愿者和引领者,让群众感受到来自党组织和党员的服务与温暖,动员更多群众参与到"家门口"服务中,不断提升党建显示度,形成共建共治共享的格局。

(二)联勤联动提高效能

"家门口"服务站建设伊始,就坚持综合统筹、系统集成,与村居委标准化、规范化建设相结合,运用"基本功能+拓展功能"相结合的方式,注重自上而下注入资源和自下而上生成项目,上下贯通、横向联通,将村居

"家门口"服务站建设成为具有综合性功能的平台。着眼于群众最基本的需求，浦东新区尽可能地把资源下沉到百姓身边，整合进"家门口"服务体系，为居民群众提供就近、便利、稳定、可预期的服务。一开始，各执法力量虽然都下沉到了居村，但各自为政，难以形成合力。2020年后，全区联勤联动站实现全覆盖，通过联勤联动机制整合工作力量、明确工作责任、建立工作制度，使各自为政变成了协同联动。治理过程中遇到问题，居村党组织书记通过机制、制度就能协调解决，使得资源和服务真正落实到了基层。通过"家门口"服务体系，社区治理方式从以往的行政命令式转为依法协商式，逐渐探索形成党建引领下的自治、共治、德治、法治"四位一体"机制。

（三）服务标准规范流程

"家门口"服务体系，之所以叫"服务体系"，重点在服务。而服务是相对比较软性的东西，同一项服务内容，因提供服务人的做法不同，往往结果不尽相同，前来办事的居民百姓的体验度，更可能天差地别。这样一来，若是人事流动，操作因人而异，就很可能造成面上服务效率、服务品质的不平衡、不充分。浦东新区对此积极寻求对策，适时推出了"家门口"服务规范，对"家门口"服务的服务内容、服务要求、服务评价等方面都明确了流程制度，划定了工作边界，在遵循现有规章制度的基础上，突出指导性与实践性、共性与个性的有机融合，实现功能、资源与项目的有机统一。通过对服务内容、功能设置、人员要求、服务要求等基本要素进行规范，使"家门口"服务更有章可依、有理可循，以标准化促进服务品质的不断提升。根据新区要求，"家门口"服务规范每三年修订一次。2021年11月，新版"家门口"服务规范已经正式发布和实施，在2018年版本基础上增加了服务理念、服务机制板块，将居民区"家门口"服务站、村"家门口"服务中心、村"家门口"服务点加以区分，联勤联动机制也正式写入规范。新规范是对前期实践经验的总结和提炼，也是对未来几年"家门口"服务指导。

（四）智能化创新赋能

一方面，智能化为基层赋能减压。"家门口"服务体系将大量区级资源、服务下沉到基层，居村承担了比以往更多的功能，负担和压力都有所增加。在进一步深化过程中，浦东新区坚持有效运用科技手段，强化科技赋能，积极推进智能化建设，加强一站式"互联网＋"管理服务在居村层面的应用，以数字化智能化代替许多纸质化的人力工作，切实减轻基层压力。比如，"家门口"服务初步建设完成了智能化平台，形成了以"1＋2＋1"（"1"即一个专题数据库；"2"即两个智能化应用平台：简洁好用的村居操作平台，以及智能互通的村居、街镇、委办的管理平台；"1"即一个区级可视化分析研判管理平台）为架构的智能化系统，推动实现居村纸质台账趋零化。积极推动"社区云"平台在居村全覆盖使用，开发并不断完善以"房态图"为基础的居村管理端。对区级部门下沉系统逐一对接、分析研判，对部分平台维护主体进行调整，取消对村居进行系统维护的要求，减少多头登录、反复登录。对居村填报的表格，通过要素提炼、流程再造进行革命性重构，完善数据治理体系，强化智能技术运用，减少基层居村干部的重复劳动。

另一方面，智能化为群众解忧添彩。通过优化完善"远程帮办"系统、建设"智治通"平台等，为社工、为群众提供智能助手，并提供发展和创新空间。以线上服务结合线下服务，搭建全区线上线下一体化的智能排队系统，实现服务事项下沉。在不改变办理主体、不涉及办理资格、不需要授权、不增加人手的前提下，推进街镇社区事务受理中心事项全部可在村居受理、高频事项可自助办理，实现了让"数据多跑路，群众少跑腿"。

五 浦东新区"家门口"服务体系建设的未来展望和建议

浦东新区"家门口"服务体系，是践行人民城市理念、推动共建共治共享实践的生动范例，也是基层社会治理体系的基础性平台。接下来，浦东新区仍将继续坚持以人民为中心的发展思想，以打造社会主义现代化建设引领区为核心使命，持续深化"家门口"服务体系建设实践探索，努力构建富有活力和效率的新型基层社会治理体系。展望今后的工作，笔者有几点方向性的思考和建议。

（一）党建引领与自治共治相结合

基层治理是国家治理体系和治理能力现代化的重要根基。"家门口"服务站（中心）的建设，与村居委标准化、规范化建设相结合，运用基本功能和拓展功能相结合的方式，自上而下注入资源、自下而上生成项目，将社区治理方式从行政命令转为依法民主协商，为打造共建共治共享的社会治理格局提供重要平台。这是创新基层治理的积极探索和实践。几年下来，"家门口"成为浦东新区基层社会治理的一个亮点和品牌。在基层社会治理中，党建引领是关键，是不可偏废的核心。村居作为基层治理单元，是党的工作最坚实的力量支撑，也是党联系广大人民群众的主要平台，更是党执政的重要基础。治国安邦，重在基层；管党兴党，重在基础。党建核心不能忽视，在党建引领的基础上，坚持居（村）民自治、多元共治，激励、吸引多元主体自愿、平等地参与到基层治理中。"家门口"服务体系，从自下而上提取服务需求开始，坚持民主参与方式，将从以权管理、提供服务渐渐过渡到授权于居民群众，从权力的单中心演进为多权力治理中心，最后形成由居（村）民自我组织内外部资源、管理社区事务、解决社区问题的自治样态。同时，坚持体制机制创新，吸引社会组织、企业、群团组织等多方力量参与，为居（村）民提供形式更为多样、内容更为丰富的"家门口"服务，确立共建制度、建立共治机制、促进共享实现，形成良好的社会治理格局。

（二）"一站式"服务与联勤联动相结合

"家门口"服务体系提供的是"一站式"服务，功能齐全、上下联动，通过项目化的运行方式，精准化、便利化服务群众，实现日常服务就在身边，应急服务一键办成。这是"家门口"服务的亮点所在,也是百姓获得感和满意度的来源。但要继续做优服务、拓展功能、巩固优化提升"15分钟服务圈",应进一步把公共服务、自治共治资源汇聚到离群众最近的地方,提升养老、物业、就业、健康、文体等群众关注度、需求度高的服务事项能级,推动便民事项"就近办、网上办、掌上办",让居民群众享受更丰富更便利更优质的服务。在资源、服务下沉的过程中,深化联勤联动,做实属地统筹协调,做优条块协同联动,全面实现居村联勤联动"一站统管"。"一站式"服务结合联勤联动,以提高突出问题处置实效为导向,强化执法资源下沉制度化、联勤联动微平台应用实战化、协同处置机制高效化,形成规范高效、实战实用的居村联勤联动站运行模式,切实提高群众的安全感和满意度。

（三）标准化规范与个性化服务相结合

在社会治理和公共服务领域,统一的标准能促进社会治理进步、公共服务完善,在治理和服务过程中减少人为因素,让社会治理和公共服务可量化可考核可复制。浦东新区家门口服务规范的意义正在于此。但随着人民对美好生活需求的不断提升,完全标准化统一化的服务已经不能完全满足百姓的需求。"家门口"今后发展和工作的方式,应当处理好标准化和个性化的关系,注重因地制宜,不搞"一刀切",避免行政化机关化、避免重展示轻功能、避免有管理无痕迹、避免布局僵化不灵活。坚持标准化规范结合个性化服务,以基本功能的标准化带动服务的规范化,以服务项目的个性化解决需求的差异化。区层面建立框架、出台规范、形成样板,增强显示度。各个村居结合自己的特点,在严格遵循规范的同时拓展个性服务功能,挖掘自身资源,形成自己的服务项目清单,建设各富特色的服务站（中心）,真正将"家门口"服务体系建成提供基层社会治理服务的有效载体。

（四）智慧治理与精细治理相结合

随着互联网、大数据、云计算、人工智能等新技术的快速发展,"智慧治理"作为一个时代命题被提出并应用于各级治理之中。究其本质，智慧治理就是以社会治理中各参与主体的需求为工作中心，在整合资源的基础上，提供个性化的创新型服务模式。智慧治理不仅是技术赋能的高质量治理，也是推动智慧城市发展的有效路径。在基层治理中，善用智慧技术，将智慧技术充分融入村居管理中，在信息化的进程中注重社会管理、资源节约、环境友好、市民参与、生活品质，无疑将极大地提升治理效率和治理效能，提高人民群众的满意度和获得感，实现公共服务的精细化和精准化。浦东新区"家门口"服务体系，本身就是基层社会治理方面的一个创新举措，与超大城市运行管理紧密联动，把经济治理、城市治理和社会治理统筹推进、系统集成。在"家门口"服务体系今后的建设中，必须注重科学化、精细化、智能化，推动智慧治理与精细治理相结合，通过引入现代新科技手段，提高治理效能、提供精准服务，实现科学化施策、创新化供给、智慧化管理、精准化监管，有效满足多元化、多层次的社会需求，探索出一条有中国特色的城市治理现代化之路。

B.8 提能增效：张江镇创新租赁住房管理新模式

张雯琪[*]

摘 要： 群租房现象是快速城市化进程中的"顽疾"，影响了城市社会的安全和稳定。张江镇曾长期深受群租现象困扰，在这一治理领域倾注了大量的人力、物力和财力。为助力张江科学城集聚海内外人才，张江镇坚持问题导向，深入推进租赁住房管理的机制创新，通过转变治理主体、激发市场活力、流程再造和大数据应用场景落地，探索出政府主导、市场驱动、智能化监管的租赁住房管理新路径。治理模式从传统人工管理向智能化治理转变，从粗放式整治向精细化治理转变，从单纯政府监管向社会协同治理转变。治理思路从群租整治向租赁住房管理服务转变，筑牢张江科学城人才安居服务的底板。未来，张江还要进一步完善住房租赁交易服务平台的功能，推进租赁住房管理服务体系建设，构建多渠道人才住房保障体系，助力张江科学城的发展。

关键词： 租赁住房 群租整治 智能化治理

安居乐业是人民实现美好生活的基本需要。群租房问题是城市治理中的一大难题，由群租房引发的公共安全事件和各类纠纷、矛盾层出不穷，给人民群众的生产生活和生命财产安全带来危害，极大地影响了城市社会的稳定

---

[*] 张雯琪，中共浦东新区区委党校讲师，主要研究方向为社会发展理论。

和发展。张江镇认真贯彻"人民城市"理念，根据《上海市居住房屋租赁管理办法》《关于加强本市住宅小区出租房屋综合管理工作的实施意见》等文件精神和要求，大力创新租赁住房治理服务模式，助力浦东社会主义现代化引领区发展。张江镇通过创新租赁住房管理的模式，为张江人才提供安心、宜居的居住环境，帮助各类人才在张江住得安心、舒心、开心；通过赋能住房租赁市场，为张江留住人才、成就人才，助推经济社会发展，为张江建设具有全球影响力的科技创新中心和国际科技创新中心核心承载区提供保障。

一 张江镇创新租赁住房管理模式的背景

张江科学城是中国打造的具有全球影响力的科创中心。上海2035年规划将张江板块新增为"国际一流科学城核心承载区"，将张江提升至全球科创竞争的战略高度，张江将代表中国科创，参与世界竞争！凭借开放便利的人才政策、谦和包容的人文生态、和谐宜居的居住环境，张江人才吸引力持续提升，今天的张江已成为高新技术齐聚、创新人才汇集之地，被誉为中国的硅谷。作为国家创新战略的重要承载地，张江正向着世界级高科技园区的愿景目标阔步前进。

然而，四年前，张江地区的居住环境却与国家级高新技术产业开发区的战略使命地位不相匹配。张江聚集着大量科技企业，随着国家科创中心战略持续推进，越来越多科创人才和建设者涌入张江，人口的迅速流入催生出庞大的住房租赁市场。张江镇又是市、区级大型保障房基地，整个张江镇地区有大量的动迁小区，部分动迁小区群租率高达80%以上。一边是人才流入需要安心居住的地方，一边是农民手中有大量多余房源，旺盛的市场需求以及利益驱动催生了群租的乱象。

张江地区一度租赁市场混乱、群租泛滥，一个镇的群租房数量多达6000余套，几乎占到整个浦东群租房数量的一半。房源多、租赁住房需求量大、利润高，越来越多人做起了"二房东"，活跃在张江地区从事房屋出租的"二房东"一度多达2000多人。庞大而混乱的租赁市场，给不法经租公司和"二房东"提供了可乘之机,也给社区治理带来诸多难题,包括治安、环境、安全、卫生、噪声等。在利益驱使下,一套房子被"二房东"隔成多个单间,每人的居住空间不足5平方米,租客们自嘲他们住在一个个"鸽子笼"里。

然而,对于刚刚走出校门的大学生群体、创新创业的年轻人来说,租赁住房是他们的必选。安全宜居的居住环境是他们在一座城市乐业的保障,也是他们生活和工作上的权益之一。张江科学城要实现从"园区"到"城区"的转变,关键在于吸引、留住人才,为各种人才提供适宜的居住条件,绝不能让这些"鸽子笼"束缚了"张江梦"。

为助力张江科学城集聚海内外人才,为张江科学城高质量发展注入强劲动力,2014年开始,张江镇就着手治理群租现象。但由于缺乏经验,技术也跟不上,早期的群租治理都靠被动发现,只有邻居投诉、社会举报,或发生治安问题,治理人员才会上门调查,随后展开执法,做出整治决定。一段时间后发现,只"堵"不"疏"的治理如同猫捉老鼠,问题很容易复发,很难达到根治的目的。

针对全面整治监管难、群租易复发的情形,张江群租办放弃了全面撒网的策略,转而以小区为单位逐一拔点治理,开启群租整治新行动,决心把群租房的顽疾治理到底。2017年,张江镇以群租矛盾突出、居民投诉集中的申城花苑二期小区为试点,启动了一场针对群租乱象的"拔点工程"。申城花苑整个小区500套房,有200多套用于群租,房屋私自改造、私拉乱建和人员混杂现象突出。群租现象最为泛滥的时候,一套三室两厅的房间能被二房东分割成六七个单间,住上十几个人。

张江镇抽调城管、公安、房办等部门骨干,整合社区力量组成镇群租办,利用联防联控机制以及信息化手段清理群租户,通过信息资源同享、执法行动同步、管理职责同担,开展了一场群租房整治专项行动。经过三年多的综合治理,"拔点工程"取得很好的效果,张江镇各个小区逐渐恢复其本来面目,一种新型的群租治理体系已经形成。在基本消除群租乱象后,张江镇又进一步将工作目标聚焦到规范住宅小区、农村宅基地房屋的租赁行为上。

二 张江镇创新租赁住房管理的举措与机制

张江镇坚持问题导向，深入探索租赁住房管理的机制创新，探索出"政府+市场"双驱动、"数据+应用"双落地的租赁住房管理新路径，打造租赁治理模式的新样板。

（一）"六大转变"完善顶层设计

张江镇立足实际，围绕科创中心和科学城建设两大战略，瞄准服务全镇居民群众和创新创业人才两大主体，聚焦"六大转变"[①]实现提质增能，推动租赁住房管理从"政府驱动"向"政府+市场"双向驱动转型升级，即：治理思路从群租联合整治向租赁住房管理服务转变；治理主体从单纯的政府监管向"政府+市场"管理相结合转变；治理模式从传统人工管理向智能信息化管理转变；治理方式从线下向线上线下相结合转变；治理重点从城市地区向农村地区转变；治理精度从粗放型向精细化转变。着力推进租赁住房管理服务体系建设，把张江打造成宜居宜业的友好之城、创新创业的活力之城，为张江百姓宜居幸福指数"加筹加码"。有了顶层设计，张江打响了租赁治理攻坚战，各项措施有条不紊地展开。

（二）政府搭台健全治理机制

城市治理离不开政府的引导。在租赁住房管理创新中，张江镇政府担负着制度供给、平台搭建、要素整合等职能，发挥着"有形之手"的引导、支撑、协调和保障作用。政府"有形之手"与市场"无形之手"互为依托、相辅相成，使租赁市场迸发出活力、保持良性发展势头。

1. "1+1+4"优化工作架构

张江镇坚持民生为本，把租赁住房安全管理作为重要的民生工程。2021

---

① 参看《张江镇关于推进租赁住房管理服务工作筑牢科学城人才安居服务底板的实施意见》，2021年3月30日。

年3月，张江镇出台《张江镇关于推进租赁住房管理服务工作 筑牢科学城人才安居服务底板的实施意见》，建立了"1+1+4"工作架构①。"1"即保留原"群租整治办"1块牌子，继续守好"安全底线"。在此基础上，新建1套班子，即成立张江镇租赁住房管理服务中心，下设4个工作组。4个工作组分别是综合协调组，主要负责做好与属地派出所、消防、城运中心等相关职能部门单位的协调和沟通，牵头跨部门协作，探索智能化应用场景落地等工作；群租整治组，主要负责做好日常房屋人员信息数据资料登记、日常巡查、联合整治、行政处罚等工作；数据平台组，负责"24小时安防系统"的安装推进、相关部门报警数据的联网接入、租赁住房数据库的日常维护，推进登记备案数字化转型相关工作；权益保障组，负责租赁纠纷热线服务，监督住房租赁合同履行，保障租客合法权益。

2. 多管齐下完善工作体系

一是加强组织领导，强化责任落实。在张江镇党委、政府的主导下，镇租赁住房管理服务中心建立统筹规划、协调指导、督促检查的工作机制，统筹推进全镇租赁住房管理和服务各项工作，确保各项任务按时按质完成。

二是强化部门联动，实现闭环管理。治理过程的一个重要基础是协调，即有关各方达成共识，建立良好沟通机制。一方面，在参与治理的各个主体之间进行沟通协调，建立协调机制。另一方面，强化部门联动，通过建立健全联席会议制度、信息共享制度、联勤联动机制，使各部门密切联动、有效配合，协调解决治理过程中的难点、重点问题，形成了高效治理合力。

三是密切条块衔接，深入协作配合。密切条块之间、条条之间、块块之间的职能联系。引导业委会、物业、居民等主体参与治理，进一步激发居委、业委会、物业"三位一体"社区工作优势。村居层面利用电子屏、黑板报、横幅、微信群、短视频等形式广泛开展房屋租赁管理相关法律法规宣传，协助镇租赁住房管理服务中心做好感知设备入户、信息沟通、政策宣

---

① 参看《张江镇关于推进租赁住房管理服务工作筑牢科学城人才安居服务底板的实施意见》，2021年3月30日。

传、矛盾调解引导等各项工作，与中心及部门形成有效合力，推动群众身边问题解决，推进租赁住房管理服务工作。

（三）市场驱动为治理注入动力源

治理是为了更好地服务。市场机制下，既要严格监管又要为房东和"二房东"提供出路，张江镇利用市场机制驱动作用，源源不断地为治理注入动力。

1. 用好"X+1"市场准入这一核心抓手

根据《上海市居住房屋租赁管理办法》和《张江镇"X+1"合租房装修规范》规定，允许符合条件的租赁当事人在张江镇开展"X+1"合租房租赁业务，即允许将饭厅、过道除外12平方米以上的客厅作为房间出租。

在"X+1"基础上，严格落实"两个提高"。一是提高了"X+1"验收标准。在原有的房间基础上，只有客厅可以隔出一间住房，其他房间不能改变原有用途，违规部位必须恢复原始设计样貌。二是提高了群租惩治力度。一旦发现违规现象，"二房东"名下的所有房子都要进行一次彻查，纳入黑名单，而且不允许其"X+1"改建。这样少一间房子出租，每套房每月就少几千元的收入。"X+1"标准的严格落实，使"二房东"们的违法成本提高了，权衡利益得失后，"二房东"从逃避抵制到主动配合，违规违法现象自然就减少了。

2. 活用奖惩机制让"良币驱逐劣币"

在张江租赁市场中，"二房东"群体是供应主体，是链接大房东和房客的关键环节。随着"X+1"标准的严格执行、数年的综合治理，张江镇租赁住房市场逐步得到理顺。在此基础上，张江镇建立了一套科学的市场监管规则。对于遵守规则的"二房东"，确保其合法收益；对于违反规定的"二房东"，执行严格的处罚制度。以"X+1"许可为依据，按《上海市居住房屋租赁管理办法》及相关法律法规，在1万~10万元行政处罚区间内进行阶梯式处罚，对拒不缴纳罚款的当事人取消"X+1"许可。

不但要确保"二房东"合法收益，正规公司收房还可获得奖励补贴。

张江镇以市场主导、政府监管的方式引导租赁市场健康发展，通过建立统一的代理经租平台，将符合标准的正规房屋出租企业纳入张江代理经租推荐名册。企业进入代理经租平台，就象征着品质与安全保障。考虑到正规经租公司在运营成本上高于"二房东"，为了不发生"劣币驱逐良币"现象，对于纳入代理经租平台的企业，政府运用经济手段予以激励，实行房源租金补贴和服务站租金补贴。另外，张江对提供代理经租房源的业主根据其房屋大小给予2000~3000元不等的一次性奖励。在奖惩并举机制下，张江镇租房市场运营更加规范有序，就连躲避打击、不法经营的"二房东"也主动投奔"正规军"。

同时，张江镇通过开设租赁纠纷服务热线、建立"二房东"信用档案，督促租赁双方履行合同。对于"二房东"克扣押金、拒付违约金等违约行为坚决惩处，切实维护和保障租客权益，以此规范净化住房租赁市场。

（四）大数据场景落地助推长效治理

张江镇以"为人才做好租赁服务"为导向，以城市运行"一网统管"为牵引，探索出集民生服务、信息运用、房屋监管等功能于一体的智能化租赁住房管理服务中心，用数字化赋能房屋租赁管理，探索出更多的服务和管理功能。

1. "大平台"布局一盘棋

租赁备案登记线上"一站通"。租赁住房管理服务中心探索出租赁备案登记线上"一站通"便民服务，即经使用人申请及现场处置组现场核实后，对符合"X+1"标准的房屋，房东、"二房东"直接通过平台上传"一书一表"，实现备案登记从"线下跑"到"线上点"。"一书"即针对出租户的，承诺一旦违规将自愿解除租赁合同的承诺书。"一表"即租赁房屋登记表，内容包括房东、"二房东"身份证和租赁合同等关键信息。

房屋信息"一屏观、一键查"。经过三年多的群租整治，张江镇89个居民小区都拥有了独立完备的档案，这些手写的台账已经全部完成了电子档案转化。通过前期一家一户的大数据采集，后台按照既有条目形成统一信息数据，与镇大数据应用中心平台共享联动，对所有房源实行统一动态化、数字化管理，定期对房源的总量变化、出租情况、租金等各个方面的指标做综合的统计分析，为租户提供更精准的信息、更精细化的服务，做到每户信息"一屏观、一键查"。

安全隐患问题"第一时间处置"。发挥租赁住房管理服务中心视频信息、数据信息汇总分析等功能，将其输入端与所有安装"四件套"出租房屋的传感器相连接，实现同步传输、同步共享。以联勤联动为核心，加强应急管理，将平台中心视频、数据信息等同步共享至居村联勤联动站，确保问题第一时间发现、人员第一时间到达、隐患第一时间排除。

2. 多功能小程序寓管理于服务

张江镇寓管理于服务，为房东群体专门开发"安居张江里"小程序，其功能涵盖了租赁房管理日常所需，如房源查询、合同管理、租客管理、收入记账等。通过引导房东对小程序的日常使用，同步实现出租房、租客等信息的云端更新。另外，在街道开展二维码出租房屋管理试点，解决了出租房屋信息采集难、更新慢等难题。

在完善数据采集的基础上，张江镇进一步探索租赁房屋网上登记备案、居住证办理绿色通道等数字化便民应用场景落地，提升出租房管理的信息化、精准化水平，为租客提供更安全更整洁的出租房。

（五）智能化监管完善日常安全风险防范

张江镇围绕"更有序、更安全、更干净"的目标，建立协同高效的租赁住房风险防控体系，全力推动城区精细化治理。

1. 精准数据从源头杜绝安全隐患

要规范租赁市场，杜绝非法租赁，首先就要从源头做起，掌握一手资料，以供正确决策。针对租赁住房市场上出现的"二房东"随意分割租赁房、无序竞争、租金贷等非法现象，张江镇从管好房源开始加强监管。

房屋数据的高效精准采集，是实现数据精细化应用的关键所在，直接影响精细化治理的成效。张江镇在全市首创建立了租赁住房管理服务中心。该平台自上线以来，在线房源已覆盖张江镇各居民区，类型涵盖分散式、集中式市场化租赁住房，非居转化的市场化租赁住房，集中新建的租赁住房。

近期，租赁住房管理服务中心又推出住房租赁企业的信息和房源信息记载功能，已有多家租赁经营企业完成企业信息和房源信息双备案。出租方备案信息一司一档一码，通过平台向全社会公示。企业每月动态维护房源，连续2个月房源无维护痕迹的，即启动行政约谈。同时，通过比对企业申报房源和产权登记系统信息，对平台内的租赁房源进行筛查，将存在违法搭建注记、查封限制的房源列入不合格房源，要求公司及时予以整改，确保房源真实有效①。

坚持源头管控，充分发挥镇联勤联动三级网络优势，强势打击各种租房乱象，实现从租房、交房到装修、入住全流程管理，为出租房房源有序收储和运营提供良好环境。

2."四件套"智能防范破解监管难题

当前，出租房尤其是合租房成为住房租赁市场的刚需，而合租人员复杂、人员流动性强、管理难度大，大大增加了火灾、燃气泄漏等安全隐患。针对这一监管难题，张江镇转变思路，从"事后罚"转向"事前管"，探索出一条市场化、智能化监管路径。

在硬件建设上，张江镇积极引入市场供求机制，鼓励第三方安防保全公司在出租房内安装安防"四件套"——视频报警主机、烟雾报警器、燃气报警器、紧急报警按钮设备——将中心视频、数据信息等同步共享至居村联勤联动站，实现24小时安防保障。一旦发生紧急事件，值班人员能够第一时间做出反应，第一时间处置隐患。目前，这一安防设备已在申城佳苑居民区和环东中心村出租房试点安装，到2023年底实现农村租赁房全覆盖。2021年底，将完成4000套安防"四件套"布点，逐步推进出租房管理从住宅小区向农村区域覆盖。同时，引入保险机制，引导出租人与第三方公司签订保全协议，当发生安全事故时，为租客人身财产损失提供保障，解除其后顾之忧。

---

① 《从源头管控到长效管理，浦东新区多举措稳定租赁市场》，《浦东新区大调研》2021年6月7日。

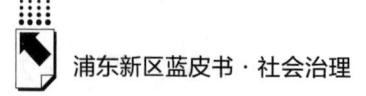

数据集成上，张江镇通过政府购买数据的方式，从第三方获取安防报警数据，并接入城运中心、管理中心、派出所、消防大队等管理平台，实现安防智能化闭环管理，破解租赁住房安全隐患问题。

3. 监管平台创新服务为消费者保驾护航

张江镇创新租赁服务平台监管功能，为租客安居保驾护航。租赁平台首创采用的"服务＋监管＋信用"模式，集交易服务、安全监管和信用引导于一体。平台创新引入信用动态评价机制，为事前预防、事中处置、事后评价的社会化综合管理提供了依据。租赁监管功能的正式上线保障了租客的权益，租客租房再也不怕"暴雷"、"逃路"、"黑中介"、恶意克扣、房东突然涨租了。

针对一些因房屋租赁企业"爆雷"引发的房东、房客的租赁矛盾，通过定期自查、专项管理、个人风险明示等方式，探索资金监管风险预警机制。比如，平台对租金贷房源实施专项管理。租金贷比例占企业租金收入比例超15%的企业，启动预警机制，告知相应金融机构，落实压降计划。创新监管平台动态评价机制，为消费者租房保驾护航。

一体化租赁交易服务、全面的安全监管模式、创新的信用引导机制形成了联动服务的监管模式。从源头管控到长效管理，多措并举，确保住房租赁市场稳定、规范、健康有序发展。

三 张江镇创新租赁住房管理模式的治理成效

张江镇坚持以"拔点"整治为先、常态化治理为本，强化科技赋能、疏堵结合，对群租行为实施重拳出击、精准打击，治理取得了良好的效果。租赁市场由恶性竞争到良性循环，居住环境由无序走向和谐，治理由粗放走向规范化、智慧化、精细化。

（一）"科学城后花园"变得和谐有序

张江镇创新租赁治理模式成效显著，2017年至2020年6月，累计排摸出租赁房20048套，治理群租房16649套，累计整治41622次。目前，张江全镇89个小区的群租现象全部得到了治理，维护了城市环境秩序和社会公共利益。

如今，张江各个小区"鸽子笼"不见了，出租房逐步告别了"脏乱差"。走进张江镇申城花苑小区，可以看到一片祥和安宁，居民现在对居住环境的满意度大大提升。综合整治过后，最大的变化就是出租房装修质量有了质的飞跃。全镇出租屋安全环境明显好转，出租屋挂牌达标率为100%，消防安全发生率实现"双零"突破，张江的租户们住进了正规、安全的出租房，安全感和幸福感有效增强。在张江租房，不用再为租不到合适的房子而费心，更不用担心会遇到不良中介、假房源和"套路租"。租赁住房不仅安心、放心了，也省心了。张江镇租赁治理模式，在为人才提供规范租房保障的同时，也为社区营造了安全、干净、舒适、有序、和谐的生活环境。不仅周边环境越来越好，各种安全措施也越来越齐全，各类服务也在不断完善，居住在张江越来越有安全感。

解决了群租，告别了群租乱象，张江"科学城后花园"变得和谐而有序，市民群众的安全感、获得感、幸福感大大提升，租赁治理走上了规范化、常态化、精准化之路。

（二）租赁市场由无序走向规范化

张江镇坚持问题导向，以"安全、宜居"为治理目标，在群租房整治工作中做到了管、防、严、惩、堵、疏"六位一体"，通过政府集中整治、主题宣传、市场化引导、全民参与等形式，形成了抵制群租的良好氛围。

张江镇先后出台了《张江镇关于推进租赁住房管理服务工作筑牢科学城人才安居服务底板的实施意见》《张江镇"X+1"合租房装修规范》等一系列强化租赁治理的规范条例，为治理体系奠定了制度基础。为巩固前期的群租整治成效，张江镇制定了严格的出租房屋登记审核制度，全镇出租房屋登记规范标准化，对违法建筑及未达到消防标准的住宅一律不予登记备案和出租；租赁机构签约租赁住房管理服务中心平台，要公开承诺"守法经营、诚信服务""不赚取租金差价""不捏造散布涨租信息""不违规开展租金消费贷款业务""不为'黑中介'发布信息"等，实现了从源头上把控出租房房源信息的真实可靠性。

张江镇在租赁住房整治过程中，注意程序规范，以事实说话，所有过程公开透明，所有群租整治都采取同一个标准，这一做法极大地获得了居民的认可，赢得了居民大力支持，形成了治理的最大合力。租赁住房管理服务中心平台的上线，实现了全流程无缝监管，进一步规范了租赁市场。从登记、备案、跟踪到监管等条线，形成了全流程闭环管理。在科学严格监管下，张江镇住房租赁环境由恶性竞争走向良性循环。

从源头到过程，严格规范，科学监管，精准施策，张江镇创新租赁管理模式既规范了经营主体的行为，又净化了租赁市场环境，切实地维护了广大人民群众的合法权益。

（三）治理由传统粗放走向智慧化、精细化

运用大数据实现精准治理，张江租赁治理走上精细化治理之路。

张江镇现有外来人口约15万，租赁住房20428套，其中合租房14604套，占比高达71.5%。如此庞大的人流量和基础体量，对传统的人工数据采集方式提出了极大的挑战，仅靠人力很难准确及时地完成人、屋信息采集工作。张江镇通过多区域布点、多功能集成、一站式运作，深挖数据关联性、信息共享性和服务联动性，逐步完善"主动发现—自动推送—智能解决"数据处置模式[①]，充分发挥大数据集成功能，依托镇城运中心数据分析和管理应用优势，进一步探索租赁房屋网上登记备案、电子签约、智能化监管等数字化便民应用场景落地，依靠科技手段，做到科学预判、精准施策、高效治理。

基于领先的物联网技术，张江住房服务中心平台将政府、企业、个人用户的不同需求有机结合，提供一站式分类服务，实现智能化治理、智能化服务，为传统的房屋租赁市场注入全新能量，推动住房租赁由"治理"变"智理"，大大提升了服务管理的能效。

---

① 《张江镇深入探索租赁住房管理新路径》（工作交流2021~22），2021年6月2日。

四 张江镇创新租赁住房管理的经验与启示

张江镇坚持问题导向，聚焦重点、难点问题，创新突破，形成了很好的经验和做法。张江镇租赁治理模式，具有风向标意义，已在全市总结推广，也为其他城市住房租赁治理工作提供了借鉴与启示。

（一）政府主导是长效治理的保障

社会治理要发挥政府主导作用。从张江租赁治理的成功经验中不难看出，党建引领下，政府做好顶层设计，发挥主导作用，协调各方形成共治合力，始终是张江镇群租治理成功的关键所在。

面对群租乱象、房源供需矛盾、租赁企业爆雷、租金贷、长收短付等复杂社会问题时，充分发挥政府在社会治理中的主导作用，毋庸置疑。政府主导治理模式是政府出动铁拳对社会问题进行治理，却又不完全取代市场的作用的一种治理模式。房屋租赁是一项复杂的民生工程，在住房租赁市场混乱不堪的情况下，作为市场"守夜人"的政府必须出手，搭建互动平台和载体，建立政府和社会的互动机制，以此推动多元主体合作，形成多方力量共同参与的治理格局。

实践证明，张江镇政府相关部门自上而下高度重视住房租赁市场治理，统一调度，牵头编织"群防群治"一张网，以镇、社区、村居三级联勤联动站为依托，协调各部门通力配合，确保工作资源、人员力量和资金到位，形成系统、科学的工作机制，凝聚了强大的治理合力，解决了群租这一城市化的顽疾。在群组治理中，张江镇充分发挥了基层党组织的领导力和政府主导作用，从思想、创新、组织、机制、服务等方面进行了全方位的引领。正因为有了党组织强有力的领导，政府的统筹协调与严格监管才获得了显著的成效。政府积极主动作为是现代政府的实质属性，而政府引导则是社会治理合力形成的关键，为常态长效治理提供了坚实保障。

（二）市场机制是长效治理的动力

社会治理责任在政府，活力在社会，潜力在市场。良好的社会治理是市场、政府、社群三者协同发挥作用的结果。

张江镇在租赁住房治理中主动引入市场化的思维，注重发挥市场在资源配置中的整合作用。在租赁住房硬件建设和数据集成上，张江镇积极引入市场供求机制，鼓励第三方介入，政府通过购买服务的方式，引导企事业单位进入公共服务领域，为长效治理注入了鲜活的动力。在资源配置上，市场机制作用的发挥，既盘活了农民手中大量闲散房源、丰富了市场供给，又把各方出租公司、出租人、政府相关部门等多方力量聚合起来，形成各方共治的合力。在政府、市场和社会的协同治理中，有效破解了现实中遇到的治理难题，解决了租赁市场不规范、无序竞争的问题，极大地推进了整个租房市场规范有序运营。

张江以"安全、宜居"为治理目标，既充分发挥市场在治理中的配置激励作用，又发挥政府对市场协调失灵进行干预的作用，通过市场化激励引导、政府集中整治、全民参与等形式，形成了抵制群租的良好氛围，为长效监管和治理提供源源不断的动力。

（三）智能化手段是高效常态治理的关键

数字信息化时代，科技对社会治理现代化的支撑作用越来越明显，政府依靠碎片化的传统治理方式已难以应对各种复杂、顽固化的城市治理难题。

张江是国家级科技园区，也是群租房重灾区。张江外来人口多、人口流动量大、租户多、租赁需求大、租赁市场复杂而庞大，管理力量和管理幅度不匹配，如果用传统的做法，做不全也做不好，只能事后补、事后做、事后堵，这就提出了创新管理的要求。张江借助智能化的手段，实现了从"事后罚"转向"事前防"，做到早布局、早发现、早处置。换言之，城市治理必须走出一条科学化、精细化、智能化的"城市大脑"建设之路。

张江镇租赁住房管理服务中心以数据"赋力"，加速数字化布局，加快建成数据应用中心，推动全域全量数据汇聚共享，深度开发统计分析、趋势预测等功能，推动租赁治理由经验决策向数据决策转变。落成后的租赁住房管理服务中心，打造出多种功能整合、多项任务切换的综合管理指挥中枢，构建了权责清晰、协同配合、运转高效的治理机制和应急机制，极大地促进了治理能力和治理水平的提升。智慧化技术为租赁治理提供了重要支撑，在群租治理中发挥着重要的作用。张江镇创新租赁治理模式的实践表明，要实现科学化、精细化、常态长效治理和治理能力升级，智能化手段、科技支撑是关键。

五 进一步优化租赁住房管理的对策建议

张江住房租赁治理已经取得了良好的效果，推动了租赁治理的智能化、精准化，但也存在很多问题。如，张江租赁住房供给和需求之间仍有较大缺口，住房品质不高，基本配套"先天不足"，人才获得感还不够。治理主体上，目前租赁治理主要是政府和市场机制发挥着主导作用，公众的参与度不高，群众的积极性、主动性没有能够充分调动起来。管理模式上，还不够精细化，如租赁标准不统一、公共安全设施不完善，还存在安全隐患等问题。治理手段上，大数据应用租赁治理还处于探索阶段，智能化覆盖面与利用率不高，功能相对单一，智能化还有提升空间，需要进一步改进和完善。针对目前存在的问题，本文从以下四个方面提出进一步提升的建议。

（一）政府主导形成共治合力

群租房治理，一方面需要政府主导给力，另一方面需要群策群力实现居民自治，多管齐下才会有好的效果。

国家的社会治理格局强调党委、政府、社会、公众等多元主体的共同参与，而不是单纯地依靠政府。换言之，社会治理不仅需要政府承担"有为政府"的责任，还需要公民自己负责。党和政府主导的目标是要通过党的领导的政治优势，以及政府主导的强大统筹协调能力，把群众动员和组织起

169

来，使人民群众成为社会治理的主体。这就要充分激发人民群众的主人翁精神，最大限度调动人民群众的积极性、主动性、创造性，让人民群众成为城市发展的积极参与者、最大受益者、最终评判者，真正发挥人民群众在共建共治共享治理体系中的主体创造作用。城市治理好不好，老百姓感受最直接，也最有发言权。从这个意义上说，公众参与是有效治理不可或缺的部分。

对于治理群租这样的社会顽疾，政府要有担当作为，更需要有公众的参与和监督。政府主导下，建立健全权利与义务统一、风险与责任关联、激励与惩戒并重的制度，形成人人都能有序参与治理、人人都能享有品质生活、人人都能拥有归属认同的城市治理共同体。

（二）构建多渠道的人才住房保障体系

张江科学城在吸引人才过程中，有产业优势、环境优势，但同时也有一个短板，就是居住成本高。为了吸引、留住人才，助推科学城发展，必须有效统筹租赁房源供给，构建一个多渠道、多主体、多层次的人才租赁住房保障体系。

首先，挖潜存量，有效统筹租赁房源供给。以"为人才做好租赁服务"为导向，着力解决科学城住房供需矛盾，除做好增量以外，挖掘存量也是重要途径。如，利用集体建设用地、企事业单位自有闲置土地、产业园区配套用地和存量闲置房屋，建设和改建保障性租赁住房，坚持小户型、低租金，尽最大努力帮助这些新市民群体解决住房困难。

其次，积极探索人才公寓的张江模式。结合张江镇资源优势，以乡村人才公寓建设为突破口，探索利用农村闲置住宅，开拓农村市场，打造乡村人才公寓的创新模式，作为人才安居服务的有益补充。企业人才对居住需求呈多样化趋势，尤其是创新创业人才需要优美宁静的居住环境。农村的环境幽静舒适，符合人才居住需求。在农村地区挖掘存量资源建设人才公寓，可根据企业意向对房屋进行整体设计改造，打造符合科创人才不同需求的租赁住房。同时，结合"家门口"服务中心建设、"美丽庭院"建设等工作，同步完善乡村人才公寓周边环境，交通、生态绿地、健身设施、安保等设施，为人才提供便利的生活条件和优美的居住环境。

最后，落实完善长租房政策。"十四五"规划纲要提出"完善长租房政策""规范发展长租房市场"的部署。长租不仅可以有效提升租客的租房体验，提高租房品质，也有利于增加租赁市场有效供给、改善租赁供需结构。针对张江科技人才高品质住房需求的实际情况，落实长租房政策，要做的不仅是解决住房的问题，还要打造一条长租生态链，多方位满足租户需求。对接租赁服务中心平台，实现社区化服务和运营管理，逐步打造集休闲、体育、文化沙龙等多种形式于一体的长租社区服务圈，持续提升人才的归属感。

近年来，张江镇制定实施了多项创新举措。未来，张江镇要继续构建浦东租购并举的住房体系，积极探索租赁新模式，多渠道增加租赁住房供给，完善配套设施，通过赋能住房租赁市场，为张江人才安居提供保障。

（三）提升智慧治理能力

租赁住房治理是一个复杂的系统工程，必须充分借助现代科技手段来破解监管难题，提升治理效能。目前，张江租赁住房智慧治理仍处在探索阶段，如系统功能不全、数据共享不够畅通，还不能够满足所有需求。数据的基本要素、来源、采集方法及要求等缺乏统一标准，平台功能的便捷性、实用性还有很大的提升空间，还需要进一步完善功能，健全机制。

一是要打破数据壁垒。作为一种智能化体系，租赁住房管理服务平台的有效运作不仅需要技术革新，还要求治理数据的共通共享。张江依托镇城运中心综合管理平台，已汇聚了大量的数源，但是涉及公共安全、公安、房管、住建等的重要基础信息和关键动态信息尚未得到有效整合和利用，信息和数据还未实现全面互联共享。在管理体系上，要打破不同层级、不同部门的信息数据壁垒，建立健全数据共享规制，构筑综合、统一、安全的数据共享系统。纵向上，融合区租赁住房管理服务平台、镇租赁服务中心、村居工作站以及相关部门的各类数据资源，构建起区、镇、村居三级城运系统，全方位整合房屋租赁治理力量。横向上，注重条块业务系统的深度融合，整合公安、环保、应急、房管、自来水公司、供电公司、燃气公司等部门，将不同业务在区域内进行汇集，使数据畅通流动，全链条贯通治理体系。以数据协同深化治理资源的重组，实现精准施策、靶向发力、高效治理。

二是要做强智能化联动。按照城市数字化转型要求，秉承创新开放理念，着力推动现代科技与租赁治理深度融合，利用好大数据、云计算、物联网、人工智能、5G等技术手段，提升治理的科学化、信息化、智能化、精细化水平。依托张江城运"一网统管"，坚持"源头严控、部门联动、长效管理"的工作思路，加快租赁治理应用场景的推广应用，整合城运中心、社区警务、平安建设、视频监控，形成从发现、处置、监督到日常管理和服务的治理闭环。通过智慧赋能，不断优化多部门联动协同机制，使各方力量同向发力，形成群防群治合力。

（四）完善租赁住房管理服务中心平台功能

以服务群众、方便办事为出发点，加强住房租赁市场规范化管理，按照政府牵头、企业参与、先进技术加持的模式搭建起实用、管用、群众爱用的智能化平台。

简化流程，实现便民网签。针对目前租赁备案、网签较为烦琐的难点，进一步简化流程，持续完善租赁住房管理服务平台，真正实现租赁备案登记及后续服务线上"一站通"。通过大数据技术加持，支持Web网页端、移动端等多端互动。租客通过网页、二维码扫码、客户端登录平台后，只需要输入证件号码或刷脸完成实名认证，即可线上挑选需求房源、网签合同。

以需求为导向，提供多样化便民服务。针对租赁治理的专业需求、个性需求，研发专业化、个性化的应用场景，提供多样化服务，精准满足不同群体的个性化需求。利用AI技术、人脸识别、智能电子门禁，实现智能识别租户与访客，为居民安居提供加码服务；利用数据对比分析，实现网签租赁信息与其他公共服务，如居住证办理、居住证积分、公积金支付提取等服务事项的数据信息融通共享，减少办事材料的重复提交，让"数据多跑路、市民少跑腿"；开发在线实时缴费、报修和租后智能社区服务，提供利民服务；通过动态化数字管理，建立住房租赁企业信用体系，对其进行经营及安全管控监测，提供动态居住服务。通过深化租赁住房管理服务中心的服务功能，为张江人才做好服务。

城市治理，最终是为了人。今后，张江镇将继续做好服务与赋能相结合的文章，继续为科学城的建设者营造安全宜居的良好环境，使人人都能享有品质生活，人人都能切实感受温度，人人都能拥有归属认同。

参考文献

陈杰：《大都市租赁住房发展模式的差异性及其内在逻辑——以纽约和柏林为例》，《国际城市规划》2020年第6期。

李志明：《新时代的住房制度及改革》，《人民论坛》2021年第8期。

刘聃：《大数据助力群租治理》，《上海房地》2020年第9期。

田莉、夏菁：《国际大都市租赁住房发展的模式与启示——基于15个国际大都市的分析》，《国际城市规划》2020年第6期。

俞可平：《治理与善治》，社会科学文献出版社，2000。

张恺琦：《城市群租房治理中的困境与出路》，《行政科学论坛》2019年第10期。

邹劲松：《公共租赁住房社区治理机制研究》，《管理评论》2017年第3期。

B.9 "政策找人"：精准救助平台赋能城市社会救助体系现代化

李春生*

摘　要： 在全面推动城市治理数字化转型的背景下，如何通过数字技术赋能社会救助精准化，成为推动城市社会救助体系现代化的重要内容。浦东新区充分发挥现代信息技术的优势，搭建了精准救助平台，不断推动城市社会救助体系的现代化。浦东精准救助平台通过数据汇集、全景可视、智能分析、平台衔接和过程追踪等做法，初步实现了标签"找人"、项目"找人"、算法"找人"和需求"找人"，推动了城市社会救助从"人找政策"到"政策找人"的转型。浦东精准救助平台是现代信息技术在社会救助领域的创新实践，具有很强的引领示范效应，具体包括以数字模型推动社会救助数字化转型，以闭环场景实现社会救助一体化供给，以线上线下的联动确保救助政策精准落实，以主动精准救助保证社会救助的温度。未来，浦东还要进一步推动民生数据汇集和职能部门协同，优化精准救助平台，不断提高社会救助智能化水平，也为全国其他地区社会救助数字化转型提供浦东经验。

关键词： "政策找人"　精准救助平台　社会救助体系　城市大脑

---

* 李春生，上海交通大学中国城市治理研究院、国际与公共事务学院博士研究生，上海交通大学社会治理创新研究中心研究人员。

"政策找人"：精准救助平台赋能城市社会救助体系现代化

党的十九大指出，要"加强社会保障体系建设。按照兜底线、织密网、建机制的要求，全面建成覆盖全民、城乡统筹、权责清晰、保障适度、可持续的多层次社会保障体系。"① 如果说社会保障制度是经济社会发展的多层次安全网，那么社会救助制度就是最底层的兜底安全网，是最后一道防线。2020年8月，中共中央办公厅、国务院办公厅印发了《关于改革完善社会救助制度的意见》，提出要加强社会救助信息化，推进互联网、大数据、人工智能、区块链、5G等现代信息技术在社会救助领域的运用，推动社会救助服务向移动端延伸，实现社会救助事业高质量发展，总体适应基本实现社会主义现代化的宏伟目标②。

作为我国推动和引领经济全球化的开放旗帜，奋力打造新时代彰显中国理念、中国方案和中国道路的实践范例，浦东新区立足于建设社会主义现代化引领区的历史新定位，积极结合"我为群众办实事"系列活动，充分应用大数据、云计算和人工智能等现代信息技术，开发了一系列智能化管理和应用场景，以不断解决新区困难群众的痛点和难点问题。据统计，新区连续多年不断加大民生投入，2020年全年甚至投入了全区年收入的近一半用于改善民生。在社会救助领域，浦东积极发挥"一网统管"作用，充分应用现代信息技术，努力实现社会救助从"人找政策"到"政策找人"的转型，从而主动发现、及时服务困难群众。在此基础上，浦东还针对多样化的需求分类施策，加强多元帮扶主体间的协同配合，形成小、中、大的服务闭环，把救助服务主动送到居民"家门口"。

一 浦东精准救助平台的工作缘起

"人民城市人民建，人民城市为人民"。上海这座有着2487万常住人口

---

① 《决胜全面建成小康社会 夺取新时代中国特色社会主义伟大胜利——在中国共产党第十九次全国代表大会上的报告》，http://www.gov.cn/zhuanti/2017-10/27/content_5234876.htm。
② 《关于改革完善社会救助制度的意见》，http://www.gov.cn/zhengce/2020-08/25/content_5537371.htm。

的超大型城市，如何做好人的工作，建立起与社会主义国际化大都市相匹配的人口服务、管理和帮扶体系，让老百姓拥有充足的安全感、获得感和幸福感，是摆在上海城市管理者面前的一道重要难题。其中，民政工作起着兜底作用，是广大人民群众脚下一张无形的安全网，关系着民生，连接着民心，是保障广大人民群众乐业的最后防线。据统计，在"十三五"期间，上海民政坚持"一张蓝图绘到底"，全市养老床位新增26%，新增4000多家社会组织，命名8500多家公益基地，设立233家慈善超市、3800多个救助站点①。

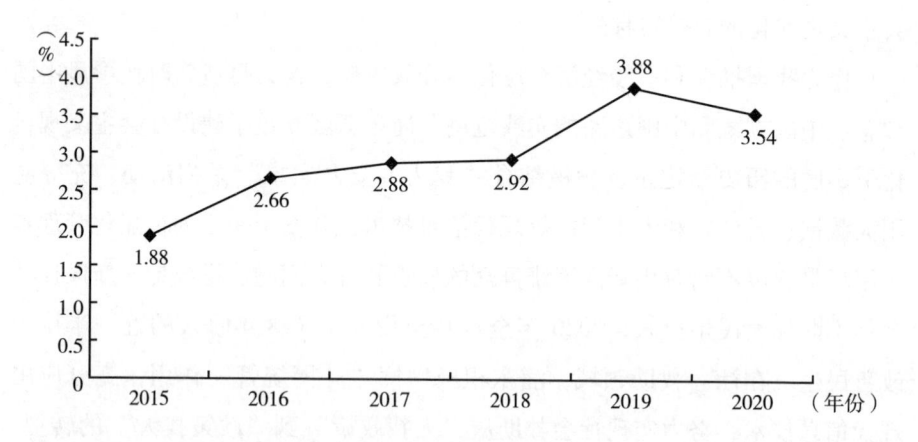

图1　2015~2020年上海市民政事业费累计支出占全国民政事业费比例

资料来源：民政部2015~2020年分省市统计数据。

改革开放以来，上海的社会救助事业也走在全国前列，探索实施了一批具有引领性的社会救助实践创新。1993年，上海市成为全国率先建立城镇居民最低生活保障制度的城市。1994年，上海建立了农村居民最低生活保障制度。1996年，《上海市社会救助办法》成为全国首个省级社会救助规章制度。近年来，上海市积极贯彻国务院《社会救助暂行办法》，形成具有上

---

① 《为上海超大城市现代化治理贡献民政智慧和力量》，http://www.mca.gov.cn/article/xw/mtbd/202106/20210600034787.shtml。

海特色的"9+1"[①]社会救助体系。毋庸置疑的是,上海市的社会救助标准设置、制度规范、政策体系和救助手段,几乎都走在全国前列,从而为全国其他大中城市的社会救助工作提供了重要的参考与借鉴,也为全国社会救助事业的发展提供了"上海经验"。

作为改革开放的前沿阵地和社会主义现代化建设引领区,浦东新区也在不断建立健全现代化的社会救助体系,从而推动城市社会救助事业保持高质量发展。"十三五"期间,浦东总计投入各类救助资金49.71亿元,救助群众1051.44万人次,实施市民综合帮扶个案帮扶5.34万人次,投入资金8235.18万元。2018年,浦东成立由区民政局牵头,区商务委等13家单位、企业参与的区域化党建安心帮扶专门委员会,以项目化的方式筹集分配爱心资源,先后推出多个专项帮扶爱心项目,有效激活了社会力量在社会救助的补充作用[②]。2021年,浦东印发了《浦东新区关于深化社区救助顾问工作的实施意见》,推动城市社会救助从生存型救助向发展型救助转型。

社会救助体系越健全,联动的政府部门和社会力量越多,对部门的协同程度和救助数据精细度的要求就越高。社会救助工作往往涉及民政、教育、残联、工会、妇联和慈善总会等多个职能部门。尽管浦东很早就实施了就业救助联动机制,建立了社会救助工作联席会议制度,旨在打破救助部门间壁垒,优化救助方式方法,提高救助精度,提升救助效果,但在实际工作中,救助信息分布在不同部门的系统或电子文件中。据统计,目前浦东社会救助领域共涉及各部门的18个系统,其中市级系统14个。这些系统尚未打通或整合,字段差异性大,数据无法完全共享,极大地影响了社会救助的精准度。特别是在社会救助工作中,还有很多"沉默的少数",不愿意主动申请

---

① 以最低生活保障、特困人员供养为基础,支出型贫困家庭生活救助、受灾人员救助和临时救助为补充,医疗救助、教育救助、住房救助、就业救助等专项救助相配套,社会力量充分参与的社会救助制度体系。

② 《创新社会救助工作,上海浦东进一步健全现代化社会救助体系》,http://www.cdcn.org.cn/article/3172。

社会救助或不知道救助政策，传统的救助机制很难发现，不能做到及时精准救助。

在全面推动城市治理体系与治理能力现代化的大背景下，城市救助需求和救助类型也发生了显著的变化，相对贫困救助、特殊救助和定向救助等个性化、差异性和精准化的救助机制，逐渐成为社会救助的发展方向，从而对政府社会救助的方式方法、手段工具和制度机制提出了新的要求。上海市徐汇区民政局依托区级城运平台，以"一网通办""数据集群"为抓手，在社会救助领域搭建了"一网统管＋精准救助"的技术平台，在上海市乃至全国范围内，率先开始了"智慧技术＋社会救助"的智能救助模式探索。在各部门的支持下，徐汇区民政局的智能救助模式提高了社会救助的专业化、精细化、技术化、智慧化和信息化水平，初步实现了城市社会救助的精准识别、精准帮扶、精准跟踪和精准处置，也为全市其他区的社会救助工作起到了示范作用。

在此背景下，如何实现从"人找政策"的被动救助向"政策找人"的主动救助转变，推动浦东社会救助体系与救助能力现代化，成为浦东社会救助工作面临的重要挑战。在充分学习借鉴徐汇区和全国其他地区应用信息技术推动社会救助事业发展经验的基础上，浦东积极抓住推动城市治理数字化转型的机遇，利用城运平台、"一网通办"平台和其他技术治理平台，运用现代信息技术，整合不同部门相关数据和本部门自有数据，搭建了精准救助平台，探索经济新常态下的相对贫困救助机制，开启了"智慧技术＋社会救助"的精准救助新模式。

2021年5月，在总结上海市各区精准救助工作经验的基础上，上海市民政局出台《关于本市开展社会救助领域"政策找人"试点工作的通知》（以下简称《通知》），提出要在浦东新区、徐汇区、长宁区、静安区和松江区正式开展"政策找人"试点工作，进一步巩固社会救助兜底扶贫成果。按照《通知》的要求，"政策找人"工作是贯彻落实"人民城市人民建，人民城市为人民"重要理念，以"应保尽保、应救尽救"为目标，建立的以线上信息化手段找人为主、线下社区救助顾问探访摸排为辅的工作机制，实现困难群众的"智能查找、监测预警、主动救助、综合服务",进一步提高困难群众的幸福感、获得感和安全感。

二 浦东精准救助平台的主要举措

2021年7月,为贯彻落实中共中央办公厅、国务院办公厅印发的《关于改革完善社会救助制度的意见》,上海市出台了《关于改革完善社会救助制度的实施意见》,提出要健全综合救助、发展多元救助、完善基本生活救助和加强动态分类管理,到2025年,健全困难对象主动发现、精准识别、需求评估和精细服务机制。这与精准救助平台的功能及目标是基本一致的,也是目前浦东精准救助平台的重要发展方向。具体而言,精准救助平台是信息技术应用与推动城市社会救助工作精准化相结合的治理创新实践,具体措施包括汇集海量救助数据,推动救助要素全景敞视,智能研判和分析救助对象、救助程度、救助路径,与上海市其他技术平台对接,通过可视化技术手段实现救助过程的清晰化。

(一)建立救助专题数据库

数据是技术平台有效运行的基础。只有尽可能充分地汇集社会救助需要的民生数据,精准救助平台的功能才有可能充分实现。浦东新区整合了市级和区级多个部门的人口数据,明确了民生体征,形成了困难群众救助数据库。具体而言,浦东以市民政局和市公安局人口数据为基础,基本摸清了困难对象需求数据和新区数据源的底数,并叠加了人社、医保、退役军人、卫健、司法、残联、总工会和团区委等16个区级条线部门与民生数据息息相关的困难群众数据库,总数据量达到1636万余条。经过浦东新区民政局的筛选和归类,最终形成了54项属性标签,实现了救助数据的标签化,为推动民生数据交互计算、形成精准救助应用场景提供了基础。民生数据标签主要包括两类:一是身份标签,涉及的是已经被认证为需要救助的属性;二是特征标签,涉及的是姓名、性别、年龄和身份证号等基本个人信息。表1展示了救助数据在技术平台的开发和管理状况及其对应的基本模块。

表1 精准救助平台数据管理模块及其功能

序号	模块名称	功能及技术指标
1	救助帮困数据专题资源池——数据对接开发	实现市、区两级相关数据对接和初始化入库工作。包括救助帮困相关系统接口,市、区数据对接入库,救助标签体系入库、政策知识入库
2	救助帮困数据专题资源池——数据治理开发	实现救助数据相关治理工作,包括数据定期质检、数据清理比对、数据按需处理
3	救助帮困数据治理系统——数据资源配置管理	实现可视化数据库表配置管理、元数据配置管理、主题库指标管理
4	救助帮困数据治理系统——救助数据质量检查	实现在线方式的质量规则管理、检查任务查阅、任务规则统计和检查结果统计
5	救助帮困数据治理系统——救助数据加工管理	实现对数据加工管理的规则配置管理,以及对加工结果进行预览

（二）全景展示救助要素分布

精准救助平台的第二个功能是全面梳理并呈现当前各级政府救助政策和各类社会救助资金情况,从而形成城市社会精准救助资源池,然后以可视化的方式在平台端清晰呈现出来。目前浦东精准救助平台汇集的救助资源包括三大类。政府制度性救助政策,包括城乡低保、特困供养、临时救助、教育救助和就业救助政策；群团组织帮扶措施,包括残疾人帮困,困难职工帮扶、红会人道主义关爱和青少年保护等帮扶措施；社会组织和志愿者等各类社会帮扶力量。在浦东精准救助平台的操作端,已经整合了救助政策、资源分布、队伍力量和特色服务等专题或特色模块,可以为进一步数据计算和智能分析提供服务资源数据底座,比如精准救助平台显示的新区"家门口"服务站、慈善超市、粮油帮困点等救助设施分布情况,基本实现了"一屏观救助"。

（三）应用智能化技术精准研判

精准救助平台的另一个功能是智能化,即通过智慧技术和算法学习困难人群的自动识别。目前,精准救助平台已经形成了四条智能"找人"路

"政策找人"：精准救助平台赋能城市社会救助体系现代化

区级概况		救助地图	服务全体征	
街镇画像	家庭画像		要素	
			资源	
			队伍	
困难人群 各类困难 群众人数	享有政策 目前享受各 类帮扶人数	协同处置	特色 具体帮扶项目及实 时帮扶人群和数量	
			智能救助	
个人画像		处置进度	困难模型	人找项目
			精准救助	项目找人
			资金分析	智能监管

图 2　浦东精准救助平台"一屏观救助"模块构成

资料来源：浦东精准救助平台可视化大屏。

径：一是构建多重困难家庭模型，调整矫正不同类型家庭特征，筛选出需要关注的轻度、中度、重度的困难家庭；二是勾连一项或多项民生数据标签，智能发现社区困难家庭中的"沉默的少数"，精准刻画家庭画像和个人画像；三是结合走访接待、信访舆情、突发情况等日常工作，发现困难群众的帮扶需求；四是利用定点帮扶项目，根据项目要求设置算法，匹配重点人群，锁定帮扶人群，畅通退出机制。在智能分析的基础上，浦东针对多样化的救助需求分类施策，并结合"我为群众办实事"等特色社会救助活动，不断加强政府引导，增强多元化帮扶主体间的协同配合，调动社会力量，根据帮扶主体形成小、中、大服务闭环，把服务主动送到居民"家门口"。

（四）与其他技术平台精准衔接

精准救助平台智能分析的精准度，与中枢系统的算力和算能紧密相关。浦东精准救助平台依托区级"一网统管"平台的海量数据底座和"城市大脑"的强大算力支持，还与上海市"社区云"平台连接，能够将难以理解的政策制度转化为精准化的计算模型，通过海量民生数据计算，创建精准救助场景，结合线上线下救助顾问团队，打通帮扶困难群众的"最后一公里"①。以多重困难家庭评估模型为例，浦东精准救助平台基于困难对象数据库，结合动态管理的救助标签，通过对困难对象的量化分析、建模评价和结果预测，从住房、就业、健康和经济等多个指标，实现了对多重困难对象的精准筛查和评估，然后对接不同项目和平台，从而为困难家庭和个人提供尽可能充分和精细的帮助。

（五）推动社会救助过程可视化

精准救助平台还可以将所有救助业务和任务都进行流程化和可视化，实现救助过程的智能追踪。首先是任务执行统计，对各类任务提交的总体情况进行统计，反映当前质量检查、数据加工等不同工作的执行成果统计。统计报表可以直观反映任务类型、处理源数据量、处理结果数据量和处理平均时间周期。其次是任务执行警告，主要是使用可视化图例展示各个任务运行状态，并根据状态来及时反映当前任务情况，对于异常的部门在图例上进行标识，绿色代表正常，黄色代表交换异常，红色代表任务出现错误。最后是检查情况分析，主要是对部门、检查规则和错误量的统计结果进行排序或分值计算，找到不同规则下错误量多和错误率高的部门，对总体的检查规则进行分值计算，从应用方向和资源类别角度分别进行分析，提高救助平台运行的精准程度。表2展示了精准救助平台的监控模块及其功能设置。

表2　精准救助平台监控模块及其功能

序号	模块名称	功能及技术指标
1	救助帮困数据治理系统——治理任务集中管理	面向今后可扩展的多任务并行或任务集合管理，能将检查、加工等步骤进行统筹规划，对通用的定时、启停等操作进行统一管理

---

① 浦东精准救助平台整体建设基于国家电子政务及浦东新区民政局的开发规范和流程，遵循已有的技术架构和标准，具体依据（不限于）为《民政业务数据共享与交换》（MZ/T000 1 - 2004）和《上海市民政局技术标准-民政社会救助业务数据元》规定的业务或技术规范。

续表

序号	模块名称	功能及技术指标
2	救助帮困数据治理系统——任务运行监控	提供集中的监控管理界面，对数据批量处理运行任务情况进行监控。能够对数据治理过程中的数据量和计算结果的数据量进行统计和监控
3	救助帮困综合应用系统——帮困综合监管	对救助帮困对象、家庭、项目、资金进行主题分析，并对帮困对象状态、待遇发放、办理过程的异常情况进行预警和查询

三 浦东精准救助平台的实践成效

改革开放以来，我国社会保障制度经历了不断发展完善的过程，与社会福利和社会保险相比，社会救助的目标是保障最低生活质量。社会救助是构建共建共治共享的社会治理格局的重要内容，是保障民生、促进社会公平和维护社会稳定的兜底制度安排。传统的社会救助主要依靠人工识别和自动续助，经常存在救助不全、不精、不细和不到位的问题，很多时候不仅没有起到救助的目的，反而引起广大群众心中的不公平感和抱怨情绪，激发各种社会矛盾和摩擦。传统的社会救助需要通过申请、审核、审批等环节，很多生活困难的群众本就不好意思或不愿意拿救助，使很多需要救助的群众得不到及时救助。

通过数据汇集、全景敞视、智能分析、平台衔接和过程追踪等做法，浦东精准救助平台汇集了海量民生救助数据，推动了救助资源和要素的可视化，以及配置的计算化和智能化，在一定程度上打通了不同政府治理技术平台，实现了线上线下、多技术平台的协同供给救助服务，还促进了救助供给过程的可视化，使所有的救助项目、内容、过程和结果都可以看见、可以评估和可以优化，最终实现了从"人找政策"到"政策找人"的精准救助转型。事实上，浦东精准救助平台所展现的"政策找人"主要集中在找出应救助未救助之人和（现在）不应救助而正在救助之人，在城市社会救助领域实现"进入"和"退出"的动态更新。那么精准救助平台在哪些方面实现了"政策找人"呢？

（一）实现了以民生标签精准"找人"

精准救助平台的基础功能是对个人数据进行标签化，依据上海市民政局对救助帮困对象的标签要求，在区级层面重新梳理新的业务标签，然后将对象和服务等标签维护入库。标签精准"找人"是浦东精准救助平台最简单的功能，由人工在平台进行简单的标签组合，识别出需要救助的对象。以教育救助为例，浦东精准救助平台操作人员根据浦东新区教育帮扶项目的规则，结合已经进行标签化处理的民生数据，对教育帮扶对象的标签进行排列组合，最终识别出多位漏助学生。比如精准救助平台识别出来的航头镇的方某，目前已经进入高校学习，却没有得到相应救助，随后浦东新区民政局将结果第一时间派单给了社区救助顾问。社区救助顾问了解情况后，第一时间宣传政策、上门服务，指导方某成功申请了教育帮扶，极大地缓解了方某及其家庭的经济困难。

（二）实现了以专题项目精准"找人"

社会救助的形式多种多样，不同地区会根据本地情况设置差异化的救助事项，形成针对特定部分困难人群的救助项目。很多爱心人士和企业也会针对特定内容捐赠物资，形成以物资匹配特定困难对象的救助项目。那么，如何将项目精准匹配和推送到目标群体，就成为项目救助的重要难题之一。浦东精准救助平台可以将救助项目标签化，形成由不同平台标签构成的项目救助画像，然后根据标签画像寻找救助人员。以爱心鸡蛋项目为例，根据爱心鸡蛋项目的规则，浦东新区民政局通过精准救助平台自动匹配到了符合条件的困难对象李某，然后将结果以工单的形式推动到街道，由街道了解情况并将李某纳入爱心鸡蛋项目，实现每月动态更新、推送至街道，确保对象及时享受帮扶项目。

（三）实现了以智能算法精准"找人"

与简单的标签组合画像和项目画像不同的是，浦东精准救助平台最突出的特点是汇集海量数据,从而不断通过算法学习提高寻找困难对象的精准度。比如在就业救助方面,浦东精准救助平台通过市民政局数据海,叠加公安、人社等相关参数,系统智能分析出就业救助对象。2020 年 12 月,通过数据比对,浦东新区民政局发现低保对象瞿某身体健康,正值就业年龄段,却处于失业状态,精准救助平台将该条预警信息推送至瞿某所在的泥城镇。泥城镇社区救助顾问在核实情况后,立即将情况反馈至精准救助平台,由村级社区救助顾问上门了解瞿某的就业意向,然后由精准救助平台将相关情况以业务工单的形式派单至区人社局。区人社局根据瞿某的具体情况,第一时间安排社工一对一帮扶瞿某就业。

(四)实现了以救助需求精准"找人"

社会救助不仅要有精度,还要有温度,在救助过程中需要有沟通、互动和人文关怀。在浦东精准救助平台"找人"的过程中,体现救助温度的内容主要是线上线下相结合,根据实际需求,由精准救助平台帮助寻找可能的救助项目。以具有浦东特色的"一米书桌"项目为例,社区救助顾问在走访接待时发现,宋某是单亲家庭,父母离异,家庭居住面积很小,墙面斑驳,居住环境差,只有一张破旧的沙发可以坐,已经符合"一米书桌"项目的帮扶标准。而后,社区救助顾问将救助需求反馈至精准救助平台,精准救助平台审核通过后自动选择和匹配最合适的帮扶企业及项目。然后,由精准救助平台以任务工单的形式派发到上钢新村街道,直接无缝链接第三方社会组织,对接与社区开展共建帮扶项目的上海境澜建筑设计有限公司,免费提供居家学习环境改造的设计服务。在这个过程中,上海天威展示展览有限公司为救助对象提供学习环境微改造,福山正达捐赠打印机、台灯和英语书籍等物资,不仅实现了"一米书桌"项目的精准匹配和供给,还为救助对象提供了更多的人本关怀和相关救助。

"社会救助如何精准匹配救助对象?""怎么保证社会救助的入选和退出机制的精准化?""困难群众会不会找不到救助政策和项目?""精准救助平台怎么保证社会救助的温度?"这些都是社会救助和技术平台救助面临的难

题，也是浦东新区民政局社会救助处工作人员经常思考的问题。目前浦东精准救助平台已经初步实现"政策找人"，实现了社会救助从模糊"找人"到精准"找人"的转型。事实上，目前浦东精准救助平台也只是在"补漏洞"，即找到了传统救助方式遗漏的救助对象，将救助资源真正提供给需要的人群。但社会救助的本质不仅是提供物质上的帮助，更重要的是实现精神上的慰藉和满足，让救助对象感受到国家和社会的温暖。就此而言，浦东精准救助平台发挥的作用还是非常明显的。

四 浦东精准救助平台的经验启示

浦东积极抓住全面推动城市治理数字化转型的契机，将现代信息技术应用于社会救助领域。特别是在浦东率先构建经济治理、社会治理、城市治理统筹衔接的治理体系的大背景下，浦东也在社会救助领域探索数字化转型之路，初步实现了社会救助从"人找政策"到"政策找人"的转变，给全市乃至全国其他地区的社会救助工作树立了标杆。具体而言，浦东精准救助平台的经验启示主要包括四个方面：一是以数字模型推动社会救助数字化转型，二是以闭环场景实现社会救助一体化供给，三是以线上线下的联动保证救助政策精准落实，四是以主动精准救助保证社会救助的温度。

（一）以数字模型推动社会救助数字化转型

浦东精准救助平台的首要特征就是充分应用数字技术建模，以科学的模型识别和供给救助服务，推动了社会救助的数字化转型，有力地呼应了上海超大城市建设的数字化转型趋势。在城市管理领域，"一网统管"平台是浦东新区的"牛鼻子工程"，能够最大限度整合资源，以最快、最精准的方式解决城市运行中的各种问题。浦东精准救助平台得益于信息技术和大数据的共同加持，以具体救助项目为基础，科学设计各种算法和数字模型，根据精准救助平台运行过程中产生的海量数据和报错数据，自动学习升级算法计算规则，形成了以区民政局为核心的浦东各级政府部门的社会救助网络，从而实现了精准定位救助对象、精准识别救助需求、精准提供救助服务,有针对性地解决困难群众的各种问题。

(二)以闭环场景实现社会救助一体化供给

传统社会救助虽然主要由民政部门负责,但社会救助的具体供给则需要各个不同的政府部门通力合作,还需要社会组织、企业或个人的参与配合,也会存在碎片化的问题,导致很多社会救助政策根本难以有效落实。浦东精准救助平台的另一个优势就是设计闭环救助场景,以救助事项和类型为基础,梳理某项社会救助的流程、对应的责任部门、匹配的救助资源和实施的具体方式。救助场景的所有过程和内容都可以在平台上动态更新展示,还会有自动预警和警告提示,从而实现了社会救助的及时感知、联动响应和高效处置,从而有效地联动了各职能部门、社会组织、社区救助顾问以及爱心企业和爱心人士等,不仅实现了特定社会救助服务的一体化和整体性供给,更推动了城市社会救助从"散兵作战"向"协同供给"发展。

(三)以线上线下的联动确保救助政策精准落实

社会救助的对象是广大人民群众,无论精准救助平台识别得多精确,还是要在线下落实,将精准识别出来的救助需求转化为精准救助结果。浦东精准救助平台不仅做好了在线计算与搜寻工作,还做足了线下配套工作,以有效承接和回应精准救助平台发现的救助需求。一方面,浦东健全双向认领工作机制,聚焦本区困难对象,以精准救助平台作为供需对接平台,然后通过项目化方式整合社会资源,努力实现分类帮扶、精准施策。另一方面,浦东积极加强救助顾问专业服务能力培训,建立社区救助顾问服务标准,规范服务内容,推动社会救助领域标准化建设。通过双向认领工作和社区救助顾问队伍建设工作,浦东精准救助平台有了提供具体救助服务的抓手,可以在科学识别和计算的基础上,保证救助工作的精准落实。

（四）以主动精准救助保证社会救助的温度

"政策找人"只是一种手段，浦东精准救助平台的目标是通过主动精准救助的方式，既满足困难群众的需求，又保证社会救助的温度，最终实现"政策帮人"。首先，根据精准救助平台计算评估出来的救助需求，推动相关救助主体和责任人及时落实救助事项。其次，推动在救助过程中的联动救助，对于不涉及精准救助平台派单救助，而实际家庭困难程度严重，或受助后仍然有其他困难的家庭或个人，由救助主体及时上报精准救助平台，然后提供新的救助服务，或转介和整合各方资源开展深度个案管理救助服务。最后，浦东充分发挥了精准救助平台的动态监督和预警功能，以受助个人或家庭为中心，建立了长期跟踪与预警机制，一旦救助对象数据画像存在异常情况，可以第一时间启动预警并及时跟踪落实具体救助事项，充分展现主动、精准和全面的社会救助温度。

五 浦东精准救助平台存在的问题与改进建议

浦东精准救助平台充分应用数字化技术，全面推动社会救助数字化转型，初步实现了社会救助从"人找政策"到"政策找人"的转型。但任何创新实践都不是一蹴而就的，浦东精准救助平台已经取得了比较好的效果，推动了社会救助的精准化，但也存在很多问题，需要不断改进和完善。

（一）存在的问题

概括而言，浦东精准救助平台有技术平台普遍存在的问题，如数据平台难以连通、部门数据难以充分共享，也存在救助服务的特殊问题，如线上线下的联动不足、救助数据难以实时更新，具体包括以下四方面问题。

1. 重点数据平台尚未打通

数字化平台有效运行、充分发挥作用的基础是海量数据，其中重要的内容就是不同平台之间的连通和交换共享数据。按照浦东精准救助平台的运行需求，社区相关数据是推动精准救助最为重要的数据源，因而精准救助平台需要与上海市"社区云"平台连通，充分获取"社区云"平台中的相关个人基本数据和救助数据。但目前受到数据安全规则的限制，浦东精准救助平台还无法与"社区云"平台打通，不能充分使用"社区云"平台上的相关数据。

2. 部门数据共享程度较低

浦东精准救助平台有效运行的另一个重要数据源是各个职能部门的数据，只有获取足够的其他职能部门有关社会救助的数据，才能为平台提供海量数据，推动精准救助平台精准计算。但目前很多部门出于数据安全、数据保密以及其他原因，并不愿意交换共享数据，导致平台的实际运行还存在不精准的问题，比如平台没有法院的数据，很多接受低保或其他救助的人群，违法入狱后，仍可能继续享受低保和其他救助资源，不仅极大地浪费社会救助资源，还损害了社会救助的公平性和公益性。

3. 线上线下联动程度不足

尽管浦东精准救助平台已经初步建立了线上识别和线下救助的联动机制，但总体而言，还没有形成完整的线上线下协同提供救助的制度。目前的平台没有实现自动派单，而是由区民政局通过精准救助平台识别出需求以后，以民政局的常规任务机制进行人工派单。线下的救助人员也没有上报救助需求或结果的责任，尚未形成常态化派单响应机制。

4. 救助数据难以实时更新

与其他公共服务不同的是，社会救助需要根据救助对象的变化，动态调整救助对象及其内容，比如当某个老人达到某项服务的年龄，就要立即提供救助服务。但目前浦东精准救助平台的数据主要是自有数据和公安部门的部分人口数据，更新的周期是一年甚至是好几年，很多数据难以符合救助项目的需求。由此产生的问题是，有些困难群众需要救助却没有被及时纳入救助范围，有些群众需要停止救助或改变救助类型却没有及时变更，从而产生救助不精准的问题，影响了精准救助平台功能的充分发挥。

（二）改进建议

正如浦东精准救助平台相关负责人反复强调的，凡是能用技术解决的问题都不是问题，在社会救助领域更是如此。技术平台只能一定程度上解决救助工作中的刚性问题，最根本的还是要在救助制度变革和具体救助服务优化升级上下足功夫。针对浦东精准救助平台存在的问题，应从以下四个方面改进。

1. 推动接入上海市"社区云"平台数据

上海市"社区云"平台实时汇集了社区日常运行管理中的所有数据，是保证精准救助平台有效运行的重要数据源。目前应该尽快加强与"社区云"平台的协调，提出相关数据需求清单，推动浦东精准救助平台自身的安全机制建设，建立敏感数据脱敏技术系统，充分保证相关数据安全，充分获取上海市"社区云"平台中的相关数据，确保救助数据动态实时更新，满足精准识别和供给救助服务的需求。

2. 充分协调职能部门提供相关数据

据统计，目前浦东新区民政局已经梳理出精准救助平台所需要的所有数据，其中也包括各个职能部门的相关数据，比如文明办的志愿者注册信息、公安局的困难家庭信息。因此，应该尽快由浦东新区民政局相关负责人或浦东新区领导出面协调各个部门，根据民政局提出的需求及时开放数据接口，提供相应的民生数据或救助。浦东精准救助平台也要做好数据安全和数据脱敏的相关技术和制度建设，保障各个职能部门的数据安全，与各个职能部门保持数据交换共享的良性关系。

3. 梳理建立救助平台自动派单机制

精准救助平台需要将识别出来的救助需求和救助供给联动起来，要学习"一网统管"平台等技术平台的做法和经验，以具体救助事项或项目为基础梳理流程、责任部门或人员、法律法规和制度规范、处置方式和技术以及考核形式，建立常态化的、具有强制约束效应的精准救助平台自动派单机制，将平台发现的救助需求转化为相关职能部门或责任主体必须完成的工作，实时监督考核完成情况，推动救助任务的有效落实。

4. 打通救助平台数据实时更新渠道

浦东精准救助平台应充分借鉴徐汇区精准救助平台的数据采集经验，建立专门的数据采集平台或渠道。比如在浦东新区的社区"智治通"平台开发专题场景或模块，专门用于精准救助平台信息的实施上传和更新；或者开发新的微信小程序，由社区相关人员根据日常工作和动态信息采集实时更新，确保数据的精确性、实时性和完整性，推动精准救助平台实时精准计算识别救助需求，自动匹配救助政策、资源和服务。

2021年8月，上海市民政局等十部门联合印发了《社会救助"一件事"业务流程优化再造改革工作方案》，提出要深入推进"一网通办"，方便困难群众申领各类社会救助，推动社会救助"一件事"业务流程深度融合。其中，重点内容是依托"一网通办"平台，建立社会救助"一件事"办理专栏，实现线上线下同步融合[1]。未来，浦东精准救助平台还要进一步深化技术平台建设，夯实民生数据底座，不断健全"政策找人"的算法模型，优化线上线下联动的工作机制，畅通供需匹配的精准救助流程，及时、有效、精准地回应困难群众的救助需求，让困难群众共享浦东经济社会发展的成果，感受到浦东改革开放再出发的温度，也为全国其他地区的"政策找人"和精准救助实践提供浦东经验，讲好数字技术赋能城市社会救助体系现代化的"浦东故事"。

---

[1] 《社会救助"一件事"业务流程优化再造改革工作方案》总体目标包括四个方面：一是"减环节"，通过整合办事事项，优化办事流程，根据梳理情况，困难群众申请社会救助各类事项的环节将由目前的100多个减少至80个左右，减少了20%；二是"减时间"，通过"一网受理"、多部门协同办理，并联和串联同步推进，事项之间有效衔接，预计可减少办理时间30%以上；三是"减材料"，通过"一口受理、信息复用"，结合数据库数据调取、电子证照应用、前端结果后端应用，需提交的各类证明材料减少40%左右；四是"减跑动"，通过"数据跑路、部门协同、信息共享推送"，减少多次办理各类社会救助事项的跑动次数。

参考文献

樊鹏等:《新技术革命与国家治理现代化》,社会科学文献出版社,2020。

关信平:《"十四五"时期我国社会救助制度改革的目标与任务》,《行政管理改革》2021年第4期。

韩志明、李春生:《精细化管理与上海城市治理现代化》,上海人民出版社,2021。

李琴、岳经纶:《信息技术应用如何影响社会福利权的实现?——基于贫困治理的实证研究》,《公共行政评论》2021年第3期。

林闽钢:《我国社会救助体系发展四十年:回顾与前瞻》,《北京行政学院学报》2018年第5期。

刘凤芹:《社会救助对象严重心理疾患的患病率与影响因素——基于中国家庭追踪调查数据的实证分析》,《社会保障评论》2020年第4期。

王超群:《因病支出型贫困社会救助政策的减贫效果模拟——基于CFPS数据的分析》,《公共行政评论》2017年第3期。

向运华、王晓慧:《大数据在社会保障领域的应用:一个研究综述》,《社会保障研究》2019年第4期。

姚建平:《中国城市低保瞄准困境:资格障碍、技术难题,还是政治影响?》,《社会科学》2018年第3期。

张浩淼、仲超:《工作福利在我国社会救助改革中的适用性分析——基于典型福利国家实践的比较与启示》,《经济社会体制比较》2019年第4期。

B.10
空间共享：破解大城市停车难题的浦东实践

魏程琳 史明萍[*]

摘 要： 化解城市停车难题是实现人民群众对美好生活向往的重要政策实践。浦东新区的停车综合治理实践，形成了超大城市破解停车资源孤岛的有效机制。其中党建引领、空间赋能、伙伴共享、数字助力是提升城市空间容量和韧性，缓解停车难题的有效举措机制；党政引领、整体治理、数字助力与激活自治是浦东新区实践创新的重要经验启示。城市竞争力的强弱取决于高品质空间资源和人力资本的多寡。未来浦东新区应继续加强社区自治能力建设、加强空间资源信息统筹能力、协同推进城郊社区空间治理，巩固停车治理成果，提升城市空间复合价值。

关键词： 空间共享 党政引领 挖潜扩容 多元协同 数字助力

公共空间停车是否便捷有序，是衡量人民美好生活的实现程度和城市形象好评度的重要指标。2019年7月30日，中共中央政治局会议明确提出，实施城镇老旧小区改造、城市停车场和城乡冷链物流设施建设等补短板工程，加快推进信息网络等新型基础设施建设，其中城市停车场作为"新基建"内容首次被纳入中央政策议程。

---

[*] 魏程琳，同济大学政治与国际关系学院副教授，主要研究方向为政治社会学；史明萍，上海工程技术大学马克思主义学院讲师，主要研究方向为法律社会学。

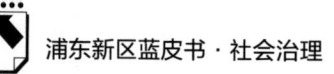

上海作为国际化大都市，同样面临停车治理问题。《2020年上海市综合交通运行年报》显示，截至2020年，全市注册机动车达469.1万辆，其中小客车397.1万辆，同比增加26.7万辆，而长期在沪使用的机动车实际保有量已突破600万辆，老旧小区、医院、学校等区域停车难题日益凸显。2020年底，上海市委、市政府将"停车难综合治理工程"正式纳入年底启动实施的16个民心工程之中。2020年12月31日，上海市委办公厅、市政府办公厅联合印发《停车难综合治理工程实施方案》，计划到2022年，全市累计推进创建100个停车治理先行项目，开工建设10000个公共停车泊位，其中，2021年将创建40个先行项目，开工建设4000个公共泊位。

浦东新区作为社会主义现代化建设引领区，依托数字化转型赋能公共空间停车治理，通过民主协商、挖潜扩容和智慧停车项目建设，破围停车资源孤岛，实现停车空间的共治共享。浦东新区有针对性地制定了《停车难综合治理工程实施方案》，通过试点探索有效治理模式并加以推广实施，缓解老旧小区、医院、商务楼宇等处停车矛盾，提升人民群众的获得感、幸福感。

一 市民生活中的停车难题

《2017中国智慧停车行业大数据报告》显示，我国停车位缺口率已经达到50%，与此同时停车场的平均空置率达51.3%，京沪穗深等主要城市的车位使用率都为40%~50%，如果上海将停车位利用率提到80%，将有可能超过需求线。从全球大城市停车治理情况看，智慧共享停车资源成为主流趋势。

欧美日等发达地区较早出现停车难题，有的国家采取购车须自配停车泊位的模式，有的国家采取收费模式。新加坡、日本东京和中国香港则一直坚持限制机动车拥有和使用的政策方向，这包括高昂的车辆牌照费、车辆配额系统和拥车证、道路收费系统等。20世纪80年代，停车场管理模式在内地城市出现，2000年前后，停车场建设开始注重出入口管理，但仍以人工收费为主。与当今停车场一位难求的情形不同，2003年上海市人民广场地下车库高峰时段的停放率不到20%，每年经营亏损数百万元，而投入3000万元运营10年的上海静安立体停车库，则在2005年出现1000万元的亏损。

近年来，上海市推动商业性停车场建设，实行停车收费机制，采取机动车牌照拍卖政策，仍然难以解决停车难的问题。公共空间利用不足导致的停车位紧张、停车位资源信息孤岛导致的资源利用率低下是当前停车难的两大主因，挖潜扩容与空间资源共享是化解问题的主要渠道。

针对早期规划配建设施基础薄弱、有效治理机制匮乏、停车设施增建困难等停车治理难题，2020年第四季度开始，上海浦东新区政府即已启动试点，从设计改造挖潜、小区业主自治、周边资源共享、外部资源扩展、智能停车管理等方面探索了停车治理经验。对此，区政府协调多部门，有针对性地制定了《停车难综合治理工程实施方案》，明确了"党建引领、协同推进、部门指导、属地落实、内外结合、建管并举、以点带面、逐步推广"等工作原则，逐步缓解老旧小区、医院、商务楼宇等重点区域的停车矛盾。

浦东新区在停车治理上综合运用了挖潜扩容开展增建、结合外部规划新建、鼓励周边共享三种方法，总体上以停车矛盾突出区域周边新建、改建、增建停车设施为主，以利用高架桥下空间、周边道路、老旧厂房、闲置土地资源等建设临时停车设施为辅。预计到2022年，浦东新区全区将累计创建17个（含2020年已完成的1个）停车治理项目，开工建设1650个公共停车泊位，探索分区域分时段停车机制，建立停车治理的长效机制。

2021年初，随着上海在全国率先打响数字化转型"发令枪"后，浦东新区政府将化解市民遭遇的烦心事作为生活数字化转型的方向，将数字技术充分运用到停车资源共享和停车规范化治理中，推动公共空间停车有序、治理有效。

二 浦东新区破解停车难的举措机制

基于国际停车治理经验，保罗·巴特提出了停车治理的五个原则：共享，鼓励停车资源的开放共享；收费，通过停车收费减少停车需求；受益，使利益相关人受益；解除管制，政府放宽对停车供给数量的限制，降低或取消最低停车位供给标准选择；选择，为市民提供更多出行选择。

在国际停车治理经验的基础上，2021年，浦东新区建交委发布的《浦东新区住宅小区机动车停放精细化管理与安全工作指引（试行）》，确立了7项原则（公共安全优先原则、业主使用优先原则、资源合理利用优先原则、停车位倡导共享原则、车辆总量适度控制原则、分类管理与差别化收费原则、信息公开透明原则），通过党建引领、空间赋能、单位合作、数字助力等具体举措机制，探索出一条共享空间破解停车难题的路子。

（一）党建引领深挖社区潜力

由于规划设计不合理、后期管护不规范等原因，老旧小区内有相当部分的公共空间未得到充分利用，成为小区内扩展停车空间的潜在资源。然而，小区公共空间属业主共有，如何将老旧小区空间再规划、再利用，考验着小区居民的自治能力。

有的小区实行固定车位模式，小区内经常出现固定车位闲置，而其他车辆"无位可用"的局面。高行镇高行二居居民区党组织按照"尊重历史、兼顾公平、依法依规、平稳有序"的原则，制定多种车位方案供居民选择。经过前期宣传、业主表决，该小区逐步取消固定停车位，将固定资源变成流动性共享资源，显著提升空间利用率。小区居民被车位主人半夜电话吵醒移位的情况，再未发生，小区物业管理水平日益提升、居民关系更加和谐。

有的小区借力美丽家园建设，扩展社区停车位资源。通过缤纷社区建设，东力新村社区在该社区西围墙外规划停车位47个、北围墙外规划停车位34个；通过调整车辆停放方位，又增加停车位近20个。随后，东力新村社区开始执行阶梯性收费，加强物业停车管理的规范化程度，维持社区停车秩序。与东力新村类似，高行镇有10个小区通过美丽家园建设及环境综合整治共增加近580个车位。

老旧小区自治发力，得益于基层党组织对社区居民的引领、激发和再组织。金桥镇城建中心党支部主动跨前深入社区，听取小区居民代表、居委、物业的意见和建议。随后，党支部依托美丽家园智囊团，协同各参建方，在规划导师、高校专家参与指导下，因地制宜挖潜佳虹社区空间，深度优化小区公共区域，还对边角地、畸零地及闲置空间进行二次开发，将部分直停车位改斜停车位、部分绿化区域通过占补平衡改成停车位，共计为居民"盘"出 83 个车位，缓解小区居民停车紧张的严峻形势。

金桥镇政府还借助为老服务中心建设的机遇，充分挖掘公共绿地地下空间。在土地供应和方案设计阶段，组织专班成员单位群策群力，邀请专家团队多方论证。然后，由金桥镇人民政府出资建设绿地地下停车库，新增泊位 133 个，以月租的形式，为周边小区居民提供优质停车资源。

稳定、有活力的社区自治组织，是停车资源有效运转的基本保障。海防新村建于 20 世纪 70 年代，因小区一直没有物业公司，小区大门长期存在"关不牢""管不好"的问题，外来车辆将小区视为停车场，乱停车、出行难问题突出，居民之间也时常产生矛盾。当地街道通过"家门口"社区微公益创投计划，在海防新村试点"居民区车管会构建与停车难题治理"项目，探索共治停车难题的社区组织机制。

2020 年，由居委社工、居民党员、志愿者骨干、车主代表以及第三方社会组织"有邻社区"组成的小区车管会筹备组先行成立。筹备组协助社区摸排小区内车辆、车位等基数，发现海防新村停车难的根源并非车位不足，而是供需不匹配、外来车辆管理缺位、固定车位规划不合理。据统计，小区共有业主车辆 306 辆、固定车位 280 个、自由停车位 152 个，车位资源超出业主停车需求。

为激活社区自治，洋泾街道在海防新村停车治理项目中，搭建了多方议事协商平台，协同街道职能部门、居民区党总支、居民代表、物业公司、社会组织等多元力量，为小区车管工作出谋划策。海防新村车管会筹备组在充分听取居民意见的基础上，制定了车管会议事制度、参会规则、车辆管理制度等规范性文件。

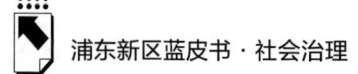

车管会居民代表黄月娣说："我们在制定《海防新村'三不四要'停车公约》时，开展了一系列的座谈、走访、会议，听取居民意见，之后再撰写形成停车公约和管理办法的讨论稿，最终探索出车辆分级管理、优先级排序、阶梯式收费标准、亲情车位等一系列具体做法。"经由民主协商形成的车管会制度，在业主意见征询中得以顺利通过实施。此外，车管会还在小区车位、车主信息登记的基础上，制定了海防新村车位供需图，加强对社会车辆的统一管理，保证社区公共空间停车有序。党建引领社区停车自治模式，既解决了小区内停车无序难题，又增强了当地社区社会资本和社会治理的弹性。

（二）空间赋能增量停车资源

在停车难题日益突出的背景下，浦东新区的相关部门、街道利用制度资源将街道、广场、桥梁涵洞以及防空洞等公共空间资源改建成停车位，使得"废地"变"宝地"，提升城市公共空间的功能弹性。

浦东新区交管局在具备夜间停车条件的区域，协调各相关单位规范增设停车位，积极探索公共道路夜间停车模式。截至2019年12月，全区已有30个夜间道路停车场，为社会车辆新增泊位1539个。花木街道的严民路，宽度不足7米，但该路东西两侧各有一所学校，向北有一家菜市场，上下学高峰、上午买菜高峰都会出现道路堵塞现象。查看现场后，浦东新区交警支队决定开放单边道路停车，在严民路西沿线划定了37个车位。居民在工作日晚上6点到第二天早上7点、双休日和节假日全天时段，可在此区域免费停车。夜间停车开放以后，严民路相关警情基本消失。

浦东交警支队在严桥路、芳芯路等处也开放了夜间停车位。灵岩路德州路至川杨河一段是"断头路"，东侧是某职业技术学校，西侧为居民区、幼儿园。灵岩路旁的小区因停车资源紧张，居民将灵岩路当作"停车场"，造成交通拥堵、停车无序等现象。通过征询居民意见，警方制定夜间开放停车方案，在道路一侧漆画黄实线，另一侧设单侧停车泊位，允许社会车辆在周一至周五晚上5点至次日9点，以及法定节假日、双休日全天免费停放。公共空间的规则设定、制度供给，消除了停车无序、交通拥堵的现象。

夜间停车模式以居民方便最大化、负面影响最小化的方式，解决了居民生活难题，广受群众欢迎。随后，灵岩路成山路至德州路段的改造被提上日程，该路段毗邻上钢集贸市场，机动车、非机动车随意停在马路边，大型货车偶尔也会驶入，使得道路拥堵不堪。通过现场调查和采集附近居民意见，交警支队在灵岩路成山路至德州路段标注单向通行道标线，将机动车与非机动车分流，并在道路沿线安装电子眼、电子警察警示标识，同时设立视频轮巡机制，车辆随意违规停放的现象逐渐消失，人流密集区的停车行为得到有效管控。

（三）单位合作共享停车空间

市民居住与生活空间的分离，使得停车位需求具有较强的时空流动性。居民区停车位白天空闲、晚上紧张，工作区停车位则白天紧张、晚上空闲，如果能够让两个空间的停车资源流动共享起来，将有力化解大城市停车难题。然而，政府、企事业单位、居民小区等部门，因内部空间管理、秩序维护等缘由，拒绝与其他主体共享空间资源。如何建立平等互利的合作关系，打破资源孤岛、确立共享规则，是共享停车资源模式面临的一个共性问题。

高行镇党政事业机关率先示范车位资源共享，将党政机关公共空间资源免费向周边居民开放。高行镇社区事务受理服务中心、文化中心、城运中心、公安派出所等单位，集聚在新行路340号附近，周边是高行馨苑、高行家园等三个动迁小区，小区内停车位高度紧张。2021年，高行镇政府机关办公中心、城管中队、文化中心等机关企事业单位，在加强单位空间秩序管理的基础上，带头免费开放停车空间，实施潮汐式停车模式，向周边居民提供150个停车位。同时，高行镇政府还协调镇域万嘉商业广场、森兰花园城、阳光天地商圈等企业单位，错时对外开放临时停车空间，为周边居民新增夜间停车位500个。

在"潮汐式"停车模式中，外来车辆滞留问题突出，因此，有的城市政府和企业单位在试行一段时间后，逐步关闭了共享停车资源模式。早在

2012年，浦东新区唐桥社区就探索与区域商务楼合作"错时停车"，双方相互提供1800个停车位。塘桥社区通过社区共治平台，召集区域内党建成员单位开会，共同议定了停车费、停车时间、停车者身份管理等规则。双方在收费上采用"就低不就高"的原则，更加符合公共空间的公益属性；在停车者管理上，采用车主事先申请模式：车主向本单位提出申请然后填表、业主则向小区物业提出申请，街道房管办对材料进行审核，通过两家物业公司之间对接，最终达成停车协议，记录车牌后发放停车证，凭证停车。严格的停车人身份管理，为后续车辆滞留、车辆违规停放等问题化解提供了信息基础。

为避免车辆滞留问题，居民社区与楼宇单位规定车主必须严格遵守停车时间，商务楼的车主每天下午5点半到6点须离开小区，小区居民则须在每天早上8点前离开商务楼的停车位。车主如果三次违反停车公约，就会进入"黑名单"，双方取消该车主的共享停车资格；而长期遵守停车公约的车主，就会进入"白名单"，享受优先停车的权限。通过及时归纳分析问题、总结经验，居委会和商务楼宇单位形成信任伙伴关系，共同签约达成《塘桥街道"潮汐式"停车公约》，为社区空间治理提供了规则依据，保障了资源共享秩序。近年来，塘桥潮汐式停车的制度探索与实践经验在浦东新区得到逐步应用。

（四）数字助力基层停车治理

从人工收费、口头劝阻、现场确认停车位到技术识别、数字收费、共享停车信息资源，城市停车正在经历一场治理变革。

2015年8月，国家发改委发布《关于加强城市停车设施建设的指导意见》，指出在智能化停车建设方面，大力推动智慧停车系统、自动识别车牌等高新技术应用，积极引入车位自动查询、电子自动收费通行等新技术，并将放开社会资本全额投资停车设施收费。随后，一系列与智慧停车产业相关的政策问世，社会资本迅速进入智慧停车行业，推动智慧停车技术快速推广。

在智能化改造、所有信息数据上传后,停车场与车主之间可以形成信息共享。智慧停车 App 具有车位信息实时更新发布、地图导航、在线支付等功能,它将逐步建立起连接包括车主、停车场、汽车服务商、城市管理者等城市出行全产业链参与者在内的城市级智慧停车管理大平台。智慧停车实现车主、停车场、空间增值服务闭环,提升了城市空间的复合价值。

如今,无论是交通管理部门的电子眼、视频监控器,还是企业、社区开发的停车 App 软件,都充分利用了数字信息技术。高行镇组织研发智能停车 App 软件,将之接入城运系统,车主可以实时获知附近区域停车信息,实现了机动车停车可视、可停、可管、可调、可控。

上钢新村街道的智慧社区建设,帮居民实现"一键"停车的梦想。德州一村是老旧居民区,居民有 1806 户,车位需求为 270 个,而小区内只能划出 210 个停车空间。"居民交了停车费,却不能保证把车停进小区。好几个居民因为这事来居委争吵过,"居民区党总支书记程家月说。为了把车子停进小区,小区业主损坏绿化、占用消防通道停车的情况屡见不鲜,而街道、居委会多次开展的整治活动,也是治标不治本。

2020 年 10 月,德州一村居民区联勤联动站改造升级,公安、城管、市场监管等执法力量下沉居民区,党总支牵头各专业部门做的第一件事便是解决停车问题。居民区党总支通过民主议事会、民主协商会,向居民征求可行的停车治理建议,"在周边道路开辟限时免费车位"得到了高票支持。通过街道、居委会、交警部门协商,2020 年 12 月,小区西侧灵岩路上,38 个限时免费停车位正式启用,老旧小区停车难得到缓解。德州一村居民区党总支还通过党建联建,开辟周边商务楼与集贸市场的停车资源,调剂出 30 个车位供居民使用。

2021 年 4 月,上钢新村街道在德州一村小区内试点智慧社区管理系统,辅以公共视频智能识别功能。一旦有车辆在消防通道区域停车,系统便会自动向物业保安发出提示,保安会第一时间前往现场,要求车主规范停车,确保小区生命通道的畅通。同时,小区内、商务楼、集贸市场与道路限时车位 4 处停车区域的车位信息,也被纳入微信停车小程序,居民可随时查看空余车位数量。通过停车小程序，居委会得以对相关数据进行统计分析，在停车高峰时间段做好车流疏导，空闲时间段适当放行外来车辆，高效服务周边群众。

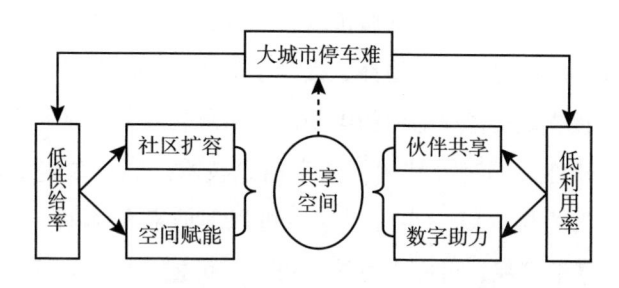

图1 浦东新区破解停车难题的举措机制

三 浦东新区破解停车难的成效

浦东新区通过挖潜扩容、资源共享机制化解停车难题，提升了群众的获得感、打破了资源孤岛困境、提升了城市空间复合价值。

（一）增量空间提升市民获得感

私家车停放成本自担是全球治理共识，当作为私人事件的停车难题聚集出现后，城市公共空间治理问题随即出现。央地政府在捕捉到民众社会需求之后，迅速出台政策、投入公共资源，化解市民停车难题，助力群众实现美好生活。

优化公共空间使用格局、增加停车位资源是化解停车难的物质基础。浦东新区政府除发挥公共资源优势，将桥梁、涵洞、废弃场地、防空洞等公共空间适当改为停车场外，还将停车位供需严重失衡地区的公共道路设置为限时单边停车空间，以及将新建公共设施地下空间建为停车场，最大限度增加停车公共资源，便利市民出行。仅高行镇在2021年就实现新增便民车位约1500个。

除了公共空间，各个居民小区尤其是老旧小区，仍有不少区位空间可以被规划、设计、建设为停车位。将政府掌握的公共空间改造为停车场，需要建交委、应急办、交通交警等多个部门的协同；而居民小区的空间优化和停车位供给，则有赖于街镇政府、居委会、社区规划师、车主代表、居民等多元力量充分沟通协商。

现实中，有的小区长期实行封闭式管理和固定车位模式，有的小区业主倾向于保留绿化地，不同意再规划、再利用及与他人共享空间资源，于是造成围墙内资源闲置、围墙外停车无序的不良后果。党政引领、第三方组织参与、社区规划师等专业力量介入，基于但又不囿于社区居民利益，从优化资源配置、提升空间质量、实现利益共增的角度推动社区微更新，并通过多轮协商、意见征询、制定公约等方式，最终获得小区居民的同意。通过挖潜扩容增加车位，多个小区基本实现车位自给，有的小区还可以向社会开放车位，实现小区物业收入增加。

浦东新区通过优化空间资源布局、做大停车资源基数，切实解决了居民生活中的烦心事，提升了居民的获得感。同时，通过挖掘社区空间资源、管好社区停车事务，诸多社区自主成立车管会、自治会，充分发挥志愿队伍等社区自组织的自治功能，推动了社区协商民主进程，增强了社区居民的政治效能感。

（二）伙伴合作化解资源孤岛困境

资源共享是提升经济社会运行效率、化解城市停车难题的重要途径。政府、企事业单位、非政府组织、居民小区、商超等物理空间的所有权或使用权主体，将停车位资源划定在其可控范围内，停车位不对外开放，加剧了停车难题。

市民对停车位需求的时空流动性，为停车资源共享提供了机遇机构。例如上海陆家嘴商务楼宇区域，白天面临着3000多个停车位缺口的局面，与之情形相反的是，附近居民小区白天有许多车位闲置，晚上则面临车位严重不足的问题。商务楼单位与附近居民社区签定"潮汐式"停车合同，交换使用停车资源，化解了双方的停车困境。

不少地区党政机关先行示范共享停车资源，免费服务周边居民。然而，单向度的免费服务，面临着车辆长期滞留、无序滥用、抢占空间资源的现象。错峰停车、共享停车作为市民共享共治空间资源的治理模式创新，需要良好的制度支撑。与单向度供给资源相比，制定规则、塑造可信承诺并严格监督执行，更有利于资源共享机制的持续运作。塘桥社区"潮汐式停车"模式的有益经验是，社区自治会与楼宇单位签订资源共享合约，制定详细的停车管理细则并严格执行，维护了停车秩序，提升了空间利用效率。

（三）数字赋能提升城市空间复合价值

任何一个城市的竞争力，都取决于城市的高品质空间资源和人力资本积累的多寡。流动性是城市社会的基本特征，亦是韧性城市建设的基本回应点。市民从一个区域流动到另一个区域，其他人群从外地流动到上海，都面临着地方可及服务资源信息不对称的问题，影响了市民的生活质量、工作效率，也阻碍着城市空间资源复合价值的实现。数字技术的发展缓解了资源信息共享难题，推动城市空间治理精细化。

近几年，全国各大城市、企业资本积极推动智慧停车工程建设，除城市政府基于大数据运行平台开发的停车信息系统之外，社会资本推动研发的各类停车App软件也为车主提供了更多智慧选择。政府大数据系统，发挥违规停车监管功能，而社会资本研发的智慧停车App，主要发挥资源共享功能，一管一疏相互配合，助力市民精准获悉服务资源，赋能基层社会精细治理，推动城市空间复合价值的实现。

四 浦东新区破解停车难的经验启示

大城市停车治理是涉及空间治理、社会治理、数字治理的综合性社会治理工程，需要地方党委政府协调各部门、各单位、各群体，从物理空间层面到社会关系层面予以疏导，运用数字技术实现资源共享，提升市民生活获得感、便利度，实现社会治理有序有效。下表是浦东新区部分单位、街镇、社区在停车治理上的举措和机制。

表1 案例档案及其经验启示

案例主体	举措	机制	经验启示
浦东新区党委、政府	制定行动方案	政策调控、资源供给	①党政引领，多元协同，挖潜扩容，共享共赢，破解停车难题 ②整体治理，破解政策执行中的孤岛难题，动员群众赋权自治，推动共治机制可持续运行 ③数字赋能共享共治，实现资源共享中的精准治理、有效激励和权责对等，推动资源共享机制良性运作
建设与交通委员会	制定规则，划定单边停车区域，配备电子设备	规则供给，数字赋能精细化治理	
高行镇政府	街镇主抓，示范引领	党政引领	
塘桥社区	"潮汐式"停车	合作共赢	
洋泾街道海防新村	引入第三方培育社区自治组织，自主治理小区停车难题	自治赋能	
上钢新村街道	智慧社区，"一键"停车	数字赋能	
高行镇高行二居居委、东力新村社区	党建引领，居民自治，挖潜扩容	多元协同	

近年来，国内城市试行共享车位、数字监控和停车收费等机制，但像上海这样将停车治理作为民心工程、自上而下全面推动的，还比较少。浦东新区作为社会主义现代化国际大都市的核心承载区，面临的城市治理难题、探索出的停车治理经验，在全国具有代表性和借鉴性。在停车治理方面，浦东新区的实践探索有四方面的启示。

（一）党政引领促进多元协同

空间是大城市最为稀缺的物品之一，也是影响居民美好生活的基本元素。在时空聚集效应下，拥有停车资源的单位在特定时段也无法满足自身停车需求，而打破围墙共享资源，则面临着诸多交易成本。情形更复杂的是，许多老旧小区受困于物业匮乏、外来人口和老年人居多、空间布局低效等问题，难以通过自身力量完成空间优化方案。区、街镇党委和政府的引领、协调以及政策资源供给，成为破解资源壁垒、化解陌生主体关系阻隔、推动空间资源共享的重要机制。在党委、政府的引领下，第三方力量、志愿服务队、车主代表、居委会干部、社工、企业等主体积极参与，通过多轮民主协商，最终形成小区空间优化和共享利用的自治方案，实现挖潜扩容、共建共赢的目标。

（二）整体治理打破政策孤岛

空间是集治理目标、工具、载体于一体的集合场域。对城市空间的治理需要以多个部门密切配合为前提。在条块分割的行动框架内，不少部门面临政策执行的孤岛困境，即每个部门都掌握一定的政策资源，但无法实现全面的政策执行和社会动员，最后陷于碎片化的政策执行困境。整体主义治理模式，旨在减少政策之间互相拆台的情形，更好地利用短缺资源，通过将某一特定政策领域的利益相关者聚合在一起达成合作，最后向公民提供无缝隙的而不是碎片化的公共服务。上海市将停车综合治理确定为2021年十六件民心工程之一，使之成为市、区、街镇的重点工作。在中心工作机制下，区、街镇等从整体主义思维出发，协调各条线部门、集中行政资源、设置推进部门、制定工作方案和实施进度，协力推进停车治理工作。区建交委、区交警大队、街镇、社区党组织、社会组织、企事业单位等多元主体，在党委领导下形成治理合力，快速实现空间更新和停车位挖潜扩容。通过赋权社区自治、社区物业，将优化完毕的社区空间、公共空间交由可持续治理的组织进行运维，实现了停车有位、停车有序的治理目标。

（三）数字赋能推动共享共治

数字化是城市经济发展的新引擎、社会治理的有力助手。上海推动的数字化转型，目标在于通过数字技术手段，实现经济社会的高质量治理，而生活数字化则是人民群众最能感知、最易有获得感和幸福感的领域。既往居民停车面临"绕路三匝、无位可停"的困境，主要是因为停车资源信息不对称。近几年智慧停车产业发展迅速，车位共享系统和应用小程序迭代更新，一键查询、数字收费等功能推动了资源共享、便捷停车。数字技术还赋能街镇社区治理主体，化解人工劝阻、人工识别工作低效、易摩擦等问题，将不遵守停车公约的车辆、长期滞留车辆、违规乱停放车辆予以系统识别，通过停车权限等级予以奖惩，实现了资源共享中的精准治理、有效激励和权责对等，推动资源共享机制良性运作。

（四）激发自治实现自主挖潜

城乡社区社会治理是国家治理的基石。在空间资源的整合、优化利用和再配置中，党政引领、市场配置功能的发挥，都依赖于自主有活力的社会基础支撑。浦东新区通过培育车管会、激活民间组织、启动社区民主协商机制，推动社区自主解决停车无序、停车难的问题。在走家串户的过程中，社区自治资源不断凝结、贤达能人深入参与，推动社区共治机制和共享空间的形成。社会挖潜包括物理空间和治理能力两个层面。在海防新村的案例中，街道政府通过引入第三方组织，发掘社区积极分子，有意识地培养社区自治组织，提升社区自治能力。通过公共事务训练，社区自治活力被激活后，能够迅速有效对接政府的美丽家园等公共项目资源，促进社区人居环境不断优化，实现政府与社会的双向赋能。

五　浦东空间共享破解停车难的对策建议

停车位供给不足、共享不足是当前城市停车难的主要原因。而源自市民群体的社会合作困境、源自单位间的信息壁垒困境、源自城乡差异的空间发展不均衡成为阻碍空间资源共享的主要因素。要实现停车有效治理，不但需要前端的党政引领、空间优化、挖潜扩容，而且需要后端的社会合作、资源共享、自治运维。从2011年的长清苑小区自主探索，到2015年塘桥社区与楼宇商务部门签订"潮汐式"停车协议，再到2021年区政府全面推动停车综合治理，浦东新区在停车治理上探索出了可借鉴的经验。但要深入推进区内停车治理，需要注意如下几个问题。

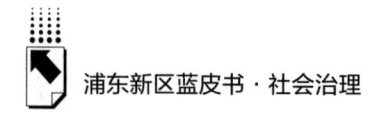

（一）加强社区自治力量建设

党建和自治能力强的社区，其社区空间治理、停车治理、社会治理往往运转良好。停车治理成功的案例，运行机制是相通的。而未成功打破围墙实现空间资源共享的社区，也存在相似的问题，其中最主要的问题是，社区自治力量薄弱、内部无法达成一致意见，社会合作困境突出。建议通过党建引领、社区组织引入、项目资源导入、公共协商平台构建等机制，培育社区自治组织，提升社区停车自治能力。

（二）加强空间资源信息整合能力

如今，停车资源信息共享的技术已趋于成熟，但实践中发现，不同区、街镇甚至小区或楼宇，都会开发自己的停车位共享系统，人为设置的数据壁垒、信息孤岛，降低城市公共空间资源的共享效率。建议加强区域空间主体协调，打破资源和信息碎片化现状，建立综合全面的停车位资源信息平台，为居民提供便捷及时高效的服务。

（三）协同推进城郊社区空间治理

由于业态复杂、外来人口众多，浦东新区近郊农村同样面临停车难题，例如环东中心村经常出现的重型卡车、私家车乱停放现象，影响了公共交通、居民出行，降低了居民乡村生活质量，成为矛盾纠纷、市民投诉的重点区域。建议大力推广已有停车治理成功模式，协同推进城郊社区空间治理，破解机动车停放无序的难题。

参考文献

陈海生：《大上海"停车难"调查：产业化缘何不能进行到底？》，《中国经营报》2005年9月19日，第A22版。

黄盛：《智慧停车破解停车难题 创新构建城市新生态》，http：//capital.people.com.cn/n1/2019/0826/c405954-31316138.html。

刘倩、王缉宪、李云：《面向可持续的城市停车管理：国际比较与借鉴》，《国际城市规划》2019年第6期。

〔美〕埃莉诺·奥斯特罗姆：《公共事物的治理之道：集体行动制度的演进》，余逊达、陈旭东译，上海译文出版社，2012。

王德新：《解决小区停车难路在何方——上海浦东新区三林镇长清苑小区解决停车难纪实》，《交通与运输》2012年第5期。

叶裕民：特大城市包容性城中村改造理论架构与机制创新——来自北京和广州的考察与思考》，《城市规划》2015年第8期。

张景秋：《城市韧性视角下社区公共空间规划与管理探究》，《北京规划建设》2020年第2期。

张钰芸：《浦东新区"潮汐式停车"解停车难题》，《新民晚报》2015年8月19日，第C06版。

赵天予：《"车管会"巧解老旧小区停车难》，《浦东时报》2021年6月16日，第7版。

BARTER P. A., "Adaptive parking: a flexible framework for parking reform", Singapore International Transport Congress and Exhibition. Singapore: SITCE, 2013.

BARTER P. A., *Parking policy in Asian cities*, Tokyo: Asian Development Bank, 2010.

Christopher Pollitt. "Joined-up Government: a Survey", *Political Studies Review*, 2003, (1).

技术优化基层治理

Technology-optimised Grassroots Governance

B.11 "六诊工作法"：高行镇一条热线撬动基层治理变革

赵 吉*

摘　要： 高行镇通过12345热线撬动基层治理创新变革，坚持"有呼必应""未呼先应""一呼百应"的治理逻辑，探索出在线"接诊"、即时"问诊"、联合"会诊"、现场"出诊"、协调"急诊"、检查"巡诊"的六诊工作法，使得基层治理的体制进一步捋顺，力量进一步充实。通过赋权、下沉、增效等一系列手段有效解决了一批群众身边的老大难问题，实现了"一切围着难题办、一切围着群众转"的现代城市治理目标。

关键词： 智慧赋能　12345热线　平台型枢纽　基层治理

---

* 赵吉，管理学博士，上海交通大学公共政策与治理创新研究中心研究人员，主要研究方向为城市治理与公共政策、当代中国政治理论。

"六诊工作法"：高行镇一条热线撬动基层治理变革

当前浦东正在打造社会主义现代化建设引领区。推动社会治理和资源向基层下沉，打通联系服务群众"最后一公里"，是打造现代城市治理示范样板的战略性任务。在城市治理中如何充分吸收民意、解决民忧，从而保障城市社会井然有序，提高人民的认同感与幸福感，已经成为迈向高质量城市治理的重要议题。当前，国内各地普遍进行了政务热线的探索，而如何实现倾听？政务热线从单纯的信息传输渠道升级为综合性的社会治理机制，这个问题尚未得到系统性解决。近年来，浦东高行镇提出"五镇建设"（产城融合先行镇、城市更新美丽镇、智慧生态特色镇、法治建设示范镇、宜居宜业幸福镇），依托12345市民服务热线平台，对群众的操心事、烦心事、揪心事实行"接诉即办"，从"民有所呼"的大数据中梳理出高频问题、多发区域问题作为城市治理的突破口和着力点，"未诉先办"，主动治理，努力变成"人民想要的样子"。

高行镇利用12345热线有效赋能诉求表达、绩效考核、协同治理，积极打通基层治理"奇经八脉"，极大地提升了基层社会治理现代化水平。在一条热线的推动下，群众成为治理问题的"发现者"，发挥积极能动性。通过数字化技术对政务热线平台的整合与强化，增强了政务热线的统一性和便捷性，使公众诉求直接有效汇聚于热线，也使政府掌握社情民意诉求摆脱碎片化困境，走向系统化、源头化的高水平治理。高行镇城市运行管理中心也先后成为浦东新区"城市大脑"智能化提升试点和城市运行综合管理引领示范单位。近三年来，高行镇城运综合绩效始终名列全区第一方阵前列，在12345市民服务热线和"一网统管"建设方面取得诸多可复制可推广的经验，多次接待外省市、外区、外街镇同行学习交流，多次被市级以上主流媒体报道。

一 高行镇一条热线撬动基层治理变革的工作缘起

随着城市变化日新月异，市民诉求日益多元，城市每天都有层出不穷的新问题涌现出来。城市管理者要实现治理效能的最大化，关键在于找到城市运行和社会发展的"节律",对症下药。高行镇城市运行综合管理中心就是汇集民生大数据的智慧中枢。工作人员对12345热线民意舆情进行动态监测、分析研判,将诉求热力图、分布类型、高频事项等直接送到镇领导和各部门主要领导案头,为决策提供参考。从解决一个问题到解决一类问题,一旦摸清了问题发生的规律,政府的治理举措变得更具靶向性。高行镇不断尝试通过信息化手段,精准定位辖区主要矛盾,提升治理效率。

高行镇将12345市民服务热线作为政务服务"一网通办"和城市运行"一网统管"的总客服送上门的大调研。高行镇城市运行管理中心有40名职工,负责维护热线的运行。他们坚持党建引领"穿针引线"、城运管理"加密针脚"、科技应用"提升绣功",践行"人民城市为人民"理念,加快打造"未呼先应"主动治理的社会治理模式,不断提升城市精细化管理能力和智能化运用水平,是奋战在城市管理条线上的一支"为民服务解难题"的"特战舰队"。

高行镇充分用好热线大数据,"未诉先办"解民忧。依托12345市民服务热线平台,高行镇对群众的"急难愁盼"问题实行"接诉即办",从"民有所呼"的大数据中,梳理高频问题和多发区域问题,作为基层治理的突破口和着力点,推进"未呼先应"主动治理。通过市民诉求的热力图分析,为政府决策提供依据,2021年已有不少群众关心的事项排进了高行镇重大民生工程启动日程表上,包括居住小区非机动车充电桩,消防设施改造,华高、南新、卫生服务站和东沟门诊部修缮,数字化智慧化社区治理试点和推广,老旧小区加装电梯和无障碍设施维修,21个社区健身点位更新修缮等。

什么时段、什么类型的问题容易高发,什么区域在高发事项上有趋同性,大数据可以为城市治理精准定位。高行镇热线平台通过对12345热线工单的大数据分析,梳理出物业管理、环境整治、垃圾清理、群租房、噪声扰民等10项共性问题,一个一个啃"硬骨头"。

高行镇把居民诉求的热点问题、反复出现的问题,纳入大数据社会治理平台,一目了然。经过大数据研判,未雨绸缪,2019年梅雨季期间,平台接到绿洲片区外墙渗水工单7件。2020年在汛期尚未到来之时，原来渗漏较严重的十多户房屋已做好外墙的修补和防水，汛期来临时，平台几乎未收到房屋渗水的热线工单。2021年2月，在前期试点基础上，高行镇绿洲片区的房屋修缮工程全面开工，涉及6个小区共117幢房屋，超过65万平方米，受益居民达8400余户，同时还开展了房屋单体重塑和环境美化提升，让老旧小区重新焕发青春活力。

近年来，高行镇探索班子领导做"接线员"和"督办员"。2020年镇班子领导共推进处理156件疑难工单，涵盖老旧小区停车难、加装电梯、公房外墙渗漏、环境整治等老百姓家门口的烦心事。每周镇领导都会对12345热线工作亲自签办、亲自督办。12345热线根据轻重缓急，对群众来电事项实行24小时、3天和10天三级管理模式，要求限期解决并向群众反馈。12345热线平台全程督办，做到"事事有回音、件件有落实"，形成接诉、办理、督办、反馈的闭环式运行机制。

随着工作的不断完善，12345热线真正实现了"百姓吹哨、部门响应"向社区、向群众身边延伸，12345"哨声"响起，相关部门到百姓家门口现场办公、集体会诊。干部围着百姓转，激活了基层治理的"神经末梢"。党建引领，就是敢啃"硬骨头"，把党的政治优势、组织优势转化为城市治理优势。在高行镇党委、政府的强有力的推动下，一大批违章建筑、环境脏乱差、停车难、物业不作为等老百姓身边的烦心事逐步得到妥善解决，一批新型菜市场、美丽家园、健身广场等便民利民设施相继建成，环境美了，生活方便了，百姓更舒心了。

二 高行镇撬动基层治理变革的举措机制

高行镇坚持"民呼我为""谋定快动"，汇聚各方资源和力量，上下协同解决好群众需求热点、治理痛点问题，把"总客服"做实做细做得更具温度，不断增强群众的获得感、幸福感、安全感。总体来看，以12345热线为抓手，撬动基层治理变革主要存在以下机制。

（一）持续推进智慧社区建设

智慧社区建设只有与社区治理充分适配才能同时发挥数字化手段和传统社会治理的双重优势。高行镇12345热线建设是以群众需求、治理需求为导向而适配器的网络化数字化手段，能够为智慧社区建设持续赋能，使社区治理更具实效。

一是着力智能平台建设。高行镇智能化提升工作在全市、全区起步较早，引领示范，率先在浦东开展城运智能化管理试点并推广实践经验。近年来积极贯彻上海市"一网统管"建设要求，高行镇城运中心着力"高效办成一件事""高效处置一类事"，为高效能治理提供样板、树立标杆。高行镇坚持做实智能应用，"城市大脑"升级全域应用，在全区首批试点城市运行管理联勤联动3.0版智能化升级，打通"城市大脑""镇级中脑""社区小脑""小区微脑"，充分运用好群租管理、垃圾分类、智慧停车管理等20个应用场景，串联起经济治理、社会治理、城市治理三个领域，涵盖违法搭建、街面秩序、河道养护等52项体征要素，闭合从源头到末梢治理链条，基本实现"一网感知万物、一屏总览全镇"和"大事全网联动、小事一格解决"。依靠智能化的平台建设使12345热线的数据分析智慧化、数据呈现可视化、数据利用智能化，增强了热线对于基层治理的可利用价值。

二是加强联勤体系建设。基层治理的核心是发挥条线部门与属地的合力，只有实现齐抓共管，建强联勤体系，才能够真正提升基层治理能力。高行镇率先在全镇居村覆盖部署"好视通"视频会商系统和移动视频设备，强化"1+35"指挥协同体系。全面推进居村联勤联动站建设，实现35个居村"基础版微平台"全覆盖并稳定运行，做到底版、架构、接口、标准、管理统一，充分发挥家底清、体征明、高效管、智慧研功能。依托"微平台"场景应用推进源头智慧治理，发挥"五联机制"效能助力实现联勤联动"一站统管"。

目前，高行镇已经实现了"一体赋能"，高效拧成一股绳，推进"城市大脑"多网融合。城运中心已打造成为城运系统应用枢纽、指挥平台，联合城管、公安、房管、安监、司法、市场监管、绿化市容等部门，为跨部门、跨区域、跨层级快速反应、协同联动提供赋能载体。近几年，通过联勤联动快速处置机制保障了上海草莓音乐节、国潮音乐节等大型活动顺利进行。

与此同时，围绕社会治理和城市管理两大职能，高行镇强化"1+35"居村联勤联动协同体系，推进居村联勤联动站微平台建设，实现"一网统管"在居村的深度延伸，打造一体融合、资源共享、运行高效、多方协同的基层治理新模式。

三是试点建设智慧社区。建设好数字化治理的基础设施，是促进基层治理智慧化的基础性环节。高行镇着重为基层社区治理赋能，在和欣家园、和韵家园全力推进"自治+共治、智能+智慧"的智慧社区建设试点，通过"智能安防""智能停车"等智慧手段，强化对人员出入、停车、充电隐患、群租、违建等管理及独居老人、特殊群体服务的实战举措，正在打造成为综合治理示范小区，探索社区智慧化管理模式，并向部分问题矛盾较集中的老旧小区推广复制。整合共享视频资源，协力推进73个社区智慧安防建设，镇财力投建的1000余路社区技防监控设备全部同步接入"城市大脑"实现一键轮巡，进一步强化全方位感知监测，努力提升群众满意度、安全感。

与此同时，城运中心研发的居家隔离智能管控模块为高行镇疫情防控决策提供有力数据支撑，推行电子房态图、数字门铃，使疫情防控更精准、更高效。"科技绣花针织就社区防控智理网"获评全国城乡社区疫情防控优秀案例。整体来看，高行镇已经具备了实现从信息化建设到数字化转型的基础条件。以数字基础设施和数字化平台为载体，为全面提升基层治理的现代化水平赋能。

（二）以热线和网格工单为抓手解决实际问题

从全国范围来看，政务服务热线的案例层出不穷，针对如何实现政务热线与基层治理的高水平融合，实现平台之间的有效联动贯通，真正解决基层治理面对的实际问题，高行镇做出了有效的探索。

一是在12345市民服务热线和网格工单办理工作上，高行镇坚持"三有推定"。面对群众诉求，首先做"有理"推定；面对待处问题，首先做"有解"推定；面对批评声音，首先对自身做"有过"推定。整体来看，高行镇12345热线不是一种简单的问题反应机制，而是在接到热线时就已经开启了责任的传导机制，是一种责任兜底的表现。这使得12345热线真正成为解决问题的平台，而非转移矛盾或延长处置的链条。与大多数热线靠标准化机械化的手段来增加程序链条的设计不同，高行镇在理念上就坚持了责任导向，有利于化解居民的意见与矛盾。

二是高行镇系统设计了"三个呼应"的回应机制。对反映的显性问题，坚持"有呼必应"的问题治理；对未诉的隐性问题，坚持"未呼先应"的源头治理；对疑难、复杂问题，坚持"一呼百应"的多元治理。在高行镇的系统设计中，既有分类治理的特点，就是对于不同类型的问题采取差异化的治理方式。与此同时，高行镇的策略不仅关注当下的治理问题，还关注到可能发生的系统性风险，因此，12345热线的针对性回应，不仅能够解决具体的现实的问题，还能够对可能发生的问题做出有效的预判。

三是建立起全链条的工作机制。高行镇不断深化"六诊"工作法，既在线"接诊"，又即时"问诊"；既联合"会诊"，又现场"出诊"；既协调"急诊"，又检查"巡诊"，推动城市管理一般常见问题及时处置、重大疑难问题有效解决、预防关口主动前移。形成"社情民意点点通、急事难事件件办、办理结果事事回、满意与否人人评"闭环。

四是高行镇坚持效果导向的评价机制。高行镇坚持"需求导向、问题导向、效果导向"，通过"问需于民、问计于民、问效于民"，解决群众合理诉求、城市社会顽症痼疾，不断提高12345市民热线和网格工单先行联系率、及时处置率、有效解决率、市民满意率。12345热线一头联系着市民，另一头则联结着政府，是政府与市民之间的纽带，也是市民评价对政府满意度的重要窗口。以市民满意度为导向，建立起对热线的评价机制，既有利于确实地化解现实存在的矛盾与问题，也有利于增强人民群众的满意度与认同感。

2021年以来，高行镇热线绩效始终位列浦东新区第一方阵，特别是4

月，取得了全区第一的好成绩。1~5月，市民服务热线工单受理量达2420件，及时处置率达100%，诉求解决率为96%，市民满意率保持在90%以上，指标呈现稳定上升趋势；网格工单受理量达5446件，结案率为97.64%；落实每周四大调研班子领导现场会诊疑难工单15次。

（三）发挥党组织引领力与战斗力

如果说数字基础设施是硬件，12345热线是平台，那么还需要强大的组织才能维系治理效能的整体跃升。高行镇也始终通过建设"红色阵地"、激活"红色细胞"、扩大"红色朋友圈"，来激发城运中心"特战舰队"的进取心态、奔跑姿态、实干状态。

一是强化政治思想引领。高行镇充分发挥基层党组织战斗堡垒作用、党员先锋模范作用和干部带头表率作用，积极开展学党史"我为群众办实事"主题实践活动，进一步提升了联系服务群众和为群众排忧解难的意识。通过"走出去""请进来""大比武"等方式不断提升职工业务能力和整体工作效能，每年开展交流学习、培训竞赛20余次。对基层工作人员的党性再教育与政治思想引领，成为提升基层工作人员履责意识和担当意识的重要机制。

二是强化干事队伍建设。治理能力的提升不仅依赖于制度设计，还依赖于具体的人，只有实现干部队伍的高素质化，才能实现治理能力的高质量提升。1~5月，高行镇共开展党建活动6次、微党课1次、携手共建3次，组织各居村、各职能部门条线干部集中培训3次，赴外街镇取经学习2次。同时不断完善精准派单、高效办单等机制，加强对疑难、敏感、多发等事项的研判和审核。

（四）抗击疫情保障基层平安

新冠肺炎疫情的发生是对基层治理体系与基层治理能力的一场大考，高行镇依托既有的热线平台和完善的治理机制，经受住了考验。整体来看，高行镇主要在如下方面形成了重要的经验。

高行镇依托科技赋能严防严控，筑牢疫情防控防护墙。依托既有数字化平台与智慧社区建设，高行镇基层工作人员积极配合防疫部门对入境人员实现闭环管理，对居家隔离对象通过门磁、监控、智能门铃加强管理，实现城运、公安双接入，提升态势感知、精准防控能力，为常态化疫情防控提供科技保障。这使得数字治理的优势与传统社会治理的优势相结合，共同助力高行镇的基层疫情防控。

疫情防控不仅检验基层治理能力，还考验基层干部的责任意识与担当意识。高行镇基层干部充分发挥党组织的凝聚力、战斗力，坚持守初心、担使命，积极投身到发动居民接种疫苗的宣传队伍中。党员先行带领全体工作人员争当志愿者，积极参与高南卫生服务中心和华高市民学校等地开展的引导群众接种疫苗志愿者活动，筑牢防控第一线，做到守土有责、守土尽责。

三　高行镇一条热线撬动基层治理变革的成效与问题

高行镇坚持用心用情回应群众关切诉求，苦干巧干解决群众急难愁盼问题，让"民呼我为"成为高行镇新的金名片。近3年来，高行镇信访量持续减少，群众满意度、幸福感不断提升，12345市民服务热线绩效始终保持全区第一梯队前列，热线满意率达到90%以上。整体来看，高行镇以12345热线为支点，撬动了基层治理的变革，至少在如下三个方面取得了鲜明的成效。

一是建立起了党建引领的社会治理共同体。党的十九届四中全会指出，必须加强和创新社会治理，完善党委领导、政府负责、民主协商、社会协同、公众参与、法治保障、科技支撑的社会治理体系，建设人人有责、人人尽责、人人享有的社会治理共同体。一直以来，社会治理共同体建设主要有两大短板，分别是公众参与与科技支撑。公众参与往往面临着公民冷漠与制度化机制不畅等问题。而科技支撑一方面受制于经济社会发展水平，另一方面受制于信息技术与社会治理有机结合的方式。

高行镇坚持党建引领、统筹协调，通过各方联动，引导基层自治善治共治德治法治，激发基层社区治理活力，推动居民从"边上看"到"一起干"，让群众从"旁观者"变成"参与者"，实现了基层治理由单一主体参与向多元化自治共治的转变，提高了群众参与社区治理的主体意识、自主意识和责任意识，为美丽家园建设增添了一抹城市亮色。与此同时，高行镇还充分发挥科技支撑的关键作用，通过12345热线与居民需求、政府治理需求的有机结合，搭建了一条数字化技术赋能城市基层社会治理的通路，真正实现了以科技支撑建立社会治理共同体。

二是以12345热线满足人民群众日益增长的美好生活需要。居民的诉求直接来源于美好生活的需要。建设人民城市要理解"人民城市人民建，人民城市为人民"的核心理念。通过专业化的12345市民热线服务，高行镇把群众的难事当作自己的心事，耐心聆听，回应合理需求，认真解决关系群众切身利益的实际问题，最大限度地保护了群众的合法权益，极大地提升了群众的满意率，这正是对"为人民服务"的最好诠释，为进一步顺利推进安全有序、整洁舒适、环境宜居、幸福和谐的美丽家园建设奠定了扎实的群众基础。

三是城运中心成为城市基层治理的平台型枢纽。实现政府治理的现代化，最重要的是实现有效的协同与联动，搭建起扁平化、敏捷化的平台。城运中心作为社区治理的枢纽，为社区治理提供了精准、便捷的服务输出，智能场景运用发挥了重要的作用。12345服务"哨声"响起，联勤联动微平台利用大数据全面赋能基层治理，促进社区管理精细化、服务内容多样化、治理高效协同化，提升了社区管理的精准度。在全区2020年街镇综合绩效考核中，高行镇群众评价和12345市民服务热线满意度等公众评价再创新高，接近满分。

四是以城市运行中心为载体实现了基层治理的数字化转型。基层治理的数字化转型不是简单的对数字技术的利用，而是基层治理革命性的本质性的变化。城运中心按照"多种平台合一、多项任务切换"的功能定位，统筹信息化和管理类资源，实现平台运行一体化、监管功能模块化、联动处置动态化、运行操作标准化、管理方式智能化，形成分工合理、权责明晰、协调有序、全程监管、7×24小时全年无休的城市运行综合管理新体系，通过平急融合机制，进一步发挥应急指挥中心职能，全天候、全方位时刻守护城市运行，确保城市更安全、更有序、更干净。这种依靠技术驱动来实现对政府流程的全面再造极大地提升了城市基层治理的能力与现代化水平。

与此同时，高行镇在推进12345热线建设的过程中，不可避免地也存在一些问题。

一方面表现为创新意识有待加强。随着城市数字化转型的推进力度加大，以及未来城市数字化转型的趋势需求，亟须补充专业性、技术性人才，改善对智慧治理理解不透、不精、不细、不深的状况。但目前基层仍然面临着技术型人才和社会治理人才的缺失难题，这对基层治理的数字化转型提出了挑战。

另一方面表现为协调力度不够。平台的建设势必需要政府部门的全力配合，然而由于法定授权以及体制机制等原因，一些数据信息与沟通机制始终难以建立完备。随着城运体系不断扩展，工作内容越来越多，处理一些跨层级、跨区域、跨部门的具体问题时好思路、好办法不多，这也将会造成一些工作滞后、推进不力。

四 高行镇一条热线撬动基层治理变革经验与启示

近年来，高行镇以满足人民群众日益增长的美好生活需要为目标，把群众的痛点、堵点、难点作为改进政务服务的重点，一大批市民反映的"急难愁盼"问题通过12345热线得到推进和解决。12345热线作为一种治理载体，成为人民群众的"一件小事"的因应通道，真正使得城市基层的治理能够从人民群众关心的事情做起，从让人民群众满意的事情做起。

（一）以绣花功夫做实"接诉即办"

高行镇依托12345市民服务热线平台，对群众的操心事、烦心事、揪心事实行"接诉即办",针对重大、专项问题及时召开专题工作会,落实重大工作措施,研究形成推进方案,这一举措使得城市基层治理的效能不断提升,公共事务件件有着落,百姓的认同感和幸福感持续增加。针对高频事项、多发区域、反复退单、不满意工单等问题,高行镇定期梳理工单数据并报送上级和责任处置主体阅研,召开专项协调会,明确责任主体,加强协同监管。这些持续性的改进做法有助于增强城市基层治理的适应性,不断增强基层应对复杂问题和不确定性问题的能力。高行镇结合《浦东新区市民服务热线绩效情况》《高行镇市民服务热线绩效情况》通报,对绩效薄弱环节进行分析,研究落实整改提升措施,保证群众诉求"事事有回音、件件有落实",打通社会治理的"最后一公里",补齐服务群众的"最后一米",用"我为群众办实事"的具体行动绣出群众的获得感和幸福感。"绣花功夫"本质上是一种精细化的管理方式,这种精细化是标准化与个性化的统一、管理刚性与制度弹性的统一,是一种适合城市基层复杂情境的治理范式。

(二)以公仆意识做到"我有所应"

"民有所呼,我有所应"是高行镇践行以人民为中心理念的现实写照。高行镇根据工单轻重缓急,对群众来电事项实行 24 小时、3 天和 10 天三级管理模式,要求限期解决并向群众反馈。热线平台全程督办,形成接诉、办理、督办、反馈的闭环式运行机制。这一做法依靠自我加压,使工作件件有着落。每周四镇党委主要领导轮流到城运中心担任"回访员"和"督办员",现场坐诊把脉,逐一点评、直截了当、见人见物,把问题找清楚、把症结分析透、探清背后的实质,努力让通过 12345 服务热线能解决的事项不变成信访问题;承办部门及时按照领导批示处置案件并及时反馈,城运中心对领导派单件办结情况进行核查和认定,于每月"高行镇市民服务热线绩效情况"上通报,并实施考核管理;同时召集相关单位研讨,对边界不清、职责不明的多方争议工单事项进行定性定界定责,指定主责和协办,固化为派单规则,形成工单判例模式,为今后类似工单畅通处置渠道。这些经验真正做到了"民有所呼，我有所应"，为建设人民城市提供了重要的行动指南。

（三）以科技赋能探索"未诉先办"

作为全区"城市大脑"智慧化治理试点单位，高行镇在发挥传统优势的基础上，紧紧抓住城市治理"牛鼻子"，建立了一批智能模块和应用场景，既布局顶层泛感知网络，又赋能遍布镇域的自治共同体，着力提高实时感知发现问题、快速有效处置问题的能力，协同推进智管众管，着力实现精细精准，对12345市民服务热线民意舆情进行动态监测、分析研判，将诉求热力图、分布类型、高频事项等信息直接送到镇领导和各部门主要领导案头，为决策提供参考，为城市治理精准定位，有效回应群众关切，做到群众诉求在哪里，回应就在哪里，走好"人民至上"的每一步。以技术赋能城市基层治理不仅增强了城市治理的敏捷度，也提高了处置事物的智能化水平，对于提升基层治理能力具有关键性作用。2019年以来，高行镇热线平台通过对12345热线工单的大数据分析，梳理出物业管理、环境整治、垃圾清理、群租房、噪声扰民等10项共性问题，一个一个啃"硬骨头"，让社区治理实实在在彰显民生温度，进一步提升人民群众的获得感、幸福感。

（四）以制度创新实现"民事我办"

制度创新是实现基层治理创新可持续性的关键环节。高行镇的12345热线工作不断向制度化、体系化发展，使得一些零散、碎片化的创新探索，能够向着系统性、整体性的效应迈进。制度的根本在于创新，高行镇在基层工作中注重发挥首创精神，利用热线这一小的制度装置做出大文章，做到人无我有、人有我优，真正使得热线务实管用，建立起完善的接听、反馈、监督流程，实现了与既有政府治理体系的有机衔接。制度创新的落脚点是制度，治理创新的探索只有固化为可复制、可推广的制度才能取得更广泛的影响。

高行镇的12345热线建立起了以制度、机制、体系为支撑，以制度、过程、文化为载体的全方位工作运行体系，为实现城市基层"民事我办"奠定了重要的基础。以人民为中心、为人民谋幸福，是中国共产党的初心，是基层治理的出发点、落脚点和最终目标。高行镇探索的"民有所呼""我有所应""未诉先办""接诉即办"的"高行模式"，汇聚各方资源和力量，齐心协力解决好群众需求热点、治理痛点问题，办好群众家门口的事，当好市民群众的贴心人，努力让人民群众的获得感、幸福感、安全感更加充实、更有保障、更可持续。

五 高行镇一条热线撬动基层治理变革的对策建议

在当前城市治理数字化转型的大背景下，在建设新时代人民城市的伟大征程中，需要不断探索和挖掘新技术与新机制，从而为提升城市基层的治理水平实现全方位的赋能。结合高行镇的事件探索，面向未来，应当从如下四个方面不断优化完善。

（一）提升市民服务热线工单群众满意率

高行镇应当继续以大力开展"我为群众办实事"主题实践活动为契机，以提高问题的实际解决率为出发点，重点抓好工单办理质量，不断提高市民满意度，推进热线回访线上线下相互联动，加大工单回访力度，实时掌握问题处理情况，实现对12345热线的全过程、全流程闭环设计。与此同时，应当注重对数据的采集与分析，聚焦群众投诉多的"高频事项"、反复性强的"多发区域"、满意度低的"急难愁盼"，从预防和严防角度出发，加大数据剖析、案例研判力度，紧盯问题及时处置，以群众满意为标尺，坚持以应解决尽解决、能解决快解决为原则，做到"有一办一、接诉即办"，同时"举一反三、未诉先办"，解决一批实际问题，形成一批治本措施。与此同时，还可以开展"啄木鸟"工程，定期邀请人大代表、政协委员、法务律师和群众代表对工作的相关流程和情况进行及时的评估，不断提升治理与服务的能力。

（二）加大信息资源整合力度

高行镇应当进一步整合政府各部门、各单位和社会公共服务各行业的热线和政务服务资源，将区与街镇所属与群众诉求有关的党政群部门、直属单位和公共企事业单位的投诉电话，全部纳入12345政务平台统一管理。有关单位、部门的原有热线机构编制、工作人员，可纳入12345政务平台统一调配使用。充分利用现代信息技术，加强12345网站建设，进一步完善集电话、电子信箱、信函、短信、微博于一体的综合受理平台，大力推广政策咨询类问题网上在线查询的便捷度，减轻电话受理的压力，提升问题处理的透明度。平台化的方案只有更注重整体性和集成性，才能发挥更大的治理效能。对此，应当从上级层面注重在"一网统管"或"一网通办"中接入12345热线，探索有高行特色的城市治理数字化转型。

（三）建立健全舆情分析和预警机制

海量的数据意味着海量的民意。要充分运用12345热线的海量信息，不断完善数据分析制度，对群众诉求热点难点问题进行深入发掘和系统整理，为政府掌握社情民意、进行科学决策提供参考。也要注重依靠热线及时将问题化解在基层、解决在事前，减轻群众诉求负担和12345热线受理压力，切实做到科学预判、预测和预警，使一些问题能够得到妥善解决，并且不反复出现。对群众集中、反复反映的以及带有规律性、普遍性和苗头性的问题，通过制度建设和法制建设，形成解决问题的长效机制，真正实现从治标向治本转变，从根本上增强人民群众的满意度。在此基础上，还可以探索一批可复制、可推广的基层治理经验，为城市基层同类问题的治理探索提供新的经验。

（四）加速"城市大脑"实战应用和迭代升级

城市社会治理数字化转型的最终归宿是智能化，因此要以"实战中强化应用""创新中提升效能"为根本目标，提高实时感知和发现问题、快速有效处置问题的能力。12345热线需要不断实现技术升级，通过"城市大脑"3.0版本同频共振，在数据汇集、系统集成、联勤联动上下更大功夫，加快建设城市运行管理平台系统。下一步应当继续强化12345的应用开发，主动作为，开发一系列智能关联应用，探索一批更适合的治理场景，为相关职能部门及基层治理赋能。以小热线撬动大治理，真正提升城市基层治理科学化、精细化和智能化水平，真正实现一切围着难题办、一切围着群众转。

B.12
"一码通用"：北蔡镇"智能码"创新城市智慧治理新途径

刘羽晞[*]

摘　要： 信息技术的发展为创新城市治理体系提供了新路径。浦东新区北蔡镇按照"智能发现、同一归集、综合指挥、销项闭环"的智能化建设总体思路，在市容管理、安全管理和营商服务三大应用场景中，从发现、处置、服务和日常考核四个方面入手，通过分类治理、明确责任分工、综合指挥与专项监管相结合以及智慧研判数据等举措，建立了"智能码"一码通用系统。"智能码"一码通用系统是城市智慧治理的创新实践，具有典型的借鉴意义。未来"智能码"一码通用系统还将进一步拓展，通过打破部门壁垒、叠加更多应用场景、建立相关配套支持机制以及利用技术创新增效赋能等方式，为相关职能部门及基层治理提效增能，助力浦东数字治理、精准管理、精细服务，实现"预警、提升、共享、共赢"的目标。

关键词： "一码通用"　智慧管理　城市治理

习近平总书记在上海考察时强调，城市治理要注重在科学化、精细化、智能化上下功夫。一个城市的治理水平直接反映了城市的发展程度，影响着

---

[*] 刘羽晞，上海交通大学国际与公共事务学院博士研究生，上海交通大学社会治理创新研究中心研究人员，主要研究方向为城市治理、基层治理。

每位市民的生活质量。小到路面环境保护、街道秩序维护，大到违法建设整治、道路交通管理，都是城市治理经常面临的问题。在诸多的城市治理问题当中，街面治理占据着相当重要的位置。街面空间与人民的日常生活息息相关，是最具可视性、可触及性以及复杂性的公共空间，也是城市治理的重要场域。如何创新治理方式，切实有效地解决街面治理的问题，营造良好的人居环境，提升居民的满意度和幸福感，是摆在城市管理者面前的重要任务。

上海对创新街面治理进行不断的探索，实施了一批具有引领性的智慧治理举措。以浦东新区为例，其沿街商铺超过20万家，城管局通过智能设备的应用，提高街面管控的时效，取得了良好的效果。浦东新区主动发现问题、解决问题的能力与治理实效得到明显提升，在2020年第三方街面实效测评中，浦东新区排名从原先的市区组第八上升到了第三。截至2021年4月，高风险商户为66780家，较上一检查周期减少了4964家，环比下降6.9%；中风险商户为103058家，较上一检查周期减少了3936家，环比下降3.7%；低风险商户为37469家，较上一检查周期增加了6079家，环比上升19.4%（见图1）。城市街面智慧治理实效渐显，为上海乃至全国城市街面空间智慧化治理提供了"浦东经验"。

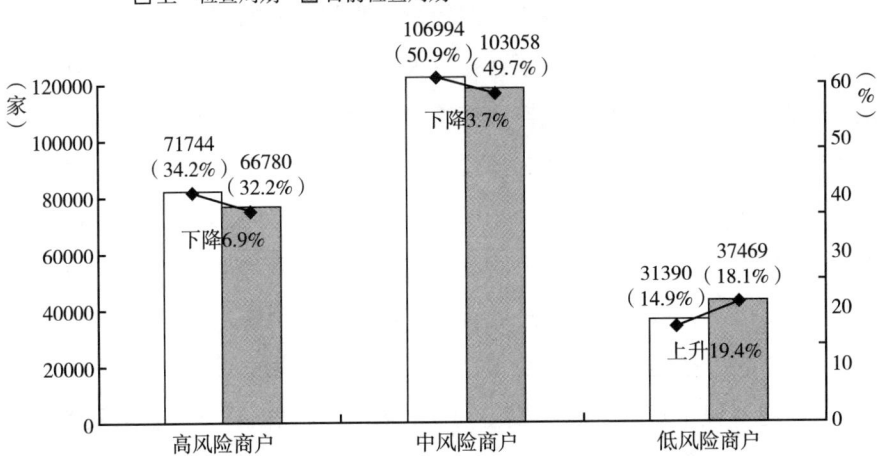

图1 2021年上海市20余万家沿街商户管控实效

一 北蔡镇"智能码"的工作缘起

浦东作为上海乃至全国改革开放的前沿阵地，是上海智慧城市战略的重要组成部分和亮点所在。但是，在智慧城市发展力度不断加大的过程中，一些遗留的治理难题并未得到有效解决。以北蔡镇为例，沿街商铺占道经营、夜间喧闹扰民、电瓶车违规充电、垃圾清理不及时影响周边环境等现象时有发生，干扰社会正常运行。城市治理所面临的情况十分繁杂，涉及多元主体及其相互冲突的利益立场：比如流动商贩聚集摆摊是为了获取基础的生活来源，而附近居民向城管投诉是为了维护自身的居住环境，二者本是相互矛盾的。加之城管执法队员履职程序缺乏规范，更容易形成多元矛盾的冲突与碰撞。这些碎片化的问题具有较大的不确定性、复杂性和不可预测性，给城市的安全运行带来了隐患，加大了基层治理的压力，基层治理的任务十分繁重。

根据走访和调研了解到的情况，北蔡镇的城市街面治理难点主要有三类。一是无序设摊、无证照经营和跨门营业行为。镇上一些街道一度疏于管理，形成了较多的流动摊贩聚集点，影响了居民的正常通勤，即使街道上有固定空间的店面，也存在不少无证照经营和跨门营业的行为。二是街面及其周边的违章建筑。一些商户为了获得更大的经营空间，在未获批准的情况下私自搭建违章建筑，致使街面空间变得狭小拥挤，带来了安全隐患。三是街面的小广告和环境卫生治理较为薄弱。一些人为了联系业务，无视市容管理规定，大量张贴小广告，严重影响了街面的面貌和行人的体验，还给城市环卫工作造成巨大压力。针对以上问题，城市街面空间治理亟需治理方式和治理技术的再造、升级和替代，进而有效推进街面治理体系的现代化。

城市市容市貌是城市的"颜值"，更是城市文明的标尺。为了解决上述问题，实现"城市更有序、更安全、更干净"的总体目标，让人民生活更方便更舒心，北蔡镇在市、区各部门的指导和支持下，从2018年3月开始实施城市运行智能化管理项目建设。三年多来，北蔡镇按照"智能发现、同一归集、综合指挥、销项闭环"的智能化建设总体思路，完善城市管理的基础数据库和管理平台，设计研发了多个智能管理的应用模块，取得了良好的成效，但也在建设和实践过程中遇到了一些困难和问题。创新治理理念和治理机制，探索出一种突破瓶颈、弥补缺陷、整合资源的管理方法，是城市实现智慧治理的必然要求。

2020年7月14日，"浦东新区2020年上半年度生活垃圾分类减量工作现场会"提出了"希望北蔡镇能够在精细化与智能化融合的工作机制上创新工作方法，将垃圾分类'一码专用'向城市管理'一码通用'拓展"的工作要求。2020年12月，北蔡镇人民政府印发了《北蔡镇"智能码"一码通用试点方案》，以北蔡镇沿街商户垃圾分类扫码收运智能化管理系统为基础，扩大扫码功能的应用范围，拉开了推进北蔡镇"智能码"一码通用智能化系统建设的帷幕。

2020年12月28日，北蔡镇"一码通用"智能化场景应用的专题汇报得到了广泛的肯定，由此开启了"一码通用"试点工程。2021年3月3日，北蔡镇党委、政府召开了"智能码"一码通用第一批试点总结暨第二批推进部署会，计划在原有三条试点路段的基础上，再新增9条第二批推进路段。4月29日，北蔡镇再次召开第一、第二批工作总结暨全镇全覆盖工作推进会，计划从5月21日起将所有部门和工作人员均纳入考核，提出把"一码通用"运用于各个智能场景，实现北蔡镇城市运行管理绩效总体提升的工作目标。目前，北蔡镇"智能码"一码通用智能化应用已覆盖45个居委辖区的30条路段，沿街商户覆盖率达到100%，提升了居民的生活环境和生活品质，营造了"人民城市人民管，管好城市为人民"的良好氛围，以及文明和谐、优美舒心的街面环境。

二 北蔡镇"智能码"的举措机制

作为一种典型的公共空间治理问题，城市的商户管理问题牵涉各类社会主体、主体关系及其多元利益，是一个普遍的现实问题。城市的街面涵盖了居民工作、生活、娱乐、消费等多方面的功能，是一个集经济、政治、文化和社会于一体的复杂空间，是复杂的、多义的和不断变化的。街面空间的各种问题也相应具有难以监测、反复发生、屡禁不止的特性，即使是"一网统管"的智能化手段也难以奏效。各种街面乱象不仅影响了市容市貌，还会给来往行人和车辆带来安全隐患。因此，探索出更科学、更精细、更高效的管理方法，改变街面乱象频发且难以遏制的状况，提升城市的整洁文明程度，从而形成良好的人居生活环境，便成为北蔡镇城市智慧治理的目标。

北蔡镇沿用了前期垃圾治理"一码专用"的成功经验，把二维码作为自下而上主动发现问题、处置问题的关键。"每个商户的门口都贴了一张二维码，二维码可是城市街面治理的'神器'。扫码员发现问题后扫码上报，商户的位置、出现的问题以及处置状态等信息都会在系统大屏上实时显示，这样一旦有什么事情，系统就会自动派单给就近的街面巡查员来处理"，一位工作人员表示。通过小小的二维码，北蔡镇搭建起线下发现、线上派单、线下处置以及线上反馈的连接点，完成了动态数据的采集、存储、计算和使用等系列流程，还针对不同场景制定了不同的运行方式，为城市街面空间治理扫清了障碍，营造了整洁、安全和舒心的街面环境。在以上过程中，北蔡镇所采取的具体措施如下。

（一）分类治理促进管理事项精细化

一般来说，城市街面空间是人口流动性高、互动性强和结构复杂的动态空间，是一个"五方杂处"的有限区域，每时每刻都会发生各种琐事。这些事件的种类、地点、规律等无法被管理部门及时捕捉、掌控和分析，即便是"一屏观天下"的智能化技术，也难以察觉到跨门经营、私拉乱接电线、非机动车乱停放等日常问题。特别是一些问题的分类界限模糊、权责不明确，导致操作和监管过程中的管理也缺乏规范，以至于形成治理失序的局面。因而，对治理目标进行精细划分和准确定位是十分重要的。习近平总书记提出"城市管理应该像绣花一样精细"，使得精细化管理成为新时期城市管理的新议题、新任务和新目标。北蔡镇"智能码"对管理事项的细分正

"一码通用"：北蔡镇"智能码"创新城市智慧治理新途径

是在这个基础上产生的。

根据区域特色和实际情况，北蔡镇对治理目标进行划分和定位，精准设定和细致区分差异化和多样化的管理问题。具体来看，"一码通用"主要把街面空间频繁发生的问题细分为市容管理、安全管理和营商服务三大类，其中市容管理主要涉及非机动车管理、垃圾收运等街面环境问题，安全管理主要涉及消防安全、生产安全等安全隐患问题，营商服务则主要涵盖工单查询、扣分查询等信息查询服务。

2020年以来，镇城运中心平台依托逐户采集和实时更新两种方式，已建成涵盖3个大项、12个小项和34个子项（包含市容管理19个子项、安全管理10个子项、营商服务5个子项）的综合数据库，为分类管控街面空间的新模式提供了有力支撑。针对不同的场景，平台会分别制定相应的运行规程，并且运用数据的过滤、修正、更新等智能化技术，开展对不同管理子项的标准化治理。平台利用分类治理的方法，在城市中围绕精细化要求把治理问题的颗粒度做到更细，把更多的管理力量聚焦在颗粒度上。

（二）以明确分工推动多主体协同合作

城市街面空间的治理是一项复杂的系统性工程，包括非机动车管理、垃圾收运、消防安全、市场监管等多样化的事务，管理人员及其职责的界定、调整和适配十分重要。"智能码"一码通用系统针对不同的管理子项配备了不同的工作人员，在"配好人、定好责、管好事"上下了功夫。传统上，街面空间的有序化管控主要依靠城管和市容协管员，但是由于城管人员编制有限，难以覆盖镇域所有街面，在面对市容管理特别是无序设摊和跨门营业等问题时，显得格外束手无策。

"智能码"一码通用平台在设计之初充分融合了"城市管理乱点趋零化""路长制""门责自治""居村联勤联动"等工作机制，整合了各职能部门专职人员、网格监督员、城管街面巡查人员、商户、物业、志愿者等18类角色，组建成一支专职和辅助相结合的综合管理队伍，形成分工明确、职责明晰、权责相称的协同治理体系，补齐了管理人员缺位、管理力量薄

表1 "智能码"系统角色权限清单

管理大项	管理小项	管理子项	商户	镇网络监督员	路长制相关人员	城管街面巡查员	村居站长	村居安全干部	物业经理	社区民警	城管队员	安监工作人员	安监消防专职巡查员	市场所工作人员	市场所食品安全协管员	消防专职民警	垃圾分类收运人员	垃圾分类办第三方	城运办	共享单车公司	镇第三方收运公司	备注
市容管理	门责自治	跨门经营;门前杂物;乱晾晒;乱张贴;乱悬挂;区内保洁	处置扫码		扫码	处置																
	非机动车管理	非机动车乱停放		扫码	扫码																	
		共享单车乱停放		扫码																处置		
		共享单车违规投放		扫码																		
		共享单车破损、散乱		扫码																处置		
	垃圾停运	街面商铺垃圾收运				处置					处置										处置	
	垃圾检查	分类实效;宣传告知;规范服务			处置						处置										处置	
	店招店牌	污损	处置扫码		扫码						处置											
		缺失;安全隐患		扫码	扫码														处置			
	重点点位监管	点位管控;效率监督	扫码		扫码	扫码					处置							扫码				

"一码通用"：北蔡镇"智能码"创新城市智慧治理新途径

续表

管理大项	管理小项	管理子项	商户	镇网络监督员	路长制相关人员	城管街面巡查员	村居站长	村居安全干部	物业经理	社区民警	城管队员	安监工作人员	安监消防办专职巡查员	市场所工作人员	市场所食品安全协管员	消防专职民警	垃圾分类收运人员	垃圾分类办第三方	城运办	共享单车公司	镇第三方收运公司	备注
安全管理	消防安全	电瓶车违规充电	处置					扫码+处置	扫码+处置													
		"三合一"人员住宿；电器线路敷设不符合规定；消防设施器材是否完好有效；液化气钢瓶安全管理			扫码		处置	扫码+处置	扫码+处置			扫码+处置										
	安全生产	小型装饰建设工程安全生产隐患	扫码									处置										
	市场监督	营业执照，许可证；特种设备质监年检，维保；从业人员健康证					处置							处置扫码							
营商服务	扫码服务	非机动车乱停放	扫码扫码	扫码																	
	查询服务	工单查询；扣分查询；法律法规和政策查询	扫码																		
	一网通办	对接一网通办（待定）	扫码																		

233

弱、执法力度有限的短板。

以门责自治这一管理小项为例，其涵盖的管理子项包括跨门经营、门前杂物、乱晾晒、乱张贴、乱悬挂、区内保洁几个部分。首先，平台鼓励商户在日常经营中自查自纠，如果出现影响市容市貌的问题，自己进行优化、整改和处置。除了商户自治以外，平台还配备了专门的扫码员，他们主要是由镇网格监督员、路段长、小区骨干志愿者以及商户代表等组成。扫码员负责所属街道的日常巡查工作，如果发现违规现象或是安全隐患，当即扫描商铺门牌上的二维码进行问题上报，同时对店方进行宣传教育，指导商户负责人在手机端操作"一码通"并在要求期限内进行整改。

扫码员把问题上报后，平台会自动生成工单派发给商户和城管街面巡查员，商户需要在15分钟之内自行处理，自行结案。如果超过15分钟还未结案，平台会发出超时告警，对商户进行扣分处置，同时派单给范围内的城管街面巡查员立即上门督办处置。巡查员需要在30分钟之内到达现场，完成工单的督办和处置，如果超时也会被扣考核分。诸如此类，平台在处置问题工单的不同环节分配了不同的工作人员，明确界定和细分不同人员的角色及其职责，高效整合和利用了有限的监管资源。这样既能发挥各个系统角色的能动性，又促进了多元主体的相互协作，从而构建起有效的责任承担和激励机制，推动治理职能下沉，提高了街面治理的有效性。

需要指出的是，不同的处理事项，处理的难度不同，从问题上报到问题处置的时间期限也有所不同。比如针对街面商户的垃圾分类，处置人员需要在2小时内完成上门督查、教育，并在处置完成后扫码结案形成闭环；针对店招店牌污损这类较难处理的事项，则要求商户在24小时之内处理完毕；而针对小型装修工程安全生产隐患这类事项，处置时长则延长至48小时。针对不同的治理对象与治理任务，平台设置了弹性而灵活的处置时限，提高了治理的有效性和针对性，也体现了"一码通用"平台的精准化和人性化。

在"智能码"一码通用智能化应用平台大屏上，数据会显示出不同的色块，其中灰色代表处置中的工单，绿色代表商户自处理完毕的工单，黄色代表城管处理完毕的工单；红色代表超时的工单。巡查发现、扫码取证、问题上报、上门处置、督办复核这一系列流程在"智能码"一码通用的系统中环环相扣，整个操作过程简单便捷，形成一个高效的闭环。在细分管理子项的基础上，不同角色权限的划分进一步厘清了不同管理主体之间的职责分工，通过细密的网络对城市街面空间的不同问题实现了精细化的覆盖。

（三）综合指挥与专项监管相结合

北蔡镇域共有沿街商铺2000余家，涉及24条主要道路。在"智能码"一码通用平台应用之前，商户对市容市貌监管的配合度并不高，执法取证难、执法力量不足、重点领域监管不到位等问题长期存在。鉴于此，"智能码"一码通用系统整合了城运中心、城管中队和城运办这三个部门的资源和力量，设立了"三城联动"综合指挥机制，并以此为基础，在综合监管的前提下又设置了针对商户的ABC专项监管以及针对重点领域的重点监管机制。

1. "三城联动"的智能化综合指挥机制

北蔡镇在创新城市街面治理的过程中，参照前期农村地区"1+4+1"工作法以及沿街商铺"1234"生活垃圾分类的经验，制定了智能发现、自动推送、快速处置、销项闭环的全智能流程管理模式。其中，城运中心、城管中队和城运办"三城联动"，发挥着总揽全局、综合指挥的作用。城运中心总牵头，协调和推进"智能码"一码通用系统的运行全过程；城管中队按照规章制度开展"常态化+智能化"的日常检查和专项执法；城运办则负责与技术公司对接合作，负责智能软件的开发、运用、维护和升级。通过城管中队的执法保障和城运平台的技术保障，三个部门各司其职，协调、合作与联动，实现了线上与线下相结合的智能化综合指挥机制。

2. 沿街商户的ABC专项管理机制

除了三个部门的综合监管之外，"智能码"一码通用平台还针对沿街商铺设置了不同频率的专项管理机制。在34个管理子项中，平台针对行业管理和市容管理这两个方面，对每个点位的商户设置了ABC三类分级管理机制，分别是A类强化管控、B类中等管控和C类一般管控。根据管控

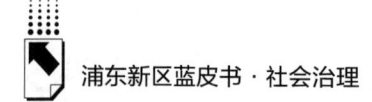

程度的不同，巡查员上门巡检的频率也不一样。具体的管控规则如图2所示。

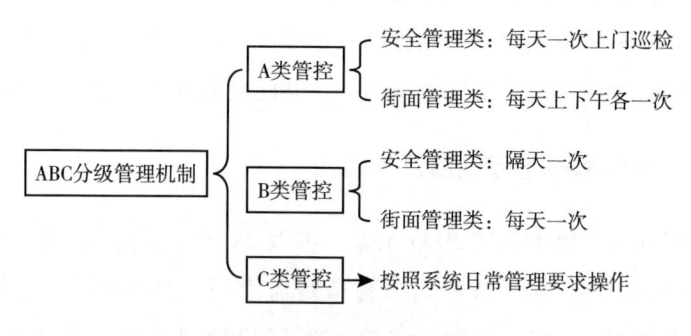

```
                    ┌─ A类管控 ─┬─ 安全管理类：每天一次上门巡检
                    │          └─ 街面管理类：每天上下午各一次
ABC分级管理机制 ─────┤
                    ├─ B类管控 ─┬─ 安全管理类：隔天一次
                    │          └─ 街面管理类：每天一次
                    └─ C类管控 ── 按照系统日常管理要求操作
```

图2 ABC分级管理机制

此外，ABC分级管理机制还对不同监管等级的商户设定了升级和降级规则。以升级规则为例，如果商户在规定期限内无不良情况发生，可以逐渐降低管控强度。但是，如果商户在争取降级的过程中，又出现了同类型的问题，则属于再次触发了升级规则，具体的升级规则也根据管理事项的不同而有所区别，问题类别若属于消防安全领域，则自动升级；若属于市容管理领域，则需要重新计算分类管理规则的管控周期。升级和降级规则的设定，一方面，鼓励商户进行自查自纠，通过良好的表现以获得较低的管控频率；另一方面，管控频率的降低也节省了有限的执法资源，平衡区域内城市治理过程中事多人少的矛盾。

3. 重点区域的弹性监管机制

城市的街面空间承载着市民的日常社会活动，也是进行市场交易的空间载体，直接影响社会秩序和社会关系。特别是学校、菜市场、轨交站点、商圈等重要点位，在固定的时段经常会出现人口聚集和车辆拥堵的情况，比如上学放学时段、上下班时段等，电动车乱停乱放、小贩临时摆摊设点的情形经常出现，大量人口的突然集聚不仅加重了街面的拥堵，还产生了更多的道路垃圾，给城市环境卫生工作带来巨大的压力。街面上的一些"小事"往往经常被"放大"，进一步加大了市容管理和街面管控的难度，给人们的生活带来了潜在威胁和不安全感。

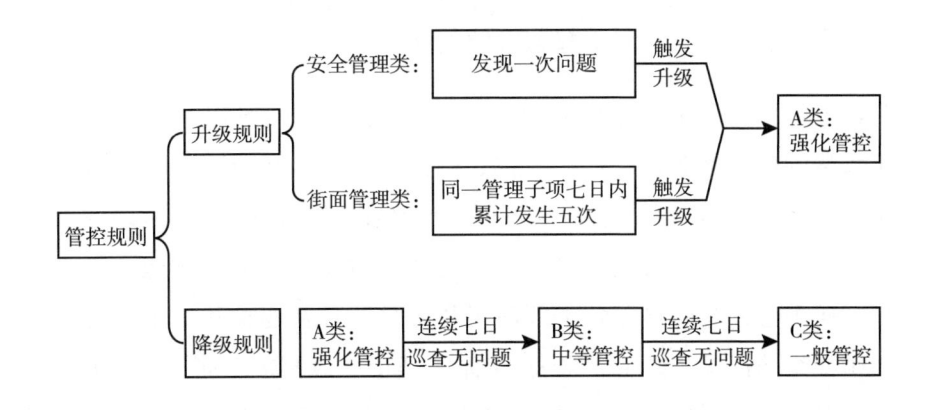

"一码通用"：北蔡镇"智能码"创新城市智慧治理新途径

图3 ABC 分级管控的升级与降级规则

街面空间就如同人体血液循环系统中的血管，任一局部的拥挤和堵塞都可能造成全局性的影响，因而，针对重点领域的弹性监管机制是十分必要的。具体来说，弹性监管机制主要涵盖点位管控和效率监督两个方面。点位管控主要针对一些特殊的区域，在特定时间进行专门的监管。城管街面巡查员会在人口集聚的时段扫码签到，保证正常的社会秩序，减少由于人口、交通等突然集聚而带来的不确定风险。效率监督则主要是对镇网格监督员进行监督，如果没有发现问题则进行"已巡检"扫码上报，形成闭环；如果发现点位监管的效率不高或是存在问题，则进行"需整改"扫码上报，系统会主动将问题推送给城运站长，同时抄送到城管副中队长处，由城运站长进行管控，完成工单的闭环。

以往的沿街治理，基本依靠人海战术，现在通过科学研判和智能管理，实现了执法力量的优化配置和及时调动，把有限的执法力量集中到问题易发、高发，以及特殊时段容易引发突出矛盾的对象上来，通过弹性的监管手段来沟通、协调和解决问题。此外，"智能码"一码通用平台还能根据系统数据进行历史和现实分析，建立相关的模型，归纳和总结出问题高发区域、时段和事件类型，从而更加有针对性地安排和调动人力资源，提高重点区域的管控实效。

（四）以智慧研判促使数据价值落地

在进行城市街面空间管理的过程中，平台运用二维码"扫一扫"积累了大量的数据资源，通过大数据、信息化的网络集成优势，对这些数据进行整合、评估和利用，生成不同的统计报表（见表2），推动数据发挥更多的价值。具体来说，报表分为三级，对城管中队、城运中心、市场所、居委会以及商户等各个部门工作人员的日常巡检和工单处置情况进行了详细的记录，共生成报表24张，其中一级报表7张、二级报表6张、三级报表11张（涉及人员管理13张、事件管理11张）。此外，系统会根据实时产生的数据，自动记录每位工作人员在完成规定动作的过程和绩效，通过系统的分析对每位工作人员完成工作的质与量进行综合评价，为各级领导及职能部门提供分析、考核和奖惩的依据，确保日常管理能够责任到人、考核到人。

自2020年11月25日至2021年7月31日，"智能码"一码通用平台共巡检开业商户1931家，生成巡查工单144455件，涉及无问题工单134204件、有问题工单10251件，其中已处置完成9527件。2021年1~6月，街面市容管理类热线工单量同比下降了27.96%，这说明随着"智能码"的推广，有待管理和优化的街面问题明显变少了，大部分问题都得到了解决，商户也逐渐养成了自查自纠的习惯，"智能码"一码通用系统总体取得了良好的治理成效。整体来看，"一码通用"的推行和运用，让商户周边的街面空间更加有序、道路更加干净，卫生环境和市容市貌均有明显改善。绝大部分商户都能积极参与和配合这一项工作，自治共治成效逐渐提升。

三 北蔡镇"智能码"的创新成效

作为浦东新区智慧城市治理的建设成果之一，北蔡镇"智能码"一码通用系统借鉴"城市管理乱点趋零化""路长制""门责自治"等工作的治

表 2 周期内统计报表示例

账号分类	管理子项	账号名	周期内应巡检量（次）	周期内巡检总量（次）	周期内巡检有效量（次）	周期内完成效率（%）	重复巡检数量（次）	综合巡检有效率（%）	总工作时长（天）
镇生活垃圾分类第三方工作人员	分类实效	张某	922	43	43	4.66	4		3
镇生活垃圾分类第三方工作人员	分类实效	厉某	922	19	19	2.06	4		3
镇生活垃圾分类第三方工作人员		合计：	922	62	62	6.72	4	6.29	6
镇生活垃圾分类第三方工作人员	宣传告知	张某	922	7	7	0.75	0		2
镇生活垃圾分类第三方工作人员	宣传告知	厉某	922	3	3	0.32	0		2
镇生活垃圾分类第三方工作人员		合计：	922	10	10	1.08	0	1.08	4
镇生活垃圾分类第三方工作人员	规范服务	张某	922	4	4	0.43	0		1
镇生活垃圾分类第三方工作人员	规范服务	厉某	922	2	2	0.21	0		1
镇生活垃圾分类第三方工作人员		合计：	922	6	6	0.65	0	0.65	2

理思路，通过二维码、大数据等信息化等手段赋能城市街面空间的治理，破解了商铺种类复杂、动态监管困难、监管人手不足、跨部门协调存在壁垒等难点问题，实现了沿街商户"一店一码""一码通用"，探索出了城市智慧治理的新途径。截至2021年6月底，北蔡镇"智能码"一码通用智能化应用已实现镇域全覆盖运行，涉及45个居委联勤联动站辖区的30条路段，覆盖了1800多家正常开业的商铺，实现了智能化和精细化的融合。具体而言，围绕街面空间治理的"智能码"一码通用系统取得的成效主要分为以下几个方面。

（一）创新了智慧治理的理念

提高基层监管智慧化水平的第一要素是治理理念。与其他的智慧城市项目不同，"智能码"并不是人们常常提及的技术驱动型举措，而是理念创新下的产物。"一码通用"是由前期垃圾分类"一码专用"转化而来的，运用到的也都是较为成熟的技术。不同的是，"智能码"面对的是城市多元性、动态性和流动性兼备的治理场景，应对的是突然出现的新隐患、新问题和新挑战，需要自上而下的快速响应，治理理念也相应具有前瞻性和预测性，能够对动态的问题提前设置处理预案。在对实践的考量中，"智能码"在设计之初就秉承着操作简单、流程简约、处置简便的思路，巡查员通过扫描二维码即可上报问题和反馈处置结果，不仅简化了问题的处置手续，还加快了问题的解决速度，提高了智能化监管的效率。

（二）简化了街面管理全过程

北蔡镇通过迭代开发"智能码"一码通用系统，精简业务流程，不断提升城市治理的弹性和灵活性。系统打破了以往问题上报过程中的层层壁垒，通过手机扫一扫二维码即可生成问题工单，更加快捷地落实了基层的监管和排查任务，减轻了基层工作者的负担，从长远来看，对提高监管效率也具有积极的作用。以信息的登记录入方面为例，"智能码"能够实现快速便捷的问题录入。基层巡查员发现问题当即进行扫码，勾选出现问题的管理子项类别，附加几张佐证照片，即可上传系统；系统立刻自动派单给商户和相应的工作人员进行处置，处置完成再次扫码形成闭环。在工单处置过程中，"智能码"一码通用系统的数据对接、平台对接以及各个职能人员的对接等过程都井井有条，操作起来更方便、更有保障、更可持续。

（三）破解了街面治理的瓶颈

占道堆物、占道经营等街面问题是城市治理的"顽疾"，也是许多临街商户经常出现的问题。以往，市容问题、安全隐患等事件的种类、地点、原因无法及时有效地掌控和分析，也难以对事件进行及时处理。而现在，通过扫码发现、自动派单、接单处置和结案闭环的业务流程，城市管理者能够更快地对事件进行感知，通过后台算法的归类、分析和统计，逐步形成事前及时发现、事中快速处理以及事后监管完备的智能化管理体系。通过"智能码"一码通用系统，北蔡镇有效加强了街面秩序的整治工作，进而提升了整体的市容市貌，提高了居民的安全感和幸福感。

（四）提升了监管的精度和效能

"智能码"一码通用系统推动部门内部组织结构向扁平化方向发展，不仅促进了信息的流通和协调配合，还有利于快速发现问题并进行处置，提高了城市治理的精细化水平。仅仅是通过商户门牌的二维码，商户的具体情况、种类以及动态变化等信息都能被实时记录、查询和把控，有助于快速触及城市生命体的细枝末梢，精准捕捉到城市街面空间的"痛点"和"堵点"，极大地提升了发现问题的反应速度。特别是，平台针对人流突然聚集的重点区域还设置了重点管控举措，科学安排有限的人力资源，缓解了事多人少的矛盾。此外，平台对于待处理的问题设定了处置期限，全程跟踪办理流程，督促问题及时处理，以打通市容管理的"最后一米"，提高治理城市问题的精准度。

四 北蔡镇"智能码"的经验与启示

近年来，上海在智慧城市建设方面取得了较为突出的成效。2020年，浦东在上海智慧城市评估中位列第一，技术治理的成果正逐渐变成浦东智慧城市的亮丽硕果。借势上海正在进行的"一网通管"建设和城市数字化转型的改革契机，浦东新区北蔡镇应继续充分利用"智能码"的创新优势，系统推进一码通用平台的持续性建设。

（一）以较少投入获得较高效率

街面治理的治理能力建设归根结底是治理效率的问题，即如何充分利用手头的人、财、物、组织和信息等资源，处理复杂的社会事务，提升街面秩序，从而提升居民生活的舒适度和满意度。近年来，技术赋能城市治理的做法越来越普遍，各个地区都在运用数字技术来扫描和监管城市，运用智能平台计算和优化资源配置，从而提升治理效能。诚然，效率的提升离不开大数据、云计算、物联网等前沿技术手段，但对于包括北蔡镇在内的大多数区域来说，由于政务网络系统的基础设施较为薄弱，城市智慧化的建设普遍面临着建设周期长、投入成本高等问题，线路改造、光线扩容、宽带升级、摄像头及感知设备的更新等都给城市的智慧化管理带来了巨大的压力。

目前，智慧治理手段大多依靠摄像头来识别和感知城市运行，然而对于跨店经营、电动车违规充电以及店铺招牌污损等细节问题，摄像头则有些"无能为力"。同时，摄像头监控城市需要存储大量的视频，这给云端存储空间带来了巨大的压力。与之不同的是，"智能码"一码通用系统是以图片的方式上传到终端系统，数据流较以往的视频来说更为轻便，节省了服务器的容量，也减轻了云端存储的负担。

北蔡镇城市管理"一码通用"的总投入不超过100万元，且主要投入均为软件开发、线路租用等，基本不涉及硬件投入。除了程序初期的设计成本、日常运营成本、系统维护和完善成本之外，运行的边际成本接近于零，相比于动辄投入成百上千万元的智能治理技术，"智能码"一码通用系统极大地节省了智慧管理的资金投入，运用低成本方式尽可能地简化处理问题的流程，以简洁高效的扫码方式为城市监管提供了便利。

（二）以场景的全覆盖实现管控的无盲区

"不谋全局者，不足以谋一域。"北蔡镇"智能码"一码通用系统整合了时间、空间和人际关系这三个维度的信息，对街面商户的情况进行整体性把控。平台设置了 ABC 分级管理专项，对商户进行不同程度的管控，分别是强化管控、中等管控和一般管控三种形式。对于不同的管控类别，"智能码"一码通用系统预设了不同管理事项的轻重缓急程度，并相应实施了差别化的管控频率和管控规则，实现了管理力量在不同管理事项的灵活嵌入，促进了街面各个场景的差异化管理。

在具体的管理事项方面，平台整合了市容管理、安全管理和营商服务三大应用场景，基本覆盖了北蔡镇日常生活中经常发生的各类街面问题。从操作层面来说，手机的镇级企业微信就可以完成全流程的操作；从管理层面来说，北蔡镇城运分中心平台对各个应用场景进行全方位的维护、指挥和调度，让管理的全过程更加智能化、可视化和清晰化。城市治理体系的"神经末梢"被充分激活，通过全天候监控和分级管理的创新模式，"智能码"一码通用系统将城市生命体的体征予以全面、实时地展现，确保了管控无盲区。

（三）以流程的精细化优化治理的全过程

城市精细化治理是推进国家治理体系和治理能力现代化的重要组成部分。精细化治理是针对目前治理实践中的弊端而提出的，目的是解决治理低效、城市失序、治理主体缺位和民众满意度不高等问题，进而促进城市高质量发展，提升城市高品质生活。北蔡镇"智能码"一码通用系统以"精、准、细、严"为标准，将复杂的问题简单化，简单的问题流程化，流程性问题定量化，定量的问题信息化，精准优化了街面管理的全过程。

一是业务规程设计的精细化。"一码通用"将管理单元层层细分，落实到人、到事、到店（商户）、到点（时间点），为每个管理事项的处置流程、扫码频次、处置时长以及考核报表等模块都设定了精细的操作规范和标准，明确而细致地规范了不同场景、不同流程、不同管理子项条件下系统角色的职责分工，达到了处置单元最小化、处置效率最大化、数据分析最细化的工作要求。

二是权责配置的精细化。在管理事项精细化设计和分类的基础上，平台还根据不同的管理流程配备了不同的工作人员，比如镇网格监督员主要进行日常的巡查和扫码工作，路长制相关人员也会辅助扫码工作，如果发现问题则扫码上报，由城管街面巡查员、城管队员等人员进行问题工单的处置工作。各个职位各司其职、协同治理，把任务分解到岗位、落实到人头，确保每个环节都有人抓、有人管，形成网格化、精细化、精准化的管理服务模式。

三是重点区域的精细化监管。学校、菜市场、交通站点、商圈等特殊区域会在固定时段出现人口突然聚集的情况，随之而来的电动车乱停乱放、道路拥堵、环境污染等问题也不容小觑。对此，"智能码"一码通用系统专门设置了差异化的管理办法，在特定的时段实施街面秩序的重点巡查和管控，有效地统筹了有限的人力资源，实现了重点区域的精准监管。

四是解决了城市管理"最后一米"的问题。"智能码"一码通用系统通过逐家逐户的采集，有效地整合了街面的数据。街面巡查员每天都会对所属区域的商户进行巡查，对系统内的数据进行动态更新和替换，加上生成的统计报表，对收集的数据进行精准计算和智慧化分析，实时掌握城市细节情况和动态，真正实现了管理效率和治理能力的全面提升，最终形成了城市管理智能化和精细化的双融合态势。

五 北蔡镇"智能码"对策建议

党的十八大以来，习近平总书记多次鼓励浦东新区"要大胆闯、大胆试、自主改"，赋予浦东新区打造社会主义现代化建设引领区的历史使命。

"一码通用":北蔡镇"智能码"创新城市智慧治理新途径

目前,北蔡镇"智能码"一码通用系统建设启动的时间还不长,尚处于发展时期,各项工作还处于逐步探索和稳步推进的阶段。基于此,在稳步推进"智能码"一码通用平台建设的过程中,需要注意以下几点。

一是打破部门壁垒,实现数字治理体系一体化。"智能码"一码通用系统以"智能发现、统一归集、综合指挥、销项闭环"为总体建设思路,通过城运中心、城管中队和城运办的"三城联动"促进数据的互联互通互融。前期的商户数据是逐家逐户上门收集得到的,对数据本身的管理也是平台稳定运转的基础。下一步,须进一步打破部门壁垒,细化平台治理要素梳理和数据对接问题,坐实一体化的联勤联动工作,比如将"智能码"纳入联勤联动微平台,实现管理体征、管理要素、管理流程的可视化,促进数据融通与实时更新,形成处置合力。

二是以管理事项清晰化为核心,扩展多场景应用。目前一码通用平台涵盖了市容管理、安全管理和营商服务三大类应用场景,主要应用于商户层面,对居民区等其他层面的管理涉及较少。未来,平台要进一步推动"智能码"走进物业管理、小区、楼道等更多场景,实现数据共享、要素联动、重点研判、治理协同等更多功能。在一码通用的成功实践中,平台以深化"一个入口""一种应用""一套方案"的方式,实现管理事项的一体化、可视化和清晰化,提升问题处理的透明度,用"智能码"让城市"耳聪目明"。

三是建立相关配套支持机制,加强整体性统筹。"智能码"平台主要通过研判统计报表的方式考评基层工作人员,但目前的考评机制尚处于基础阶段。下一步,北蔡镇各条线要加强资源统筹和顶层设计,建立相关的督查考评、绩效考核等方式,还要完善包括商户、巡查员在内的奖惩和激励机制,以监督和鼓励工作人员的责任落实。此外,系统要加大资源的下沉力度,尝试让居民也加入"扫码上报问题",鼓励群策群力,实现"预警、提升、共享、共赢"的目标,最终提升人民群众的获得感、参与感和幸福感,提高人民生活的整体品质。

四是理顺平台运行体系,充分利用技术创新增效赋能。"智能码"作为北蔡镇智慧治理的典型，通过简单的扫码把线下治理和线上平台连接起来，是智慧治理发展大背景下运行流程和治理理念的革新。下一步，平台要继续发挥二维码的潜能，高效利用二维码背后的数据，思考和尝试如何把北蔡镇的二维码数据与浦东新区的"一网通办"大数据系统进行对接，实现镇数据库与区数据系统的共享、整合与联动，利用更开放的数据资源优化"智能码"的运行和应用体系，开发出更多的新功能，释放数据红利，为相关职能部门及基层治理提效增能，助力浦东数字治理、精准管理、精细服务。

B.13 以分促精：浦东超大区域社区分类治理的探索

熊竞*

摘 要： 社区分类治理是超大城市精细化管理的一根绣花针。上海市2019年提出了城乡社区治理分类指导的工作意见，旨在全市范围内对居民区进行分类，根据不同类型进行分类施策。浦东新区率先根据自身情况系统部署社区分类治理工作，于2021年1月出版《浦东新区社区分类治理指导手册》，各街镇也按照全区总体思路，细化落实具体工作。当然，系统性谋划城乡社区分类治理也面临一些挑战，包括分类的限度、分类后政策的落实、目前以居住小区房屋类型为分类依据是否科学等。针对这些挑战，本案例初步提出了优化完善社区分类治理的思路，包括深化社区分类成果的应用、探索更加丰富的社区分类标准、按照一定周期动态调整分类结果等。

关键词： 城乡社区　分类治理　精细化　超大区域

浦东新区作为快速城镇化形成的超大空间市辖区，其精细化治理也面临基层单元多、类型多、变化多的挑战，在发挥数字技术提升精细化治理水平的同时，浦东也在上海市的统一部署下开展了社区全样本的分类治理探索，通过对全区2280个小区、1347个村居的分类，大致掌握了浦东小区和社区

---

* 熊竞，上海交通大学中国城市治理研究院副研究员，主要研究方向为城市治理与政区制度。

的空间分布，并对每一类社区进行了特征分析以及需求和问题清单、资源清单、对策清单的归纳总结，并从"社区类型"和"议题类型"两个视角精选了23个典型案例，介绍了这些案例中社区治理的经验做法。本文对目前探索的做法、经验、反思和对策展望进行了梳理，以期为浦东未来精细化治理以及为更多兄弟地区的比较研究提供参考。

一 浦东社区分类治理的工作缘起

1990年代，浦东开发开放大潮让上海的城镇化进程开始进入加速期，而随着货币化分房改革推进和房地产市场的快速发展，不同的住房类型也让上海的小区和社区出现了空间的分化和分异，从传统的城市单位制小区、郊区集镇小区、农村宅基地住区逐渐演化出普通商品房小区、高档商品房小区、涉外小区、老旧公房（售后公房）小区、动迁房小区、大型居住区、农民集中安置居住小区等丰富多样的居住空间。而根据现有的空间分类治理工具，即法定的基层城乡建制类型来看，街道办事处、建制镇、建制乡以及居民委员会、村民委员会已无法指征多样而丰富的基层空间地域类型，也就难以指导不同社区空间的治理。

尽管在管理实践中，各基层也有一些零星的、局部的、粗放的、自发的、被动的社区分类思维和方法，包括对大街、大镇、大居等规模不同以及国际社区、城中村、园中居等类型不一的基层空间进行差异化治理，但全覆盖、系统化、精细化、主动性、创新性的社区分类治理并未展开，这不仅使得政府基层治理精细化的要求难以适应，也使得居民对美好生活向往的精准化、个性化需求难以得到满足。

特别是在深入贯彻习近平总书记"城市管理应该像绣花一样精细"的指示精神中，粗放式甚至"一刀切"的社区管理和服务方式显然难以适应。而随着城市管理重心下移的改革，尤其是在疫情防控时社区封闭管理等应急管理工作中，如何将有限的治理资源精准高效地配置到不同社区，让有限的资源发挥最大的治理效能，提升社区治理的精细化水平，成为上海城乡社区治理需要面对的问题。

针对这些问题，2019年上海市民政局出台《关于推进城乡社区治理突出问题分类指导工作的通知》（沪民基发〔2019〕7号，以下简称《通知》），提出"坚持统筹兼顾、分层分类，推进社区分类治理工作"，目标是实现"为民服务有依据"、"基层治理有方法"、"资源配置有导向"。《通知》还指出，"区分中心城区、城乡接合部地区、农村地区三类区域"，即根据城市化程度区分三大板块，进而"以居住小区房屋类型为主要参数，适度考虑人群结构特征，分类归纳本区域典型特征的社区类型"。

浦东新区2019年启动城乡社区分类治理工作，由区民政局牵头，出版了《浦东新区社区分类治理指导手册》，分为"一特征三清单"上册和"优秀案例和典型工作法"下册。通过撰写出版刊物，浦东新区对2280个小区、1347个村居进行了分类，并在出版图书过程中与街镇密切互动，不仅从面上掌握了全区的小区和社区的差异化发展情况，而且在工作中提升了街镇应用社区分类治理思维的主动性和创新性。

二 浦东新区社区分类治理的举措机制

2019年市民政局委托浦东新区社区服务中心编写《浦东新区社区分类治理指导手册》，在全区中心城区、城乡接合部地区、农村地区三类区域基础上，将各类社区以居住房屋类型为主、适度考虑人群结构特征，进一步划分为11种社区类型、8种小区类型。"一特征三清单"是指问题和需求清单、资料清单、治理对策清单。

（一）系统制定浦东推进城乡社区治理分类指导工作方案

浦东新区按照"社区定类、问题梳理、资源排摸、方法匹配、分类施策"的安排，"自上而下"和"自下而上"相结合，形成和完善分类施策相关机制，并通过四个阶段的工作推进社区分类治理。

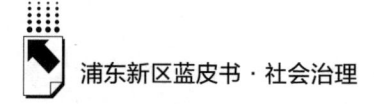

1. 部署启动

健全推进机制，区、街镇、居村三级联动，协调推进落实。区民政局研究并初步形成社区分类维度和治理对策，制定分类治理工作方案，对各街镇进行部署和指导。各街镇结合区域特点，进一步细化形成本街镇分类治理工作方案，开展对居村的部署和指导。

2. 推进实施

各街镇组织居村开展居民区小区类型、问题需求和资源服务等情况的排摸，根据区域特点，进一步细化和完善居民小区分类；指导各居村按照分类治理的理念、策略以及方法，努力探索满足本居民区需求、行之有效的治理机制和方法。并在此过程中，积极挖掘基层治理带头人物，及时梳理典型案例，培育治理示范点。

3. 总结推广

在街镇和居村实践成果的基础上，区民政局进一步研究制定分类治理指导手册，形成"一特征三清单"和社区分类治理典型案例，通过召开社区分类治理工作推进会、加强媒体网络宣传等方式积极推广典型经验，促进相互学习和共同提升。

4. 深化完善

深化推进社区分类治理各项机制，加强对基层治理带头人的培养激励，提供展示平台，发挥其引领和带教作用。进一步研究和制定社区工作实训基地发展机制，发挥其辐射和示范作用，坚持整体布局、点面结合，推动城乡社区分类治理工作向纵深发展。

（二）精心组织编写《浦东新区社区分类治理指导手册》

2820个小区分了11类，包括：老公房（含售后公房）小区，一般商品房小区，高档商品房小区，国际化（涉外）小区，大型居住区（含市民回迁小区），共有产权房、经济适用房小区，廉租房小区，公租房和人才公寓，农民动迁小区，农村集中居住区（含"空壳村"、归并居住区），农村宅基住房居住区（见表1）。986个社区也分了11种类型，就是老公房（售后公房）社区、农民动迁社区、一般商品房社区、高档商品房社区、国际化（涉外）社区、大型居住社区、保障性住房社区（经适房和廉租房）、公租房和人才公寓、混合型社区、农村宅基住房居住区和农村集中居住区。"社区"是指居民区范畴，即以居民委员会管辖范围为单位，相关类型划分标准为：某类型小区户数占居民区户数50%以上即为该社区类型，否则为混合型社区。

表1 浦东新区小区分类维度和分类施策参照

序号	类型	特征（含需求、问题）	对策措施
1	老公房（含售后公房）小区	房龄老、建筑旧，主要存在安全隐患突出、环境脏乱差严重、物业管理不到位以及老年人群和低收入等特殊群体占比高等问题	首要解决公共服务设施不足的问题。要结合城市更新和"美丽家园三年行动计划"，有序推进旧区改造，积极整合小区内养老服务设施、文化活动场所、小区花园、楼道步道等公共设施，推进生活垃圾综合治理，开展市容环境整治。鼓励引入专业社会组织等多方力量，参与社区公共空间微改造以及为老、助残、济困、青少年关爱等工作，提升老公房小区的品质
2	一般商品房小区	居住人群经济条件一般，文化水平不均衡，维权意识比较强。主要存在物业管理矛盾突出和居民参与度偏低的问题	重在推动居民参与、理顺居业关系。要积极引入社会组织和专业社会工作力量，以丰富居民精神文化生活为重点，开展各类公益服务、体育健身、文化休闲等活动，营造睦邻文化，以健全自治网络为抓手，搭建文化团队、服务队、工作室等群众交流平台，培育居民自治骨干，引导居民共同参与社区治理；发挥联席会议平台作用，培育专业社会组织参与业委会组建、换届等工作，推动物业管理问题解决
3	高档商品房小区	以品牌楼盘、精装房、大平层、纯别墅等为主，居住人员的经济条件好、文化水平高、自主意识强。主要存在人口密度小、居民比较注重隐私、社区融入度和社区参与度低等问题	支持以信息化、网络化方式，打造适应现代社区生活的"轻社交"；鼓励以文化、亲子、公益、趣缘为主题开展活动，增强交流和融合。以全职妈妈、沪漂老人为主要活动对象和服务对象，挖掘志愿者，建立群众团队，打造小区地缘链接

续表

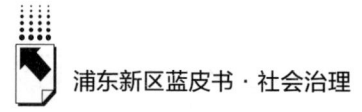

序号	类型	特征(含需求、问题)	对策措施
4	国际化(涉外)小区	境外常住人口相对偏多,居住类型既有高档商品房、酒店式公寓,也有高级别墅区,主要存在文化差异带来的隔阂等问题	重在改变传统工作方式,创新服务内容和服务方式。鼓励以文化、公益、趣缘为主题开展中外居民喜闻乐见的活动,增强文化交流和文化融合;发挥中外市民议事厅等平台作用,吸引境外居民参与社区公共事务,促进邻里交往、民主议事、居民互助;建立境外人员服务站工作机制,培育一批涉外高级社工,提升服务品质
5	大型居住区(含市民回迁小区)	主要为旧区改造和市政动迁等原因而建的动迁安置房或大型居住区,大多按基本管理单元进行管理,主要存在人群结构较为复杂、配套设施相对滞后、社会综合治理问题比较突出等情况	重在织密公共服务网络,补齐社会管理短板。配齐基本管理单元"3+3"资源和力量,优化优质教育、交通出行、公园绿地和商业配套等服务内容,加大对违章搭建、乱设摊位、生活垃圾倾倒等问题的整治力度。健全居民公约,规范居民行为,推动群租、高空抛物等社区治理顽症的解决。培育群众活动团队,搭建居民参与载体平台,引导不同来源的新居民积极融入社区
6	共有产权房、经济适用房小区	该类小区是政府的福利性住房,居住人群的经济收入相对较低,人群结构较为复杂。主要存在的问题有公建配套设施不足、公共环境较差,居民的融合度较低,物业管理不到位,存在一定的社区综合治理问题	加大资源整合,为居民提供就业、教育、法律援助等方面的服务或信息,切实帮助居民解决问题。搭建居民参与载体平台,引导不同来源的新居民积极融入社区。引入专业社会组织在社区心理咨询、社区矫治、司法调解方面的作用,促进社区和谐发展
7	廉租房小区	该类小区居民人户分离现象突出,存在转租等现象。居民文化程度较低,社区劳动力富余,就业困难。人口流动性较大,社区新居民较多,志愿服务和管理薄弱	要从为困难和新入住居民提供有针对性的服务入手,切实解决青少儿或老年人的生活问题,提高居民的感受度和归属感。加大社区公共设施和公共环境维护,改善小区的居住环境。开展社区活动丰富居民生活,引导居民参与社区事务,促进社区融合。加强房屋转租的摸底及反馈力度

续表

序号	类型	特征（含需求、问题）	对策措施
8	公租房和人才公寓	该类小区是为特定人才提供过渡的短期居住的住所，租期一般不超过三年。居住人群通常是青年人，学历比较高，人群流动性较大，社区骨干和志愿者产生困难，社区融合度较低，居民社区参与较少	以党建联建为抓手，加强居民区与企业互动，融通社区资源。以亲子活动、青年人交往为主题开展各类社区活动，促进居民交往。探索和推动居民社区参与和住房租赁期限挂钩机制，鼓励居民积极参与社区事务
9	农民动迁小区	城市化过程中征地农民安置房，主要居民为征地农民，因为生活习惯不同难以融入城市公共管理秩序，存在毁绿种菜、楼道乱堆物等情况	利用农村社区干部资源和网络，加大对违章搭建、乱设摊位、生活垃圾倾倒等问题的整治力度。健全居民公约，规范居民行为，推动群租、高空抛物、毁绿种菜等社区治理顽症的解决。探索通过收集保存老物件、开展口述史等活动，建立居民和社区的链接
10	农村集中居住区（含"空壳村"、归并居住区）	该类居住区因征地动迁、或宅基地归并等原因，大量（约2/3左右）村民搬离本村，剩余村民较少，或村民居住地发生改变重组。主要存在居住人员来源结构复杂，外来人员多，公共环境维护问题比较突出，村民面临再组织化、再融合等问题	重在加强基层组织建设，完善社区治理体系。符合条件的，及时撤村，建立居委会，完善民主自治机制；暂不具备条件的，通过信息化手段，切实做到村务公开，维护村民权益，配置相应的社区工作者，加强管理和服务。加强公共意识的培育，引入社会组织广泛开展社区文化、基层自治、外来人员融入、老年关爱等服务活动，营造社区生活共同体
11	农村宅基住房居住区	该类居住区主要由若干栋自然村落宅基住房形成。由于空间布局分散，公共服务设施相对不足，人口外流现象普遍，主要存在常住居民（含非户籍）管理服务和生态环境保护压力大等问题	重在改善农村人居环境，推进农村社区建设。深入推进"美丽乡村"建设，积极完善公共设施，提高公共服务可及性，优化人居环境，推进农村治安防控体系建设，加强对农村老年人、留守儿童等弱势群体的关爱服务，提升村民生活品质。完善村民理事会、"新村民"管委会等协调议事机制，调动多方主体参与，保障外出村民权利，促进非户籍居民融入，推动自治共治。支持社会力量在农村兴办各类社会事业，引导社会组织开展生产技术、养老、救助、公益慈善、人员培训等服务。发动村民参与公共设施管护、环境维护以及各类邻里互助、志愿服务活动，增强村民自我服务能力

（三）各街镇根据自身特点细化本区域社区分类治理工作

在全区推进社区分类治理的总体部署下，各街镇也纷纷根据各自社区特点，开展相应的社区分类治理工作。

一是面向村居干部开展社区分类治理的相关培训。例如浦兴路街道召开了2019年分类治理情况排摸暨分类治理讲座培训会，现场搜集梳理了40个居民区的情况，特邀知名高校智库专家做分类治理培训讲座。各居民区根据商品房、动迁房和混合型社区进行分类，排摸了辖区具有共性的问题和需求，同时梳理了各自拥有的社区资源、设施和工作机制、特色项目。

专家以"城市社区分类治理的逻辑框架和路径选择"为主题进行了成果分享，阐述了社区分类治理的含义与价值，分析了城市社区分类治理的发展瓶颈，指出了城市社区分类治理的推进路径，还结合自身经历提供了社区分类治理的案例。街道也通过社区分类治理，总结了一批分类治理工作方法和典型案例，挖掘了一批基层治理带头人，并努力在分类治理工作中探索形成浦兴经验，助推党建引领下的社会治理创新。

二是街镇制定更细化的社区分类治理方案。例如周浦镇在2021年就将社区分类治理作为全镇大调研活动之一，聘请高校智库第三方组成联合课题研究小组，面向44个居民区设计发放问卷，实地走访座谈三类社区的代表，目前已形成数万字的调研访谈记录，以及问卷分析图表，并将在2021年底完成相应的课题研究报告。镇社区工作干部表示，通过全镇44个社区的分类调查，未来将根据不同类型社区特点进行分类施策，例如对于条件好、资源多、居民素质高的社区，可以安排更多社区治理创新的试点任务，例如社区数字转型、更有代表性的社区品牌活动、社区文化团队和社区能人达人；对于条件差、资源少、基础薄弱的社区则更加关注社区治理中的短板，例如社区养老、助残、老旧小区综合整治、居民纠纷调解等；对于条件、资源、基础都处于中间位置的社区，则按照常态化方式进行治理。

三　浦东新区社区分类治理的成效与问题

通过社区分类治理，一方面摸清社区的底数，可以更为精准的掌握浦东社区治理中的需求、资源和对策；另一方面，也在社区分类中挖掘了一批典型案例和社区达人能人。在这一工作中还培育了基层干部精细分类工作的主动意识和科学思维。

（一）厘清了浦东小区、社区的类型及其占比

通过社区分类治理，摸清了浦东社区类型及其每一类型数量、占比和特点的底数，为后续社区治理提供了坚实的基础。

截至2019年底，浦东新区共有各类小区2820个，其中数量占比前六的小区类型分别为：老公房（含售后公房）小区967个，占34.29%；一般商品房小区879个，占31.17%；农民回迁房小区415个，占14.72%；高档商品房小区259个，占9.18%；大型居住区（含市民回迁小区）127个，占4.50%；各类保障性住房（共有产权房、经济适用房、廉租房）小区48个，占1.70%。其他混住型小区48个，占比达1.70%。此外，特殊产权性质的小区（单位产权、人才公寓）及国际化（涉外）小区等零星的类型占比为2.73%，其中单位产权房（包含部队、国企产权）4个，人才公寓、公租房小区12个，国际化（涉外）小区22个，不成套小区39个。

1. 小区类型在街道和镇的分布差异

浦东新区街道辖区内共有1012个小区，镇辖区内有1808个小区。从小区类型分布来看，其在街道和镇的分布存在较大差异：大型居住区、农民动迁小区、各类保障性住房大都分布在镇；老公房数量，街道多于镇；而一般商品房和高档商品房的数量，镇的分布则超过街道。

2. 社区类型分布情况

本手册中的"社区"是指居民区范畴，即以居民委员会管辖范围为单位，相关类型划分标准为：某类型小区户数占居民区户数50%以上即为该

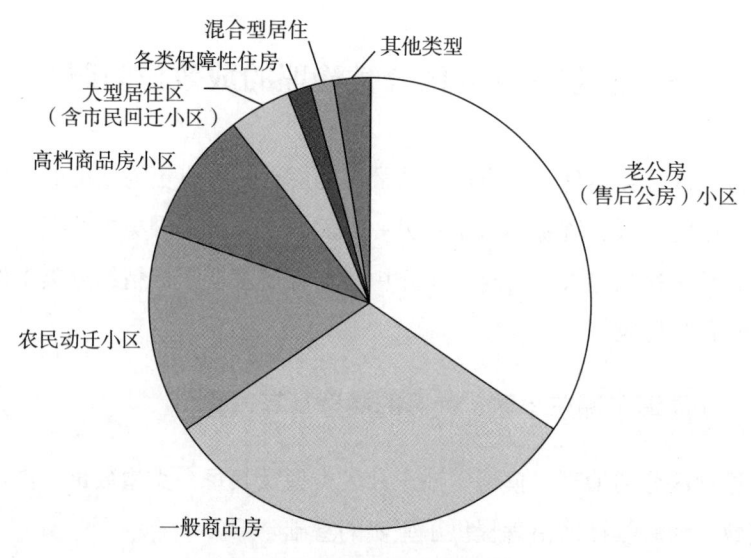

浦东新区蓝皮书·社会治理

图1 浦东新区小区类型分布

说明：各类保障性住房包括共有产权房、经济适用房小区和廉租房小区。

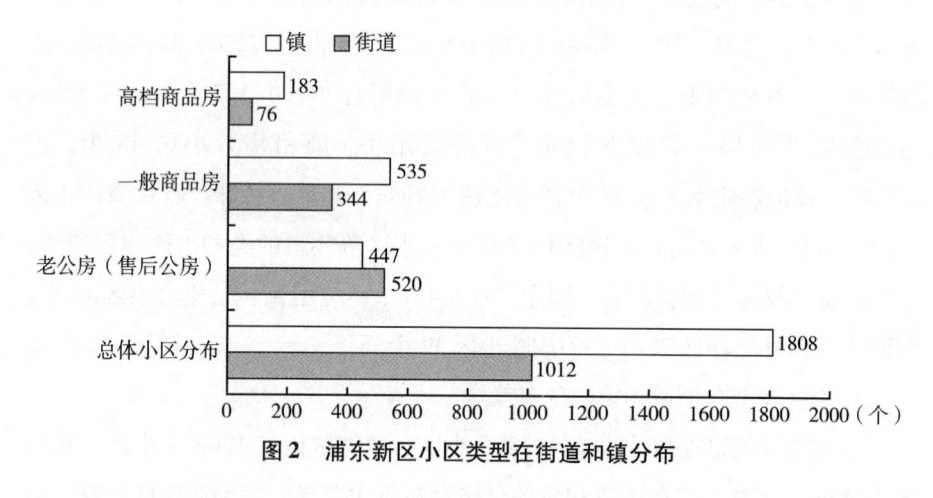

图2 浦东新区小区类型在街道和镇分布

社区类型，否则为混合型社区。截至2019年底，浦东共有986个居民区。根据此次分类治理调查，居民区小区类型的分布情况如下：老公房（售后公房）社区数量为322个，占比为32.66%；一般商品房社区数量为189个，占比为19.17%；高档商品房社区数量为69个，占比为7.00%；大型居住社区46个，占比为4.67%；农民动迁房社区数量173个，占比为

17.55%；混合型社区数量 133 个，占比为 13.49%；其他各类型（含涉外小区、保障房小区）居民区数量为 54 个，占比为 5.48%。

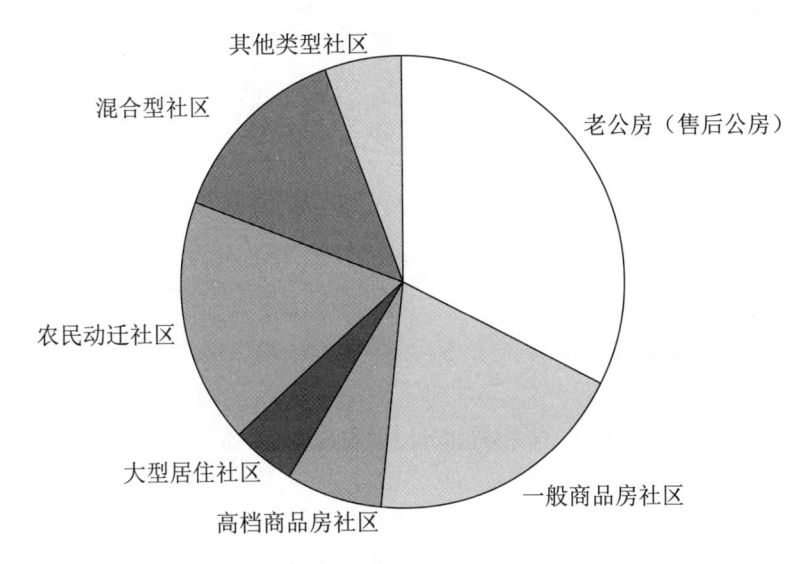

图3 浦东新区居委会主要社区类型分布

3. 农村地区居住类型分布情况

浦东新区目前有 361 个村，分布在 24 个镇。农村地区主要分农村集中安置区（含"空壳村"、归并居住区）和农村宅基住房居住区两类，前者涉及 81 个村，后者涉及 279 个村，另有 1 个村属于其他居住类型。农村集中安置区（含"空壳村"、归并居住区）占比超过 10% 的镇有曹路镇（19.75%）、唐镇（17.28%）、康桥镇（13.58%）、川沙新镇（11.11%）。农村宅基住房居住区占比超过 10% 的镇有祝桥镇（13.62%）、川沙新镇（11.83%）、合庆镇（10.39%）。

（二）挖掘了更多社区治理的典型案例

按照社区类型、议题类型两个维度切入，从问题需求、主要对策、治理成效、治理启示等几个方面来呈现每个案例。在案例的选择上，力争做到既兼顾各种社区类型，又关注当下重要的社区议题。如老旧小区类型的治理，

其他　　　　农村集中安置区
　　　　　（含"空壳村"、归并居住区）

农村宅基住房居住区

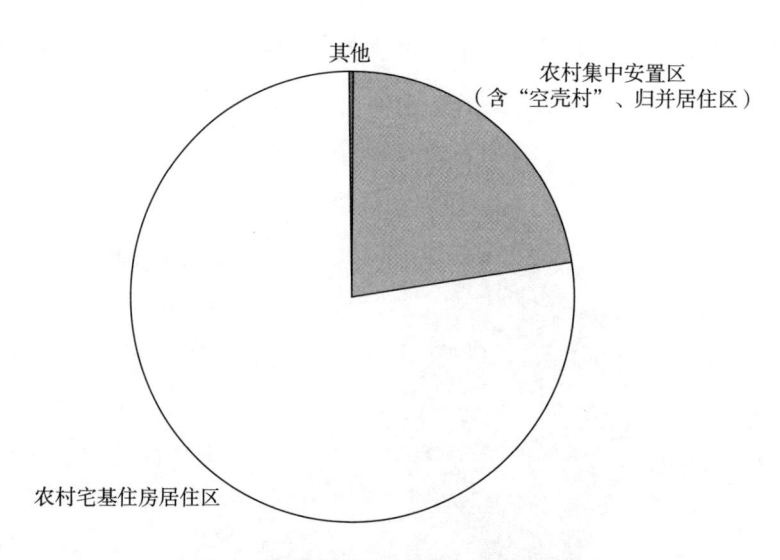

图 4　浦东新区农村主要社区类型分布

侧重在加装电梯、停车难、社区环境、微更新等方面的案例。商品房社区的治理，则选取了"老漂"关爱、流浪猫狗、微信群治理等议题。农民动迁社区的治理，主要是在农民市民化、外来人口管理等方面的探索。而大型居住区的治理，则是居民的社区再融入等。通过这些案例，一线的社区工作者们一定能够学习到不同类型社区分类治理的宝贵经验。

"社区典型工作法"融合了8个街镇的经验。这里面既有总体性归纳社区治理经验的案例，如北蔡镇快速城市化地区的治理经验；又有居委会和社区总体建设的局部经验，如周家渡街道的"家门口"标准化样板居民区建设的案例；还有街道层针对具体议题，或者依靠某种具体治理手段开展的实践，如上钢新村街道的"睦邻议事厅"培育项目、塘桥街道的"1+3+x"物业调解工作法等。这些也能够为各街镇从面上推动分类治理提供重要启发。

（三）培养了基层干部的分类治理意识

浦东新区民政局在完成编撰《浦东新区社区分类治理指导手册》后，及时将研究成果下发到各街镇和村居，基层干部通过阅读学习相关资料，也在实际工作中有了更主动、更自觉的应用分类治理思维的意识。例如，在调研中，不少居委会书记在辖区范围内通过居民区分片区、分居民类型进行精细化治理。在建立社区居委会干部包片治理中，不同片区设立片区区长，形成片区区长联系楼门组长，楼门组长联系每户居民的自治体系，做到横到边、纵到底、上下联动，社区遇到重大事件集体协商，多方参与共同决议。同时对基层干部分解职责，将有关社区管理和社区服务的工作进行逐条分解，细分社区公共事务类型，界定责任主体的功能边界，使每位基层干部都能够准确定位自己的工作职责，针对工作任务形成不同类型社区的管理方法。通过在区域和职权上进行分类治理，精细掌握社区需求，依据不同社区居民诉求推行差异化服务和分类治理。

培养基层干部以分类治理思维对标当前社区工作的思路，精准施策，动态施策。按照社区定类、问题梳理、资源排摸、方法匹配、分类施策的流程安排，推动自上而下和自下而上相结合，形成和完善分类施策的社区相关机制。在基层社区工作中运用分类治理思维，聚焦城乡社区热点、痛点问题，从路径选择、过程引领、社会动员、资源配置、组织保障等方面系统性谋划社区治理工作。适时把握社区特点的变化，动态调整社区治理路径。

（四）提升了社区治理的预见性前瞻性

社区分类的目的之一是让社区治理者根据分类的结果来更好地明确社区治理的定位，例如，资源多、问题少、素质高的社区可能可以赋予更多社区治理创新的任务，包括社区的数字化转型、提升社区软实力、打造生态社区人文社区、探索加装电梯经验、探索垃圾分类经验等；而资源少、问题多、基础差的社区则可能需要街镇更多关注托住社区底线的工作，包括避免社区发生社会矛盾和冲突、安全漏洞等各类风险，做好社区中老弱病残等特殊群体的公共服务等；排在中间档的社区则采取常态化的、一般化的治理，针对社区中常见的停车难、文明养犬、机动车和非机动车充电等问题开展治理即可。社区分类还可以让治理者预先了解社区特点、提前判断社区问题，为新任的管理者提供更多社区信息，这也为制定政策、配置干部提供依据。

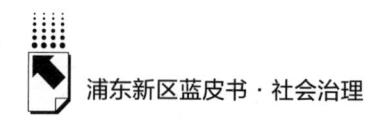

四 浦东新区社区分类治理的经验与反思

浦东新区在市相关部门要求下，在区民政局的牵头下，经过系统的顶层设计、精心的分工部署、扎实的工作推进，目前已形成《浦东新区社区分类治理指导手册》等相关成果和阶段性进展。这一工作所传递的理念正在被基层干部重视，并在实践中释放制度效能，成为提高浦东基层精细化管理水平的又一根"绣花针"。当然，由于社区分类治理还在推进过程中，目前还难以总结成熟的经验和模式，因此，本部分主要对社区分类治理这一主题本身的特点出发，进行了一些问题的反思。

（一）以房屋建筑作为分类标准是恰当？

现有的分类原则更多地以房屋建筑特点作为分类的依据，同一类型的房屋特性社区也可能因为老龄化、城市区位、开发时间等不同而呈现差异。与此同时，有些社区虽然房屋类型不同，但也可能人群结构相似，在治理需求、治理资源上相似。

就社区的本质而言，其是以邻里为单元的生活共同体。人与人之间的关系、人与社区之间的关系、社区与社会之间的关系，是反映一个社区更本质特点的划分标准，虽然住房类型通过收入、阶层等来反映人与人、人与社区之间的关系，但它还不是最主要的、最根本的社区特点。有的社区可能硬件很差，但邻里和睦、出入相友，大家对社区归属感认同感很强，具有一种开放包容的氛围，能让居民有更多的幸福感、安全感，政府在治理上也很省心。例如，美国城市社会学家沃伦夫妇的"三—六"社区分类理论即是通过互动性、认同感、连接性三个维度来划分社区类型的，他们将社区分为整合型、教区型、散漫型、躁动型、暂时型、紊乱型。虽然这一划分来自美国社区的实践，但这种透过现象看本质的划分方式，还是值得我们借鉴的。当然，划分难度可能会比较高。

（二）社区分类是否分得越细越好？

在调研中，我们也了解到有些地方还存在"为分类而分类"甚至过度分类的情况，例如在小区分类的基础上，对楼栋进行分类。随着城市化进程的深入，社会个体的差异性不断丰富和突显，理论上而言，最为彻底的社区分类甚至可以分到具体的个人，先不论这样过度分类是否有意义，就说分类工作本身造成的成本也是巨大的。

分类思维是人类行为中的常规思维，是人之常情，每一位治理者甚至居民都会自觉不自觉地对自己关心的事务进行分类处理，但是分类的目的是在比较中找出共性规律。科学研究的目的之一就是在纷繁复杂的事务类型中抽象出更一般的规律，是"从多到一"的过程；而分类治理是掌握规律后根据具体情况，因地制宜地施策，是"从一到多"的过程，从普遍原理出发来和具体实践结合，做出相应的判断。目前的社区分类治理并不是这一逻辑，对多种类型社区的分析，并未思考"社区本源"，而只是常规性的分类，因此，这一分类的实践效果可能并不尽如人意，甚至增加了治理成本。

正如有的干部表示，"目前社区分类治理继续深入有点没方向，希望专家们能好好研究下，看看下一步如何推进"。而从对基层干部的调研可以看到，部分居委会负责人对浦东新区发布的社区分类治理手册并不知晓，甚至很多街镇干部也不了解。对于社区的分类，不管手册上规定得多么科学，也是非常有限的，与实际情况有很大的距离。实际上，社区之间的真正的差异是非常细微的，居委会党组织书记或主任以及社区工作者凭借个人的经验，就能做出准确的判断和分析，并不是非得要一个定义好的标准类型。正如，乡、镇、街道的区分也逐渐在模糊，不仅是人们的认识，政策差异上也越来越小，某种程度上基层建制的模糊化、趋同化也是对分类治理非必要性的一种制度反映。

（三）社区分类治理是否会继续拉大社区差异？

目前的社区分类治理方式是否与共同富裕的目标有所冲突？区分了不同

类型，会不会让好的社区更好？如果分类治理的目标是拉平差异，显然不现实。但如果分类好了，好社区吸引更多好资源、好书记，不断评先进，可能会加剧马太效应，反而不利于共同富裕，或者基本公共服务的均等化。另外，社区分类更有价值的作用可能还是要去分析为什么社区会这样分化，其空间分化的原因、趋势是什么。因为现在的类型只是暂时的，随着城市化和城市更新，这种类型也将动态调整。

五 深入推进浦东新区社区分类治理的对策与展望

一是支撑浦东新区社会主义现代化引领区建设。2021年，中共中央、国务院发布的《关于支持浦东新区高水平改革开放打造社会主义现代化建设引领区的意见》也重点提到了"推动社会治理和资源向基层下沉，强化街道、社区治理服务功能，打通联系服务群众'最后一公里'"。而如何落实这一任务，则需要在社区分类基础上，瞄准资源下沉的重点，提升基层治理服务能力。

二是强化社区分类后成果的应用。从浦东社区分类治理手册的形成过程来看，其是自下而上由街镇分好类上报然后汇总统计形成的，因此，街镇在熟悉分类方法后，应根据本辖区的社区特点，借鉴不同类型中的典型案例和做法来提升辖区社区精细化管理水平，包括，把握社区特点，识别社区类型，提升设施、资金、项目等各类资源在不同类型社区配置的适配度。建议以自然小区作为基本治理单位，依靠广泛深入的社区调查，摸清社区居民的社会交往情况和社区资源的占有及利用情况，利用社区需求调查表、社区资源排摸表，判定社区类型，以补齐社区短板为目标，选择与社区类型相适应的治理方式方法。

三是强化数字化技术应用，力争形成各类型社区和小区的画像。运用科技手段为社区赋能，推动人工智能、大数据、物联网、云计算等技术在社区分类治理中的具体应用。建立以社区为单位开展数据处理和建设智能化治理云平台，鼓励社区服务和治理事项网上办、掌上办，扩大社区对民情信息的共享权，利用专业化、数据化分析方法研判社区状况和治理走势。发挥智能系统设备在社区安防、物业管理、公共空间共享、老弱群体照料等领域的功能，依靠信息化手段链接社区内外资源，推动居民活动线上与线下相结合、社区与社群情感相交融。

四是多方位合理利用和整合社区治理资源。合理利用和整合社区治理资源，需要多方的合作与努力。政府、社会组织以及市场，在资源整合方面都有着不可取代的作用。首先，针对老旧小区公共设施老化、公共活动面积少、停车难等问题，政府应充分考虑到社区内居民的生活需要，提供一定的资金支持。资金的投入还可以帮助社区加强专业人才的引进。其次，政府还可以通过制定社区资源共享、成本分摊的相关政策与法规，形成制度化约束。此外，为了方便居民办事，在一些行政事务的申请机制方面，政府也可以适当做一些简化，提高效率与居民满意度。最后，由于老社区和安置区内居民的年龄趋向于老龄化以及大部分居民文化程度偏低，通过社会组织和市场化机制，引进相应的养老服务、社区居民教育服务、引导居民的再就业服务等，也是资源整合的重点之一。

五是优化分类标准，动态调整社区类型。从发展的角度而言，目前社区分类确定的类型还可能有变化，因此，可制定一个分类结果的三年评估计划，每三年对分类结果进行修正调整。此外，目前以住宅类型作为分类标准虽然操作简便、数据可得、直观可感，但打造一个出入相友、守望相助、邻里和谐的地域生活共同体才是社区治理的终极目标。因此，在分类标准上还应从数据可得性角度适当增加一些软性指标，从社区社会资本方面增加分类的依据。

从未来对社区分类治理的展望来看，如何趋利避害推进这一工作，需要有更高的站位和思考。

浦东30多年开发开放引致的快速城镇化，也让浦东的基层社区、小区快速分化。进入社会主义现代化建设引领区新阶段的浦东新区，在超大区域社区治理上仍面临诸多问题和挑战，但社区单元多、类型多、变动多的特点决定了其对精细化管理更多更迫切的制度需求，而因地制宜分类治理这根

"绣花针"通过对社区和小区进行更为细化的分类,总结其需求和资源特点并提出对策清单,可以说为社区精细化治理提供了很好的基础,弥补了建制类型缺失带来的粗放治理隐患。

特别是在当前基层建制类型缺乏的情况下,街道办事处、建制镇、建制乡以及居民委员会、村民委员会等已不能适应浦东基层分类表征和治理的需要。因此推进社区精准分类,实现精细化治理,成为浦东基层治理的重要目标。当然,从前述反思中,我们也认识到,社区治理既要精细化也要低成本,而既精细化又低成本的一个重要路径可能还是推进基层全过程民主,因为唯有通过基层民主和共建共治共享的方式,才能清楚且动态地了解每个社区的问题、需求、资源和对策特征,才能更好地推进社区分类治理。因此,社区分类治理最终的目标应该是健全基层群众自治制度,通过社区共建共治共享,自我管理、自我服务、自我教育,民主选举、民主决策、民主管理,让居民们自己来决定自身的需求、问题以及破解之策。

当然,从宏观尺度来看,分类治理的必要性来自中国超大规模空间治理对避免"眉毛胡子一把抓"的需求,让空间治理更有针对性。在微观尺度,一方面需要自上而下地培育和强化分类治理的思维、观念;另一方面,需要健全基层群众自治制度,让居民们来判断小区的特点、社区的特点,让他们有更多的主动性、创造性来因地制宜地推进社区治理,这比自上而下的分类来得更加重要。

随着中国城镇化从以数量、速度、建设为主,向数量质量齐驱、速度温度兼顾、建设治理并重的阶段转型,肇始于上海的社区分类精细化治理也必将扩散到其他城市。及时总结上海浦东的城乡社区分类治理做法,不断完善城乡社区治理中的分类标准、操作流程、结果应用,形成可复制、可推广的经验,是未来应持续推进的工作。

B.14
协商的力量：破解老旧小区电梯加装难

王奎明[*]

摘　要： 居民之间错综复杂且反复多变的利益矛盾，既是社区民众达成建设性共识的阻碍，也是打破社区治理困境面临的挑战。社区民主协商则是消弭不同利益攸关方的分歧，实现对各类社区公共问题精细化治理的必然选择。浦东新区在推行老旧小区加装电梯的过程中，通过提供必要的沟通协商指导和法律规范援助，为广大社区居民构筑起广阔的民主协商空间，有效引导和鼓励社区居民围绕电梯加装问题开展民主协商，通过居民自发的沟通协商化解了邻里之间复杂的情感矛盾和利益纠纷，成功为老旧小区符合施工条件的楼栋加装了电梯。这种构筑社区民主协商空间，通过居民自主协商化解社区复杂公共问题的成功实践不仅解决了"悬空老人"的具体问题，而且也为鼓励引导居民开展社区民主协商，通过协同共治的方式对其他类型的社区公共问题开展精细化治理提供了有益借鉴。

关键词： 民主协商　加装电梯　沟通协调　社区治理

在当前城市治理不断向社区下沉的趋势下，如何通过精细化治理切实有效地解决各种关乎广大居民切身利益的社区公共问题，成为时下深化和促进

---

[*] 王奎明，博士，上海交通大学中国城市治理研究院助理研究员，主要研究方向为基层治理、社会融合。

城市治理的关键所在。与城市治理中各种传统的全域性公共问题相比，许多社区公共问题在具体形态上千差万别，不存在"万用解"，更不能"一刀切"。同时，这些问题还时刻影响着社区中每家每户的生活起居等切身利益，牵涉的利益矛盾盘根错节。在这种复杂的治理情境中，社区民主协商则被普遍认为是调和居民之间复杂的利益纠纷和解决社区公共问题治理失灵的重要方式。然而，在社会人际关系日益疏离、社区成员高度原子化的今天，实现有效的社区民主协商绝非易事。

自城市精细化治理和治理重心下沉等概念提出以来，专家学者和基层政府围绕社区民主协商已经开展了大量研究与实践，但仍然没有有效跳出自上而下的传统治理模式的窠臼，导致民主协商结果缺乏长效性，不能从根本上化解社区公共问题中的内在矛盾。但上海浦东新区在为老旧小区的"悬空老人"解决加装电梯问题的治理实践中，一改这种传统的"家长式"社区治理协商模式，通过构筑社区民主协商空间，鼓励引导民众自发围绕"加梯难"问题开展民主协商，不仅有效避免了基层政府直接参与社区民主协商引发的种种弊病，而且赢得了多数居民的支持，更解决了电梯长期运维的问题。这种新型社区民主协商激励模式不仅有效解决了社区民主协商一直以来存在的参与不足问题，而且也在建构社区公共问题长效民主治理机制方面进行了有益的探索。

一 加装电梯民主协商的背景

在国内人口老龄化趋势不断加剧的大背景下，上海早已悄然步入了"银发社会"，有众多银发市民居住于楼龄超过30年的老旧小区之中。此类小区配套基础设施相对陈旧，特别是大部分楼栋都没有电梯，导致腿脚不便的老年居民变成了"悬空老人"。这不仅使得老年居民本已艰难的日常生活变得更加不便，也导致老年人与社会日益脱节，难以从人际交往中获得必要的情感关怀和社会支持，严重影响了银发居民的身心健康。为老旧小区加装电梯，解决"悬空老人"出行问题不仅是广大老龄群体的迫切诉求，也是近年来上海市基层治理的焦点之一。但加装电梯对老旧小区的居民来说并非易事，要想加装电梯的民众主要面临以下四种困难。

其一是电梯加装中的建筑规划、施工与许可申请问题。首先，从建筑设计安全的角度来说，不是所有的老旧小区都符合电梯加装条件；其次，对于那些符合电梯加装条件的楼栋居民来说，则面临着确定施工方案、选聘施工队伍等专业问题；最后，如何办理电梯加装所需的各种行政审批手续，取得相应的行政许可，也是困扰广大想要加装电梯的老年居民的普遍问题。对于那些行动不便、常年与社会脱节，迫切需要通过加装电梯改善晚境的"老老人"来说，这些问题是他们不可逾越的鸿沟。即便是身体相对硬朗、退休后时间相对充裕且热心于社区事务的"小老人"，以上问题同样令他们感到"晕头转向"，不知从何入手。

其二是如何争取全楼居民甚至其他楼栋居民同意加装电梯的问题。加装电梯势必会对各楼层居民的日常生活造成不同程度的影响，因此需要取得同楼居民的同意；如果施工需要占用社区公共空间或对其他楼栋的居民造成影响，还要取得这些受影响的居民的许可。而如何平衡低层住户与高层住户，青年住户、中老年住户与老年住户，外地人与本地人，租客与业主等不同社会群体的利益诉求已是一项挑战，更何况其中往往还夹杂着各种家长里短、宿怨心结带来的私人恩怨。诸多加装电梯计划也往往因居民意见无法达成一致而不了了之，无限期拖延。

其三是电梯安装费与运维费用的分担问题。电梯作为一种"准公共产品"，一旦安装完成就可供所有居民使用，而不论其是否支付电梯的安装运维成本。在为老旧小区加装电梯的往期治理案例中，不乏全体居民同意，但由于对安装费用分担无法达成共识导致项目迟迟无法落地的情况。而在电梯加装后，也有少数居民不按承诺缴纳电梯运维费用却无偿使用电梯，逐渐导致其他居民不再缴费，最终使得电梯因缺乏运维被迫停运的情况出现。电梯安装、运维费用分担是小区加装电梯必须解决的问题。

其四是加装电梯中各种纠纷的仲裁制度供给问题。如前所述，在老旧小区加装电梯的过程中，居民间的各种矛盾纠纷在所难免。而法律制度则是定分止争、促进居民达成共识的有效准绳。法律法规和相应的仲裁制度供给在加装电梯协商过程中起到了重要的参照作用，有效避免了居民在协商过程中由于各种矛盾纠缠不休，迟迟无法达成共识。但从治理实践看来，民众想获得法律层面的仲裁制度供给却绝非易事。一方面，作为加装电梯主力的中老年群体信息获取能力有限，对各种法律援助渠道缺乏充分了解；另一方面，基层民众更加习惯通过人情而不是法律解决各种纠纷。

总之，以老旧小区电梯加装问题为代表的社区公共问题的本质是如何在规模有限的居民群体中根据相应公共问题对其损益的影响，合理分担其治理成本的问题。而通过民主协商，制定相应的治理成本分配方案，辅以必要的落实监督机制，实现各利益攸关方诉求的长期动态平衡则是应对社区公共问题带来的治理挑战的必然选择。而上海市浦东新区在社区治理实践中精准把握了当前社区民主协商中的痛点和难点，通过构筑民主协商空间，鼓励和引导社区民主协商，在化解老旧小区"加梯难"，让银发群体免于"悬空"之苦的同时，也证明了在复杂的社区公共问题治理情境中，居民不仅可以通过民主协商达成共识，还可以建立相应的长效治理机制来维持、巩固综治成果。对加装电梯过程中的社区民主协商的成功经验进行整理，也可以为其他社区公共问题治理提供有益的借鉴。

二 加装电梯民主协商的举措与机制

老旧小区的电梯加装问题作为一种典型的社区公共问题，呈现出"因区而异"的复杂性，使传统的"一刀切"治理模式难以奏效，即便由政府出资为所有符合条件的楼栋安装电梯，也难以解决不同居民群体之间错综复杂、彼此矛盾的利益诉求，更无法为电梯设备长期运维提供必要的保障。因此，通过社区民主协商，由居民自发沟通协调形成共识，再由政府出面帮助居民解决仅凭其自身力量难以解决的外部问题，便成为化解"加梯难"的必由之路。

上海市浦东新区在推行老旧小区加装电梯的"民心工程"时，一改以往社区民主协商中基层政府强势主导的传统模式，转而以社区中具有一定人望和影响力,又对加装电梯有着迫切需求的中老年群体为核心,通过构筑社区民主协商平台,为以上群体自发组织社区民主协商扫清障碍、创造条件,最终成功通过居民自发组织的社区民主协商化解了"加梯难"。在以上过程中,浦东新区所采取的各项措施具体如下。

(一)政府助力居民破解加装电梯信息壁垒

现阶段居民在社区民主协商中难以达成建设性共识的原因多种多样,但信息不对称无疑是重要原因之一。社区公共问题虽小,但牵涉的各种技术、政策、法律等专业信息不是普通民众能凭借一己之力完全掌握的。以加装电梯问题为例,电梯加装涉及施工条件审查、具体施工规划、电梯品牌选择、行政许可审批等流程。中老年居民作为加装电梯工程的利益攸关群体,受制于自身相对有限的信息获取能力,往往无法及时有效地获取以上信息,甚至在面对加装电梯问题时无所适从。这样一来,围绕加装电梯的社区民主协商自然也无从谈起。由此可见,要想围绕特定社区公共问题的治理开展民主协商,首先要打破信息壁垒,对作为利益攸关方的民众进行信息赋权,让所有涉事居民充分了解解决社区公共问题所必需的各种信息,使社区民主协商能在信息公开透明的环境下进行。

浦东新区在就加装电梯问题向民众提供信息支持的过程中,既确保居民群体能够及时获得社区协商的必要信息,又尽量避免过度提供帮助使民众产生依赖心理。具体而言,浦东新区主要向民众提供了如下帮助:①具有电梯加装条件审查和施工规划资质的建筑设计院的联系方式;②电梯加装施工规划许可审批流程需要提交的所有材料清单,以及对应材料的获取方式;③联系银行和律师事务所,为居民提供必要的资金和法律支持。在信息提供的具体方式上,浦东新区并没有采取"手把手教"的传统模式,而是向民众提供从宣传手册到二维码等各种获取信息的方式,对有意加装电梯而前来询问的民众则有问必答。这种方式不仅打破了一般社区民主协商面临的信息壁垒,还培养了民众在应对社区公共问题时主动收集信息的习惯,从信息透明的角度为社区民主协商的开展打下了必要基础。

（二）沟通指南提升社区协商效率

如前所述，老旧小区加装电梯牵扯到同楼每家每户的切身利益，而居民也会因为利益归属客观上转化为不同群体：老年群体与青年群体、租客与房主、高层居民与低层居民、外地人与本地人……同一居民往往还具有多重身份，也会影响其在加装电梯决策中的利益诉求。电梯加装工程要想顺利进行，就要在社区民主协商过程中设法平衡不同居民群体间错综复杂的利益关系，推动他们在电梯加装方案、成本分担和运维费用缴纳等方面达成共识，其难度可想而知。社区党组织是此类社区民主协商的组织者和带头人，其中作为骨干的中老年居民往往是加装电梯诉求较为强烈，且在社区内拥有一定人望的热心人士。虽然他们长期从事社区工作，但工作思路和沟通能力尚不足以有效平衡决居民之间盘根错节的利益纠纷。因此，有必要提升这些加装电梯协商中间人的沟通协调能力。

浦东新区发放的小区加装电梯综合性指导资料以案例的形式，系统、全面地向加装电梯申请的发起人和居民委托人（这些居民也往往是加装电梯协商的主导群体）说明了如何与不同立场的居民沟通协商，最终促成楼栋所有居民达成共识。这份沟通指南首先向读者点明了实现加装电梯的关键在于寻找居民利益的最大公约数，总结了不同类型的住户在加装电梯协商中的常见心态和应对方法，并提出了一系列调和各住户群体利益诉求的方法。对于矛盾较大的楼栋或个别经济极为困难的住户，则通过党建联建的方式，出动"老法师"团队协调或帮助特困群体解决经济问题。以潍坊新村街道为例，该街道的工作组既协调过全楼有 1/4 的住户不愿加梯的"加梯困难楼"，也帮助过精神病患者等弱势群体解决过加梯费用问题。这都离不开行之有效的沟通指南。

（三）多措并举保障电梯运维无忧

"人走茶凉"是以往社区民主协商面临的主要问题之一。社区居民通过民主协商形成的治理组织往往在解决特定的社区公共问题（如楼院环境综治）后便解散，直到新的社区公共问题出现。但老旧小区的电梯加装问题则不同于以上传统的社区公共问题，电梯的安全运营维护往往需要住户持续承担相应运维成本。这就需要维护加装电梯协商成果，避免这一成果随着电梯因缺乏运维停摆而付诸东流。具体来说，维护加装电梯协商的成果首先需要解决电梯运维成本分担中的"搭便车"问题，避免由此引发"道德滑坡"；其次，需要解决电梯加装运维的资金筹集问题，特别是如何填补中低收入中老年住户的资金缺口问题；最后则需要解决居民监督小组的人选问题和电梯运维经费使用的监管透明问题。

针对以上问题，浦东新区首先通过"刷卡乘梯"等技术手段（向承担加装电梯费用的住户发放磁卡，凭卡开门乘梯）避免少数住户在不承担电梯安装费用和运维成本的同时无偿使用电梯，有效地解决了电梯使用中的"搭便车"问题。在电梯运维方面，浦东新区社区工作者联系了生产电梯的国有企业，通过技术改革、智能化管理和延长保修年限等方式解决了电梯的运维保养问题，有效减轻了居民负担。例如，潍坊新村联系上海振华重工，通过模块化吊装提升安装效率，降低施工影响；将安装后的电梯并入"梯联网"，通过智能化系统实时监控电梯运行的状态，出现问题可第一时间抢修。同时，为了解决贫困户难以承担电梯安装运维费用的问题，潍坊新村还联系了中国银行上海分行、大家保险公司，在为加装电梯提供小额信贷的同时，将电梯保修年限延长到15年，使民众无后顾之忧。

（四）法律仲裁形成加装电梯示范效应

虽然社区民主协商在实现不同居民群体的利益诉求的动态平衡过程中强调自愿自主，但缺乏参照标准的社区民主协商活动往往会因利益边界不清陷入无休无止的争吵，难以达成建设性共识。在加装电梯这种不同居民群体间利益纠纷错综复杂的社区民主协商中更是如此。针对以上问题，浦东新区向居民提供了相关法律法规、政策规章等，为解决加装电梯表决所需最低人数、不同楼层安装费用的分担比例、协调各类加装电梯过程中的常见纠纷提供参照。这些参照成为居民在加装电梯协商中定纷止争、达成共识的准绳。不少社区在加装电梯协商中可以根据政府提供的各项法律规章，结合社区实际情况，迅速就各种成本分担以及利益分配问题达成共识。在以上过程中，相关法律规章产生的规范效应显著降低了加装电梯协商成本，有效推动了楼栋居民达成加装电梯共识。

此外，法律标准还在加装电梯项目的推广中产生了示范效应。其在加装电梯成功案例中的作用不仅使其他社区中有意加装电梯的居民直接将法律标准作为开展社区民主协商的基础，也使他们充分意识到运用法律法规解决协商中产生的各种纠纷的可行性。浦东新区抓住上述机遇，联系律师事务所，发动社区普法志愿者和人民协调员，为社区加装电梯协商提供相应的法律支持。这种来自法律的示范效应在为社区民主协商提供必要参照标准、降低达成共识所需的协商成本的同时，也培养了民众知法、懂法、用法的法律意识。从这一角度来说，为加装电梯协商提供法律仲裁支持并不意味着要民众通过对簿公堂的方式来解决加装电梯过程中遇到的所有利益纠纷，而是通过为民众提供参考示范的方式，让民众以此为准绳，自行协商解决此类纠纷，尽快达成建设性共识。

三 社区民主协商成效显现，小区加装电梯不再难

通过向民众提供加装电梯协商所需的各种必要信息和沟通协调的技巧指南、多措并举保障协商成果以及发挥法律规章的示范效应，浦东新区的电梯加装工程进展明显。部分社区在3个月内便取得了建成2台电梯、集中签约21台电梯的突出成绩。其他社区的加装电梯工作也取得了不同程度的进展。部分社区老年人由此摆脱了出行不便的困境，"银发群体"的"下楼难"问题也得到了一定程度的缓解。具体而言，围绕加装电梯开展的社区民主协商的成就主要分为以下方面。

（一）老旧小区逐渐摆脱"加梯难"

在民主协商的推动下，浦东新区的老旧小区按照"能加尽加，愿加快

加"的原则，为一批符合条件的楼栋加装了电梯，解决了住户中的老年群体"下楼难"问题，也为楼栋中的其他居民的出行带来了便利。居民通过自发协商形成的电梯加装方案更加适合社区内部的实际情况，避免"包办制""一刀切"模式所带来的各种弊病，全楼居民的许可和认同也显著降低了加装电梯工程实施的阻力，使工程落地更加顺利。民众之所以能在围绕电梯加装而展开的民主协商中迅速有效地达成建设性共识，离不开浦东新区通过各种措施构筑的民主协商空间。这种通过构筑民主协商空间，充分发挥民智解决复杂的社区公共问题的做法有效化解了长期困扰老旧小区的"加梯难"，显著地改善了老年居民的出行状况，为他们重新接触社会创造了有利条件。

与此同时，加装电梯中的成功案例的价值和影响范围也远远超出了其所在的社区。部分老旧小区通过社区民主协商加装电梯成功的案例对周边社区产生了明显影响，其他社区有加装电梯意向的中老年居民通过走访、观摩这些成功案例中的电梯加装方式、民主协商规划以及电梯运维模式等，学习其中的成功经验并结合自己所在社区的实际情况，制定适合本社区的电梯加装方案。这种示范效应有效地提升了老旧小区加装电梯协商的效率，配合浦东新区"民心工程"的推进，在更大范围内缓解了"悬空老人"的问题。以上现象表明，构筑民主协商空间，推动社区居民通过民主协商解决社区内部的公共问题的治理模式并不是只能在少数"高素质""高觉悟"社区实现的，而是广大群众都可以模仿学习的，并以此解决与自己切身利益相关的公共问题。

（二）民众积累民主沟通协商经验

通过社区民主协商化解"加梯难"，对广大居民而言是一次宝贵的基层民主体验和成功经验。这种经验主要表现在两方面：收集必要信息与获取外部支持的能力、通过协商平衡协调社区内部利益的能力。如前文所述，在社区民主协商中，民众只有懂得如何获取必要的信息才能据此做出科学的决策，只有知道如何获得外部支持才能有效克服社区自身难以解决的各种困境。浦东新区在构筑民主协商空间的过程中并未沿用大包大揽的传统模式，而是在提供充分的外部信息和必要支持的同时，鼓励民众主动地向政府和其他具有资质的机构寻求帮助。通过以上方式，此前缺乏类似经验的民众不仅切实了解了如何从政府和其他可靠渠道获取社区公共问题的可行解决方案和其他必要信息，而且也实打实地积累了一些收集信息和争取支持的经验。这些对开展社区民主协商来说是也必不可少的。

在围绕加装电梯进行的社区民主协商中，如何平衡不同居民群体复杂的利益诉求达成建设性共识也是缺乏沟通参与经验的民众需要面对的挑战。如果政府直接介入协商，不仅可能因为缺乏对社区实际情况以及居民邻里关系的了解而难以做出正确决策，还可能成为心怀不满的居民发泄怨气的对象。浦东新区则改变了传统的介入模式，转而以对加装电梯有着迫切需求的利益攸关群体为主轴，为这批在社区内本就有一定民望、人脉以及其他社会资源，且时间相对充裕的居民提供沟通协调方面的支持，让他们出面积极促成其他居民群体参与到加装电梯协商中，并促成楼栋居民形成一致意见。以上过程使这些社区治理骨干积累了寻找社区利益的最大公约数、平衡各方利益诉求、说服不同居民群体接受协商结果的经验。这些经验将对围绕其他社区公共问题开展的民主协商有所助益。

（三）政府开创基层民主治理新模式

浦东新区构筑民主协商空间，在向居民提供必要信息和支持的情况下，推动民众通过社区民主协商自行解决社区内部公共问题的尝试无疑是成功的，而这种成功对于基层民主治理主要有两重意义。一方面，加装电梯模式证明，对于社区民主协商而言，间接引导的效果明显优于传统的直接介入干预模式。政府不能因民众缺乏民主协商经验，就试图在协商中替民众包办一切，这样只会助长民众的依赖心理，使后继社会治理面临更大的困难。另一方面，以核心利益攸关群体为抓手，向民众提供开展社区民主协商所需的各种信息和支持，不仅可以引导民众根据社区实际情况提出切实可行的治理方案，建立相应的长效治理机制，还可以使民众从中积累沟通协商经验，树立通过社区民主协商解决好各种内部公共问题的信心。真正做到"民可，使由之"。

具体来说，浦东新区构筑民主协商空间的实践表明，要想促成民众通过社区民主协商就特定公共问题治理方案达成建设性共识，就要向人们提供信息、物质、制度三方面的支持。其中，提供信息支持的目的在于让居民对社区公共问题及其可行的治理方案形成基本认知，并尽可能消除民主协商中存在的信息不对称问题，避免其转变为社区协商中的道德风险；社区作为基层治理单位，其能调动的各种资源总量无疑是有限的，故当社区公共问题治理所需的资源超出社区本身的资源动员能力时，政府有必要以经济补贴等方式向社区提供物质支持；社区公共问题涉及的利益关系错综复杂，要想有效消除居民间的利益分歧，就需要发挥法律制度定纷止争的作用，同时通过示范效应为民主协商中的利益平衡提供参照标准。以上三种支持是民主协商空间的支柱，也是促成民意共识的关键。

（四）社区自治实体初步成型

在老旧小区加装电梯的过程中，原本彼此疏离的民众通过社区协商在客观上增进了对彼此的认知和了解。不论加装电梯成功与否，作为同一个社区的居民，今后总要面对各种社区内部的各种公共问题，而加装电梯一事由于涉及范围更广，能够将足够多的居民吸纳到社区协商中去。在彼此沟通的过程中，民众也对原本陌生的邻居的性格、行为偏好等有了更进一步的了解。另外，加装电梯也是对居民中的"领头人"的综合能力的有效考验。通过加装电梯的筛选，一批有能力、有声望的居民自治领导人脱颖而出，成为各种社区公共问题治理的主导者和居民协商的主要推动者。在居民对彼此有所了解（虽然其中可能包括矛盾和冲突）且社区自治领袖人物产生的情况下，一个社区自治实体就初步形成了。这个诞生于加装电梯的自治实体还将在其他社区公共问题的治理中继续发挥作用。

除推动社区治理实体成型外，加装电梯还增强了社区居民的法治意识。居民在加装电梯过程中形成法律观念，通过参考相关法律法规制定电梯安装和运维成本分担方案、运维管理规章，并组建对业委会负责的电梯管理小组充分体现了将法律和法治意识引入社区协商的价值。这种社区协商治理的法治化、规范化使得在加装电梯过程中形成的自治领导团队逐渐成为按照相关法律法规以及社区自治规约运行的自治实体。这种稳固的社区自治实体不论是对社区公共问题的发现、治理，还是对社区协商成果的长期保留都是至关重要的。正是加装电梯协商中的各种碰撞磨合，使新的社区自治实体得以形成，或使原有社区自治实体得到磨炼。这种在政府指导下形成、通过加装电梯民主协商成长的社区自治实体无疑会成为社区公共问题治理的重要补充力量。

四 破解"加梯难"的社区民主建设经验与启示

浦东新区构筑民主协商空间，通过社区居民自发民主协商来推动老旧小区加装电梯的策略取得了明显成功。这不仅表明社区居民可以通过民主协商达成共识，治理好社区公共问题，也证明社区民主协商可以有效维护和保障老年居民等弱势群体的合法权益。同时，这一模式的成功之处也在于引入法治思维降低居民的协商成本，并建立相应的长效机制。在由加装电梯建立起社区民主治理体系的基础上，应当从扩大社区民主协商范围、平衡多元主体利益诉求、保持社区民主协商参与和建构治理长效机制四方面提升该体系的治理效能。

（一）宽广的社区民主协商空间可进一步提升治理效能

浦东新区的加装电梯治理实践之所以没有走入社区民主协商治理的"死胡同"，是因为政府在引导社区协商的过程中始终注意为社区民主协商保留必要的空间，没有抱着传统的"家长式""包揽式"治理思路对居民的沟通协商进行过度干涉。浦东新区政府一方面为有意加装电梯的居民提供大量必需信息，以避免社区民主协商因信息失衡陷入困境；另一方面又注重积极引导社区民主协商的参与者，帮助他们克服沟通过程中遇到的各种困难。这种"成长式"的社区民主协商引导模式取得了成功，解决了老旧小区的"加梯难"问题。

由此可见，要想让社区民主协商充分发挥作用，政府应当积极拓宽社区民主协商空间，为居民学习如何自我管理、自我服务留出必要的成长余地。唯有这样，社区民主协商体系才能不断成长，并逐渐成为政府在治理社区公共问题中的可靠助力。今后浦东新区还将吸收加装电梯实践中拓宽社区民主协商空间的成功经验，将更多潜在的协商主体纳入社区公共问题治理的民主协商中；同时，探索出一套能够最大限度克服社区治理环境差异、居民观念和参与经验差异以及公共问题差异的社区民主协商引导机制。

（二）平衡多元主体利益诉求可保障弱势群体合法权益

客观看来，不同老旧小区的居民群体分布、整体素质、社区民主程度以及对加装电梯需求的迫切程度往往千差万别。因此，即便浦东新区为居民构筑了民主协商的空间，不同小区对这一空间的"利用程度"也是不尽相同的。而社区民主协商开展顺利与否，自然关系到加装电梯工作能否顺利进行。要想在以上主体之间形成加装电梯共识，必然需要实现多元主体利益诉求的动态平衡，与此同时，也要保障社区弱势群体的基本权益，确保加装电梯协商不背离初衷，切实有效地改善社区居民的生活境况。

通常来说，有加装电梯迫切诉求的老年群体由于年事已高、精力有限（且部分老人由于长期患病经济状况不理想），是社区民主协商中的天然弱势群体。但从实践看来，位于一二楼的低层住户在加装电梯中处于天然少数的地位，客观上要承担来自全楼其他住户的压力。同时，外地租客和本地居民也会因身份认同的差异自发形成利益圈群（但具体何者处于少数取决于楼栋实际居住情况）。在加装电梯协商过程中，要充分注意并保障这些"沉默少数"的合法权益。社区民主协商在更多时候是多数对少数的妥协。这也是浦东加装电梯协商的成功经验。

（三）法治精神引导下的沟通协商可促成民众共识

社区民主协商中最为突出的问题，就是各利益相关群体如何确定具体的利益割点。大多数加装电梯协商之所以未能取得成功，就是因为在确定具体成本分担方案这类细节问题上纠缠不休，迟迟无法达成共识，最终导致居民的精力和耐心逐渐耗尽，社区协商不了了之。因此，只有引入成熟完备、具有公信力的第三方仲裁标准作为社区民主协商的参照，才能有效地降低社区民主协商的沟通成本，化解各种利益分歧，推动参与协商的居民尽快达成共识。法律正是理想的"第三方仲裁标准"。

通过普法志愿者队伍和社区法律服务中心，浦东新区在加装电梯推广中成功将法律引入居民自治协商，帮助居民迅速制定电梯安装运维成本的分配方案，并约束监督居民切实履行自身承诺。法律定纷止争的功能有效消除了民众间的利益分歧，有效推动协商共识的达成。由此可见，法律在消解利益分歧、推动社区民主协商共识达成过程中有着不可替代的作用。今后，在法治加装电梯成功经验的基础上，浦东新区开展其他社区公共问题的民主治理协商时，应在法律框架下引入更为灵活、更具有针对性的社区自治规约，以取得更好的治理效果。

（四）建立长效管理机制可有效保障加装电梯成果

电梯是一种需要长期管理运维以确保使用安全的基础设施，非常考验居民对加装电梯协商成果的保障能力。针对以上问题，浦东新区一方面通过批量采购、集体谈判等方式，鼓励电梯供应单位提供长期保修服务，从技术层面最大限度地降低居民负担，另一方面也加强对业委会和电梯运营小组等居民自治组织的督导，确保居民切实履行加装电梯协商的承诺。同时，加装电梯协商过程中制定的社区自治规约也成为协商成果的制度保障。以上措施共同构筑了电梯运维的长效管理机制，为协商治理成果提供了有力保障。

然而，在"悬空老人"不再苦于"下楼难"的同时，电梯加装客观上造成了一些新的治理问题——高龄老人出行频率增加和活动范围扩大客观上导致其面临更多摔伤、磕碰等风险,由此产生的矛盾纠纷也需要进一步解决。如何打造更加安全、更加老龄友好的社区也是加装电梯后需要解决的重要问题之一。对此,浦东新区还将开展进一步调研,根据老年居民的实际情况和具体需求,通过社区居民民主协商建立更全面的老龄保障体系,进一步巩固电梯加装在建设老龄友好社区中取得的成就。

五 未来展望

在当今城市精细化治理不断向社区下沉的大背景下,如何切实推动基层民主,精准解决各种关系民众切身利益的社区公共问题,将是可预见时期内城市治理中的焦点问题。而社区民主协商则被视为协调和平衡社区内错综复杂的利益关系,实现多元主体协同共治的重要方式。然而在治理实践中,传统的"家长式"管理思维往往导致社区民主协商陷入困境。组织、引导和鼓励社区民主协商,仍缺乏行之有效、可供推广的模式。在这方面,浦东新区通过构筑社区民主协商空间,引导和支持居民群体就小区加装电梯问题自发展开协商,不仅有效解决了老旧小区"加梯难"的问题,而且也为新时代推进社区民主协商提供了可供参考借鉴的成功案例。

浦东新区在电梯加装工程中构筑社区民主协商空间的成功经验表明,有三项要素是成功的社区民主协商所不可或缺的。首先,应提供必要的决策信息。不仅要确保居民能够获得足以做出理性决策的信息,还要培养居民主动获取信息的意识和能力,从而保证社区民主协商的信息比较对称,更加透明。其次,则要确保协商主导者充分了解如何平衡不同居民群体的利益诉求,提升其沟通协调能力,从而做到以利益攸关的协商主导群体为主轴,逐渐消弭利益分歧,并推动其他居民群体达成建设性共识。最后,还要为社区民主协商提供法律仲裁方面的制度供给,在定纷止争的同时,通过法律规章的示范效应为社区民主协商的利益调和提供参照标准,降低沟通协商的交易成本。

虽然浦东新区加装电梯协商成功案例中的具体做法未必完全适用于其他

社区公共问题的治理，且上海相对丰裕的基层治理资源，也是国内其他城市难以比拟的，但这并不代表通过构筑民主协商空间，促成社区民主协商的基层治理思路不能为社区公共问题治理提供参考。特别是在今后各种公共问题治理越发依赖基层民主协同共治的情况下，政府不能再通过"大包大揽"的传统治理模式回应民众越发多元化的诉求，而民众对政府的过度依赖也不利于建立解决基层公共问题长效机制。因此，政府有必要通过构筑民主协商空间，在治理实践中培养民众沟通协调、化解矛盾、自我管理、自我服务的能力，尤其是要注意帮助民众建立能够有效应对各种社区公共问题的长效机制。这便是加装电梯民主协商带来的治理启示。

参考文献

李晓峰：《社区协商治理的实践价值、问题甄别与实现路径》，《党政研究》2021年第2期。

徐学通、李阳：《协商民主驱动基层群众自治——以上海市长宁区华院居民区为例》，《党政论坛》2021年第4期。

颜昌武、杨郑媛：《从破坏性冲突到建设性冲突——老旧小区加装电梯的突围之道》，《天津行政学院学报》2020年第2期。

杨瑗嘉：《既有多层住宅加装电梯的利益相关者研究——以上海市为例》，《经济研究导刊》2020年第7期。

B.15 浦东新区社区治理指数构建研究

熊易寒 张晓栋*

摘 要： 浦东新区社区治理指数以新区辖内各小区为评估对象，依托城市运行大数据，在对老旧公房小区、商品房小区、动迁房小区、保障性住房小区四大分类分别测评的基础上形成了一套包含管理精细指数、社群活力指数、居民满意指数、能力进步指数等四个基本维度的社会治理评估体系。本套治理指数共包含4个二级指标、8个三级指标与35个四级指标，并采用无量纲化的测评思路进行构建。相较于当前各类既有治理指数研究偏重静态而动态不足的现状，本研究充分运用现有大数据平台数据资产与现有权威调查数据且不依赖额外调查问卷，使指数的长效运行与动态更新成为可能。总的来说，浦东新区社区治理指数的构建为进一步提升城市治理的精细化水平、科学化水平提供了助力。合理的分类与多样的指标，有利于科学地评价城市社区的实际治理能力与治理成效，快速发现治理过程中的痛点和难点。同时，指数体系的构建也在一定程度上为社区治理中的优秀案例与创新成果提供了一套坐标系和参照系，促进了成功案例的推广与复制。

关键词： 社区治理 精细化治理 浦东新区

---

* 熊易寒，复旦大学国际关系与公共事务学院教授、博士生导师，主要研究方向为当代中国政治，包括城市化、社会治理、数字治理、中产阶级；张晓栋，复旦大学国际关系与公共事务学院博士后，主要研究方向为计算社会科学，包括网络政治、数字治理等。

一 构建浦东新区社区治理指数的意义

城乡社区是我国社会治理的基本单元,城乡社区的治理与建设直接关系着居民群众的切身利益与城乡基层的和谐稳定,历来受到党和国家的高度重视。为进一步提升浦东新区社区治理精细化水平,在中共浦东新区地区工作委员会的指导下,"浦东新区社区治理指数研究"课题组在科学抽样基础上,深入浦东新区 36 个居民区,开展调研走访、问卷调查,并与区委办、区建交委、区民政局、区城市运行管理中心等职能部门,以及街镇相关负责人等多次召开座谈会,在此基础上逐步完成了"浦东新区社区治理指数"的构建。

构建"浦东新区社区治理指数"在诸多方面拥有重要意义。首先,本套指数的构建目标是进一步提升城市治理的精细化水平、科学化水平。小区是最小的社会治理单元,而我们以往对于社会治理水平的衡量往往是以区县乃至城市为基本单元的。从测量的角度看,实体的规模越大,越容易用简单的指标加以测量;实体规模越小,越需要相对复杂的指标,因为"像素"的要求变高了。以小区为基本单元,编制社区治理指数,可以大大提高社区管理的"精度"。在基层治理中,一个居委会可能对应着多个小区,而小区之间在房屋形态、居民社会经济地位、物业管理等方面又存在着较大的差异,因此有必要将小区而不是居民区作为社会治理的基本单元。

其次,编制社区治理指数有利于科学地评价考察街镇、居委会、小区三个层次的治理能力和治理成效。对街镇、居委会、小区的考核既要追求全面,又要追求精准;既要注重过程,也要注重实效;既要给基层一定的压力,又要避免给基层增加不必要的负担。编制具有动态性特征的社区治理指数,并对小区的体征与能力做一个相对科学的区分,可以全过程地考察基层的运作状况,既看到先进典型的示范价值,也看到后进的进步与改善,从而避免强者恒强、弱者恒弱的评价误区。

再次,编制社区治理指数有助于社区问题的综合性诊断。社区治理工作通常具有微观性、琐碎性的特点,社区管理者容易落入"头痛医头、脚痛医脚"的窠臼。社区治理指数为浦东社区治理的现状提供了一个全景式、指标式的展现,有利于区委、区政府从整体而不是局部,全方位地对当前浦东社区治理中存在的突出问题加以梳理和诊断性分析。这样的分析不同于经验主义的归纳,而是基于科学的分类和系统分析。

最后,编制社区治理指数有助于促进社区治理创新成果的扩散。社区治理创新并不难,难的是形成可复制、可推广的创新模式。社区治理指数基于对社区的科学分类,这在一定程度上为浦东的社区提供了一个坐标系和参照系,即本小区属于什么类型,具有什么特征,面临哪些共性问题和个性问题,同类小区有什么样的经验、方法、模式可借鉴。

二 浦东新区社区治理指数的特点

自世界银行于1996年提出"世界治理指数"(WGI)起,国内外各级政府、国际组织、有关机构与学者均对社会治理评估研究表现出了高度的兴趣,各类相关研究成果层出不穷。然而总的来说,以往的社会治理指数往往具有以下不足:第一,追求全面,有欠精准;第二,偏重静态,动态不足;第三,数据库的结构更多地针对公共服务而不是社会治理,采集的数据不具有预测功能和预警功能。

针对以上不足,此次研制社区治理指数力图形成更加简洁、更具有预见性和可比性的指数体系,并以下列原则为主要导向。

第一,先进行小区分类,再进行指数构建,最后进行指标测量。浦东新区各类小区形态复杂,房屋性质和特征千差万别。截至2019年底,浦东新区共有各类小区2790个,总建筑面积1.78亿平方米(占全市总量的26%),总户数达194.8万户。其中,老旧住宅小区建筑面积3669万平方米,小区数1200个;商品房小区建筑面积1.4131亿平方米,小区数1590个。科学的分类不仅可以提高小区之间的可比较性,也有助于提高指数的精准度。

第二,动态数据与静态数据相结合。静态数据反映了小区的结构性特征,而实时动态数据则反映了小区治理的发展趋势。静态数据有利于我们理解小区的基本体征，动态数据则突出了社区治理指数的预测和预警功能。

第三，线上生成的数据与线下采集的数据相结合、问卷调查数据与观测数据相结合。一方面，充分利用"社区云"、城运中心、大数据中心、联勤联动站、12345、110等平台的数据资产；另一方面，也采用深度访谈、问卷调查等方法收集第一手数据。在有条件的情况下，采用自动生成的第三方数据，而不只是传统的统计方式归集的数据。

第四，基于对小区的分类研究形成社区治理指数。寻找不同类型小区的痛点，而不是建立一个单一的指数体系。指数体系包含普遍化指数和类型化指数，各个指数都应具有科学性和稳定性：一是要直接考察社区的治理能力；二是要具有较强的可复制性和可比性；三是要综合宏观、中观和微观三个层次。

三 小区分类标准与前期调研发现

从小区分布上看，浦东多个类型小区在街道和镇存在较大差异：①大型居住区、各类保障性住房大多分布在镇上；②在老旧公房数量上，街道多于镇；③一般商品房和高档商品房的数量，镇超过街道。因此，有必要对小区进行明确分类，厘清各类小区要素体征，在此基础上再深入研究治理指数。在进行小区分类的时候，我们综合了清晰集与模糊集的分类策略。

首先，对于一级分类，我们采取清晰集的方式。四种类型互不重合，具有排他性和清晰的边界。依据已有分类成果，我们对城市化地区的小区，以小区房屋形态和性质为主要分类依据，综合居住人群结构、治理方式等特征，将各类小区分为老旧公房小区、商品房小区、动迁房小区、保障性住房小区等四大类，并就各类型小区按照建筑、治理和人群进行特征描述。

其次，对于二级分类，我们采取模糊集的方式，以贴标签的方式添加小区特征，不限制标签的数量，也不要求标签之间彼此互斥，这样的好处是可以丰富小区的类型，但又不会让分类变得过于复杂繁多。譬如，考虑到浦东新区的区域面积较大，城市化地区、近郊区、远郊区之间的差异很大，我们就可以在二级标签上增加区位空间因素，如同样是老旧公房小区，有的小区是学区房，公共服务配套好、单价高、流动性强，其业主与远郊区的老旧小区业主显然存在较大差异，通常社会经济地位更高、年龄结构更加年轻化，小区内部的治理状况往往也相去甚远。二级标签还有助于我们识别小区自身的治理能力与小区的区位优势。

基于对小区的分类，课题组对不同类型的小区进行了走访调研。初步的调研发现如下。

（1）课题组对于小区的类型划分具有合理性，不同类型的小区具有较大的共性，房屋质量、业主社会经济地位、物业管理等方面具有一定同质性。房屋质量对于小区治理有着至关重要的影响，区建交委的相关数据可以为我们的研究提供有力支撑。

（2）制度性因素与人的因素是相互嵌入、相互强化的。物业公司的服务水平与居委会的治理能力有较强的替代性或互补性。调研发现，物业酬金制比包干制的运作绩效更好，但能否实行酬金制取决于居委会和业委会的能力与敬业度。

（3）小区的区位信息非常重要，可以帮助我们区分小区自身治理能力与周边公共设施的溢出效应；小区的区位也与人口结构高度相关，中心城区、城乡接合部、远郊区在老龄化程度、户籍人口与外来人口比例、业主自住与租户的比例等方面存在显著差异。

（4）虽然小区的资源总量对于社区治理具有举足轻重的意义，但并不是决定性的。小区房屋维修基金和公益性收入的规模、街镇对小区建设的资源投入对社区治理有重要影响，但一些资源相对少的小区，由于有强有力的党组织，通过社区营造和共同生产的方式，也可以实现社区公共物品的有效供给。

（5）12345投诉、110警情电话不能直接作为测量社区治理质量的指标，需要具体分析，经过技术处理之后方能使用。

（6）在当前存在的突出问题上参调小区表现出了一定的共性，停车难及其所引发的强占车位等停车矛盾是当下所有四类小区中最为普遍的治理难点。其他普遍存在的问题还包括人口结构复杂、业委会及物业管理不到位等。

（7）在公共服务需求方面参调小区则缺乏共性，各类型小区的需求较为分散，比如老旧小区与动迁房小区普遍认为监控、门禁等公共安全设施有待加强。

四　指数构建的科学性论证

研制浦东新区社区治理指数，是一项具有开创性的工作。因为小区的规模小、数量多、内部的异质性大，要形成一个统一的指标体系是极其困难的。在参考以往的学术研究和政策研究成果的基础上，课题组初步形成了浦东新区社区治理的四级指标体系，将社区治理指数分为管理精细指数、社群活力指数、居民满意指数、能力进步指数等四个基本维度。

（一）管理精细指数

精细化管理和精准化服务是社区管理的发展方向，体现的是社区组织的管理能力和服务水平。小区是推进社会治理精细化的基本单元。小区直接面对群众、服务群众，如何应对居民的个性化需求，做到"千人千面"，实现"像绣花一样精细"的管理便显得尤为重要。课题组借鉴国内外大都市社会治理、社区治理领域指数构建的相关经验，整合、评估了问卷调查、实地访谈与深度访谈的所获得的数据与信息，为管理精细指数设计了服务精准指数及管理成效指数2个三级指标，从多方位、多角度综合评价社区组织的管理能力、组织能力与服务水平。

服务精准指数重在考察社区工作人员的工作积极性与责任意识。这里所谓的社工是广义上的，包括居民区党组织书记、居委会成员和居委会工作人员。为居民提供个性化、定制化的服务，对社区内部的矛盾冲突进行有效管理，人的因素始终是不可或缺的。同时这部分还评价了社区"三驾马车"日常运作的规范化水平，是衡量社区治理现代化、系统化、法制化的标准。

服务精准指数包含了5个四级指标，从多方面出发综合衡量了社区工作人员在各类社区工作中所完成的工作量及所体现的积极性。其中评议会、听证会、协调会三会制度意在考察社区在健全和规范社区自治制度、建立良性居民参与机制及提升民主进程方面的制度化成果；家门口服务站年人均服务人次与居委会走访居民户年均次数则旨在衡量社工在岗及走访两类工作中所完成的工作量及所体现的积极性。

管理成效指数顾名思义，就是对社区整体管理成效的考察。这份"社区成绩单"是衡量城区管理精细化程度的最直观指标，指标设计中尝试体现社区治理中安全、有序、干净等全方面的要素。管理成效指数下共包括7个四级指标，对社区内在的、外部的各方面管理成效进行了评估。其中社区投诉平均结案时间人口登记准确率等指标从有序维度出发、垃圾分类绩效等指标从干净维度出发、是否平安小区等指标从安全维度出发，依托各治理要素对社区管理效果进行全方面的评价，考察了社区对居民诉求、内部矛盾是否进行了有效的管理与应对；供水供电供气异常则考察社区对辖区内民生硬件设施是否做到了妥善的维护与管理。群租现象、违法搭建现象、垃圾分类违规指标从各治理要素出发，梳理社区中发生的违法违规现象，评价社区管理效果。是否文明小区等指标则依托各类现有的权威社区测评体系，为荣获市级或区级文明小区的参评社区加分，为社区评价指数提供专业的第三方数据支持。

（二）社群活力指数

只有当居民对小区有了归属感、认同感，积极参与社区公共事务，地理意义上的小区才能转变为社群。社群的活力体现了社区的自组织能力，包括社区内部的邻里关系、资源动员、社区认同、集体活动，等等。社区管理水平与社区活力指数是相辅相成的，管理水平越高，社区的秩序与活力就越能够达成平衡；社区越是具有活力，社区管理的质量往往也越高，高频率的互动创造了更多的社会资本，更强的组织承诺。党建活动、志愿者服务、公共空间的活跃度、邻里之间的信任与合作，都体现了社区的活力。社区活力指

数包括党建引领指数和居民参与指数2个三级指标和10个四级指标。

党建引领指数考察的是社区党组织的规范化运作程度、对群众的组织和引领能力。我们的调研发现，兼具活力与秩序的社区通常都有一个强有力的党组织，党组织能够将社区能力和广大群众紧紧团结起来，并通过志愿活动、社会交换等方式激活居民的参与动机。具体的四级指标包括业委会党组织是否组建"三会一课"、在职党员参与率与党员志愿者占比、党员志愿者积分，等等。

居民参与指数考察的是居民对小区公共事务的关心与参与，这部分指标涉及业委会的规范化运作、自治金的使用、居民区选举以及居民志愿者活动等多个维度。社区的健康运作不仅需要专业化的人员，更需要小区居民的持续关注、参与和监督。主要的指标有是否成立业委会与业委会运作是否规范化，评议会、听证会、协调会三会开展频次，自治金项目使用金额，是否制订业主公约，居民区选举形式与投票率，社区志愿者活动情况等。这部分的四级指标主要指向了居民的集体行动能力、共同生产能力，如果一个社区能够主要通过居民的自发行动实现社区公共物品与服务的供给，那么这个社区无疑是极具活力的。

（三）居民满意指数

居民的满意度取决于两个方面：①政府的管理能力和服务水平；②小区内部的关系，包括居民与居委会之间、居民与物业之间、邻里之间的关系。高效的社区管理能够满足人们对美好生活的向往，让居民拥有更高的获得感。

坚持以人民为中心，提高人民群众的满意度、获得感、安全感是社区治理的根本。较高的社区满意度往往不仅代表居民对社区管理与社区服务的认可，更能激发居民对社区的归属感，促进社区良性发展。而精细化、现代化的社会治理在提升社区满意度上起着至关重要的作用。居民满意指数的影响因素除了硬件设施等硬件因素外，也存在着精准服务、温情关怀、社区认同所带来的软件因素，科学的社区管理理应满足人民对美好生活的向往，让居民拥有更高的获得感。

在居民满意指数部分，课题组采用了主观满意指数与客观投诉指数 2 个三级指标，从主客观两方面入手，衡量居民对社区管理的满意度。主观满意指数包含家门口服务情况满意度、对小区物业与业委会满意度、平安建设满意度等 3 个四级指标，聚焦日常服务居民的物业这一点，依托面向群众的满意度评价问卷，调查居民对社区管理、社区服务的主观满意度。客观投诉指数则包含 3 个反映居民各类投诉量的指标，包括物业管理纠纷、110 报警、12345 政府服务热线投诉等。相较于居民对于社区正面的、积极的评价，负面的、投诉性质的回应往往拥有更完善、更客观的数据。特别是随着近年来党和国家大力推广"互联网+治理"、加快大数据部署、深化大数据应用，以 12345 政府服务热线为代表的一大批新平台为客观投诉量指标提供了海量优质数据，使基于大数据的分析成为可能。

（四）能力进步指数

社区之间不仅需要进行横向比较，也需要进行纵向比较。能力进步指数包含社区韧性指数与自我成长指数 2 个三级指标。社区韧性指数侧重评价小区应对突发情况的能力包括应急演练频次、宣传培训频次 2 个指标。基于新冠肺炎疫情期间社区抗疫的经验，社区韧性，即社区治理体系能承受风险冲击并在非常态下保障治理功能持续的能力，毫无疑问已经成为治理现代化视角下社区能力进步的重要组成部分；而自我成长指数则包含 5 个指标，考察了小区自我成长的能力，即小区在时间维度上的变化与提升。管理精细指数变化、社群活力指数变化与居民满意指数变化依托本指标体系中的另外 3 项二级指标，体现小区自身在这三个主要维度上纵向的成长。群众满意度变化基于面向社区居民的问卷调查，直接反应居民对社区进步的主观感受。新获区级以上荣誉则是小区综合实力的集中体现，反映了小区治理在街镇、区、市乃至全国范围内的相对水平。因为每个小区的资源禀赋、区位条件是不同的，不能简单地将全部小区进行比较，应该在同一类型内部进行比较。各个小区的发展历程存在差异，而小区治理有一定的路径依赖。不仅要考察小区治理的绝对水平和相对水平，还需要考察小区的自我成长。

五　浦东新区社区治理指数的测评方法

浦东新区社会治理指数由4个二级指标、8个三级指标与35个四级指标构成，并根据每个指标的上、下限阈值来计算指数，也就是无量纲化的测评思路，即根据参评社区每个评价指标的上、下限阈值来计算单个指数，最终数值实际代表当前指标下该社区成绩在所有参评社区中所处的位置。无量纲化测算不仅使指数具备横向维度，还顾及了参评小区间的纵向比较，既实现了各小区在指标层面的可比性，又确保了指数评测体系真正体现浦东新区的发展程度与发展特色。无量纲化的测评思路也被运用在了联合国开发计划署人类发展指数、中央编译局中国社会治理评价指标体系等一系列国际、国内权威课题研究中。同时，浦东新区社会治理指数对一级分类中的老旧公房小区、商品房小区、动迁房小区、保障性住房小区各自独立测评，互不影响，对禀赋相异的各类型社区实现精准测评。

（一）指标阈值的确定方法

指标上下限阈值的确定，通常有两种路径：一是从所有参评小区数据中确定上下阈值，此方法需预先获得所有数据，体量庞大、缺乏灵活性，不利于后期数据的调整优化；二是先行无作为抽出一部分样本确定上下阈值，此方法可在全面开展评价前先行确定指数体系，更有利于在工作过程中对体系中的各数值进行进一步的调整和优化。课题组在经过慎重且多方面的考虑后，决定采取第二种方法，从四个一级分类中无作为抽出一部分样本小区搜集数据并确定阈值。例如浦东共有商品房小区1590个，从中无作为抽出91个样本小区（95%可信度下置信区间10%）先行收集相关数据，并将这些数据中的最大值与最小值分别顺延10%作为上下阈值。这样的一套上下限阈值系统能很好地体现参评小区在浦东所有小区中所处的位置。

上下限阈值的基期参考值确定采用简单移动平均法（SMA），即样本小区过去三年数据的平均值。移动平均法擅长消除短期波动、突出长期趋势，使数据变得更平滑，这些特性都有助于指标体系实现科学、连续、长期的评价。

（二）指标值的计算方法

四级指标值的计算统一采用无量纲化处理，即通过数学变换来消除原始指标量纲影响的方法。指标上下限阈值参考参评小区在基期参考值的最大值和最小值。我们将第 i 个指标的值记为 X_i，权重为 W_i，上下限阈值分别为 X_{max}^i 和 X_{min}^i，无量纲化后的值为 Z_i（无量纲化后的值若大于 1 则视为 1）。

其中，正指标无量纲化计算公式为：

$$Z_i = \frac{X_i - X_{min}^i}{X_{max}^i - X_{min}^i}$$

逆指标无量纲化计算公式为：

$$Z_i = \frac{X_{max}^i - X_i}{X_{max}^i - X_{min}^i}$$

在分类指标和总指标的合成上，所有子指标的值相加合成后即为上一级指标的值。在指数合成时将评价指标体系中某一类的所有指标无量纲化后的数值与其权重按以下公式计算就得到上级类指标，公式为：

$$I_i = \frac{\sum Z_j W_j}{\sum W_j}$$

在将指标体系中的所有指标无量纲化后的数值与其权重计算就得到社会治理指数，公式为：

$$I = \frac{\sum Z_j W_j}{\sum W_j}$$

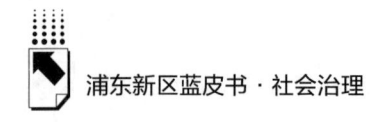

（三）指标权重的设定方法

课题组对于指标权重的设定，采取组合赋权法，结合主观赋权法与客观赋权法，同时基于指标数据之间的内在规律和专家经验对决策指标进行赋权。

主观赋权法在根据属性本身含义确定权重方面具有优势。作为一种较为成熟的赋权法，主观赋权法可以根据实际问题与专家经验合理调整权重排序，但也存在着客观性较差的缺点；而客观赋权法在不考虑属性实际含义的情况下，确定权重具有优势，但不能体现决策者对不同属性的重视程度，有时会出现确定的权重与属性的实际重要程度相悖的情况。

作为一级指标，浦东新区社会治理指数满分计100分；对于4个二级指标，课题组分别给予25分权重；对于三级指标和四级指标，课题组则采用了平均分配法以确保最终指数构成的多元性与公平性。具体来说，每个二级指标之下的所有四级指标均分其25分权重，相应四级指标权重相加，则获得其上三级指标权重。

需要额外说明的是，以上所述内容为指标设计中的共性指标部分内容。课题组设计的治理指数体系不仅包含能力维度，也包含小区的体征。只有充分考虑小区的体征，我们才能把小区的类型化特征纳入分析框架，从而更加有效地进行横向与纵向比较。社区基础体征包括户籍结构、房龄、"十五分钟生活圈"达标情况等，在四个一级分类下，社区体征标签以模糊集的方式进一步丰富小区画像，实现更科学精准的社区分类。社区体征部分数据将会在今后开展的个性指标部分设计中起到关键性的作用。

六 经验与展望

作为经济社会体制改革与社会结构调整的结果，我国社区治理模式已经逐渐开始由行政型社区向合作型社区、自治型社区发展。2017年，习近平总书记在全国两会上提出"城市管理应该像绣花一样精细"的总体要求。社区作为我国最小的社会治理单元，也是党和政府与人民群众联系的"最后一公里"，科学、精准的社区治理便是提高城市管理精细化水平的"脊梁骨"。

本研究以浦东新区辖内各社区当下所面临的实际矛盾为出发点，以具体社区治理事项为依托构建各级指标，充分依托现有大数据平台数据资产与现有权威调查数据，设计了四级共47项、四大类指标，涵盖了社区管理、社群活力、居民满意度、能力提升等多个维度。在不增加基层社工工作压力的基础上，为政府公共部门提供了一套比较社区治理绩效、定位社区治理痛点的工具。

总的来说，浦东新区社区治理指数的构建为进一步提升城市治理的精细化水平、科学化水平提供了助力。合理的分类与多样的指标，有利于科学地评价城市社区的实际治理能力与治理成效，快速发现治理过程中的痛点和难点。同时，指数体系的构建也在一定程度上为社区治理中的优秀案例与创新成果提供了一套坐标系和参照系，在多级指标结构与无量纲化测算的支持下，政府公共部门能快速定位高分社区在同类型中的过人之处，从而促进成功案例经验的推广与复制。

得益于对动态数据、线上数据的大量运用及不依赖额外调查问卷的轻量化设计，相较于以往各类治理评价体系，浦东新区社区治理指数能较好地被集成在智慧城市管理平台中。特别是其在各类数字城市平台的智慧显示系统中将拥有良好的兼容性，可与其他城市动态数据同样做到实时更新，配合覆盖全面的二级、三级指标评分，帮助城市"智慧大脑"实现对社区治理状况的迅速评估，对治理痛点难点的快速定位，有效助力"一屏观天下"这一目标的实现。相较于现有的各类社区工作考核标准，浦东新区社区治理指数在时效性方面具有先天优势，其直观、全面的测评结果既能与各类现有深度考核相辅相成，实现兼顾广度与深度的治理评价，也能快速识别当前社区治理中的问题与趋势，为其他社会治理考核的改进提供帮助。

同时，浦东新区社区治理指数的研究还具有更广泛的应用前景，管理精细指数、社群活力指数、居民满意指数、能力进步指数等四个基本维度在当前我国聚焦提升城市治理科学化、精细化、智能化水平的大背景下具有普遍性意义。结合各地实际情况对四级指标进行相应微调后，此套治理指数将有能力把比较对象扩大至上海全市，乃至我国所有常住人口1000万以上的超大城市，从而更好地实现新时代我国超大城市社区治理能力的科学性评价、系统性考察和综合性诊断。而随着评测对象的不断扩展与运行数据的不断增加，本研究中的指数体系也将不断改进与完善，在完成迭代的同时进一步提升测评的科学性、精准性与适应性，形成一套科研-应用-反馈的良性循环。而对于我国其他城市社区及广大农村社区的治理指数研究，浦东新区社区治理指数构建过程中的思路与经验将同样成为有益的参考。

另外，应当指出的是当前的浦东新区治理指数仍存在着一些不足与缺憾。其一，指数在构建过程中面临诸多数据不足的局面，课题组被迫对一些指标的所用数据源进行了更换。相较而言，当前各类已完成数字化的治理数据中，精细至小区或村居一级颗粒度的仍属少数，更多的社区治理数据存在于街镇一级母体中。在现代城市小区种类多样、禀赋各异的大背景下，如何在数据母体中确定边界，析出小区数据成为难题。随着我国数字化政府项目的不断推进，课题组也将跟进最新的可及数据并进一步研发相关的大数据清洗技术及算法，逐步实现指数的完全动态化。其二，在指标权重的设定上，当前版本的指数主要采用了平均分配法，这样的设计虽然保证指数在各维度上的多元性与公平性，但也显得较为简单而在精准性上有所欠缺。随着指数在浦东新区的实际运行，课题组还将依托运行数据进一步调整、校正各级指标的权重，进一步保证指数的科学性、合理性。而随着相关数据的更新与平台的不断完善，课题组还将不断地对指数体系进行调整和提升，做到精益求精。

社会科学文献出版社

皮 书
智库成果出版与传播平台

❖ 皮书定义 ❖

皮书是对中国与世界发展状况和热点问题进行年度监测，以专业的角度、专家的视野和实证研究方法，针对某一领域或区域现状与发展态势展开分析和预测，具备前沿性、原创性、实证性、连续性、时效性等特点的公开出版物，由一系列权威研究报告组成。

❖ 皮书作者 ❖

皮书系列报告作者以国内外一流研究机构、知名高校等重点智库的研究人员为主，多为相关领域一流专家学者，他们的观点代表了当下学界对中国与世界的现实和未来最高水平的解读与分析。截至2021年底，皮书研创机构逾千家，报告作者累计超过10万人。

❖ 皮书荣誉 ❖

皮书作为中国社会科学院基础理论研究与应用对策研究融合发展的代表性成果，不仅是哲学社会科学工作者服务中国特色社会主义现代化建设的重要成果，更是助力中国特色新型智库建设、构建中国特色哲学社会科学"三大体系"的重要平台。皮书系列先后被列入"十二五""十三五"国家重点出版规划项目；2013~2022年，重点皮书列入中国社会科学院国家哲学社会科学创新工程项目。

皮书网

（网址：www.pishu.cn）

发布皮书研创资讯，传播皮书精彩内容
引领皮书出版潮流，打造皮书服务平台

栏目设置

◆ 关于皮书
何谓皮书、皮书分类、皮书大事记、
皮书荣誉、皮书出版第一人、皮书编辑部

◆ 最新资讯
通知公告、新闻动态、媒体聚焦、
网站专题、视频直播、下载专区

◆ 皮书研创
皮书规范、皮书选题、皮书出版、
皮书研究、研创团队

◆ 皮书评奖评价
指标体系、皮书评价、皮书评奖

◆ 皮书研究院理事会
理事会章程、理事单位、个人理事、高级
研究员、理事会秘书处、入会指南

所获荣誉

◆ 2008年、2011年、2014年，皮书网均
在全国新闻出版业网站荣誉评选中获得
"最具商业价值网站"称号；

◆ 2012年，获得"出版业网站百强"称号。

网库合一

2014年，皮书网与皮书数据库端口合
一，实现资源共享，搭建智库成果融合创
新平台。

皮书网　　"皮书说"　　皮书微博
　　　　　微信公众号

权威报告·连续出版·独家资源

皮书数据库
ANNUAL REPORT(YEARBOOK) DATABASE

分析解读当下中国发展变迁的高端智库平台

所获荣誉

- 2020年，入选全国新闻出版深度融合发展创新案例
- 2019年，入选国家新闻出版署数字出版精品遴选推荐计划
- 2016年，入选"十三五"国家重点电子出版物出版规划骨干工程
- 2013年，荣获"中国出版政府奖·网络出版物奖"提名奖
- 连续多年荣获中国数字出版博览会"数字出版·优秀品牌"奖

皮书数据库　　"社科数托邦"微信公众号

成为会员

登录网址www.pishu.com.cn访问皮书数据库网站或下载皮书数据库APP，通过手机号码验证或邮箱验证即可成为皮书数据库会员。

会员福利

- 已注册用户购书后可免费获赠100元皮书数据库充值卡。刮开充值卡涂层获取充值密码，登录并进入"会员中心"—"在线充值"—"充值卡充值"，充值成功即可购买和查看数据库内容。
- 会员福利最终解释权归社会科学文献出版社所有。

数据库服务热线：400-008-6695
数据库服务QQ：2475522410
数据库服务邮箱：database@ssap.cn
图书销售热线：010-59367070/7028
图书服务QQ：1265056568
图书服务邮箱：duzhe@ssap.cn

社会科学文献出版社　皮书系列
卡号：382174241964
密码：

基本子库
SUB DATABASE

中国社会发展数据库（下设 12 个专题子库）

紧扣人口、政治、外交、法律、教育、医疗卫生、资源环境等 12 个社会发展领域的前沿和热点，全面整合专业著作、智库报告、学术资讯、调研数据等类型资源，帮助用户追踪中国社会发展动态、研究社会发展战略与政策、了解社会热点问题、分析社会发展趋势。

中国经济发展数据库（下设 12 专题子库）

内容涵盖宏观经济、产业经济、工业经济、农业经济、财政金融、房地产经济、城市经济、商业贸易等 12 个重点经济领域，为把握经济运行态势、洞察经济发展规律、研判经济发展趋势、进行经济调控决策提供参考和依据。

中国行业发展数据库（下设 17 个专题子库）

以中国国民经济行业分类为依据，覆盖金融业、旅游业、交通运输业、能源矿产业、制造业等 100 多个行业，跟踪分析国民经济相关行业市场运行状况和政策导向，汇集行业发展前沿资讯，为投资、从业及各种经济决策提供理论支撑和实践指导。

中国区域发展数据库（下设 4 个专题子库）

对中国特定区域内的经济、社会、文化等领域现状与发展情况进行深度分析和预测，涉及省级行政区、城市群、城市、农村等不同维度，研究层级至县及县以下行政区，为学者研究地方经济社会宏观态势、经验模式、发展案例提供支撑，为地方政府决策提供参考。

中国文化传媒数据库（下设 18 个专题子库）

内容覆盖文化产业、新闻传播、电影娱乐、文学艺术、群众文化、图书情报等 18 个重点研究领域，聚焦文化传媒领域发展前沿、热点话题、行业实践，服务用户的教学科研、文化投资、企业规划等需要。

世界经济与国际关系数据库（下设 6 个专题子库）

整合世界经济、国际政治、世界文化与科技、全球性问题、国际组织与国际法、区域研究 6 大领域研究成果，对世界经济形势、国际形势进行连续性深度分析，对年度热点问题进行专题解读，为研判全球发展趋势提供事实和数据支持。

法律声明

"皮书系列"（含蓝皮书、绿皮书、黄皮书）之品牌由社会科学文献出版社最早使用并持续至今，现已被中国图书行业所熟知。"皮书系列"的相关商标已在国家商标管理部门商标局注册，包括但不限于LOGO（ ）、皮书、Pishu、经济蓝皮书、社会蓝皮书等。"皮书系列"图书的注册商标专用权及封面设计、版式设计的著作权均为社会科学文献出版社所有。未经社会科学文献出版社书面授权许可，任何使用与"皮书系列"图书注册商标、封面设计、版式设计相同或者近似的文字、图形或其组合的行为均系侵权行为。

经作者授权，本书的专有出版权及信息网络传播权等为社会科学文献出版社享有。未经社会科学文献出版社书面授权许可，任何就本书内容的复制、发行或以数字形式进行网络传播的行为均系侵权行为。

社会科学文献出版社将通过法律途径追究上述侵权行为的法律责任，维护自身合法权益。

欢迎社会各界人士对侵犯社会科学文献出版社上述权利的侵权行为进行举报。电话：010-59367121，电子邮箱：fawubu@ssap.cn。

社会科学文献出版社